LES
EXPÉDITIONS
DE
CHINE ET DE COCHINCHINE

PARIS. — IMPRIMERIE DE CH. LAHURE ET Cie
Rue de Fleurus, 9

LES
EXPÉDITIONS
DE
CHINE
ET DE
COCHINCHINE

D'après les Documents officiels

PAR LE BARON
DE BAZANCOURT

DEUXIÈME PARTIE

PARIS
AMYOT, ÉDITEUR, 8, RUE DE LA PAIX
M DCCC LXII
Reproduction interdite — Droits de traduction réservés

LETTRE

DU GÉNÉRAL DE MONTAUBAN

AU

BARON DE BAZANCOURT

Monsieur le Baron,

Je vous remercie de l'envoi de votre livre, sur l'Expédition de Chine, que j'ai lu avec le plus vif intérêt.

Le récit que vous faites de cette campagne, dont j'ai eu l'honneur d'être le Commandant en chef, est d'une exactitude complète.

Appuyé sur des pièces officielles qui lui donnent un cachet d'authenticité indiscutable, il servira à rectifier bien des erreurs qui se sont glissées dans d'autres narrations sur le même sujet et qui ont dénaturé certains faits importants de cette campagne.

Votre livre dit la vérité claire et précise en dehors de toute appréciation personnelle, et je suis heureux, monsieur le Baron, de vous donner ce témoignage de son entière exactitude.

Agréez, etc.

Le général de division ex-commandant en chef de l'expédition,

Signé : C. DE MONTAUBAN.

Le précieux témoignage que renferme cette lettre nous a paru trop important pour ne pas le publier en tête de cet ouvrage.

Cette approbation si flatteuse du général commandant en chef l'expédition de Chine donne au livre que nous publions cette inattaquable authenticité qui a déjà assuré le succès des précédents ouvrages du baron de Bazancourt, sur nos guerres en Crimée et en Italie.

(Note de l'éditeur.)

LIVRE PREMIER

LIVRE PREMIER.

CHAPITRE PREMIER.

I. — La conduite déloyale du gouvernement chinois à l'embouchure du Peïho dans la journée du 25 juin était un outrage sanglant pour les armes alliées, en même temps qu'elle constituait une violation flagrante du traité signé à Tien-tsin l'année précédente. — Une des clauses essentielles de ce traité portait, en effet, que les ratifications ordinaires seraient échangées à Pé-king.

Dans l'exposé de la situation de l'empire (année 1861), le gouvernement français dit :

« Cette conduite annonçait en outre, de la part du gouvernement chinois, l'intention de s'affranchir du traité de Tien-tsin et de contester aux deux puissances alliées les avantages qu'elles avaient obtenus. L'approbation donnée par l'empereur de Chine aux autorités de Ta-kou ne pouvait laisser aucun doute : il était manifeste qu'il fallait, ou renoncer aux résultats d'une première expédition, ou se préparer, par un envoi de forces plus imposantes, à faire sentir au gouvernement chinois tout le danger de manquer au respect des conventions diplomatiques. »

Si le fait lui-même de l'échec du Peï ho n'avait pas suffi pour déterminer l'empereur Napoléon III à envoyer un corps expéditionnaire en Chine, des considérations importantes, tirées de l'ensemble de notre situation dans cet extrême Orient, eussent amené cette grave résolution. L'atteinte portée au prestige de nos armes pouvait avoir un retentissement fatal au Japon. — Laisser impunément violer le traité de Tien-tsin n'était-ce pas affaiblir l'autorité de celui de Yeddo qui, pour la première fois, nous ouvrait un accès dans l'empire du Japon? Notre influence ébranlée en Chine, compromettait aussi l'expédition poursuivie en Cochinchine avec le concours de l'Espagne.— L'autorité incontestée de la force, la puissance d'une armée victorieuse sont, dans ces contrées lointaines, le seul argument qui puisse faire plier l'orgueil et dompter le profond dédain de ces peuples étrangers à notre civilisation. S'il était important de leur montrer que nous n'étions pas des *barbares*, comme il leur plaisait de nous appeler, il fallait aussi leur prouver que les nations occidentales étaient des nations puissantes et souveraines.

Une nouvelle expédition fut donc décidée par le gouvernement de S. M. Napoléon III d'accord avec le gouvernement de Sa Majesté Britannique.

II. — Mais avant d'en commencer le récit, il est important de faire connaître dans tous leurs détails les événements du Peïho, qui amenèrent de nouveau dans les mers de la Chine les armes de la France et de l'Angleterre.

Après bien des notes échangées avec le gouvernement chinois, dont la diplomatie évasive échappait sans cesse à la réalisation des promesses les plus solennelles, une dernière note du commissaire impérial Kwei-liang et de son collègue adressée à M. Bruce, ministre anglais, devait faire supposer aux deux ministres des nations alliées, chargés de la ratification des traités à Pé-king, que les hautes autorités chinoises ne cherchaient plus enfin à mettre obstacle à cette ratification.

« M. Bruce pourra bien certainement arriver à sa destination à l'époque désignée (disait la note des envoyés chinois); avec les relations pacifiques établies maintenant entre les deux nations, bien certainement rien ne sera fait qui ne soit conforme aux clauses du traité. Les envoyés prient donc M. Bruce de mettre toute défiance de côté à ce sujet : il ne doit point conserver la moindre inquiétude.... Sa mission étant une mission pacifique, la manière dont il sera traité par le gouvernement de la Chine ne manquera pas d'être en tous points des plus courtoises; et c'est le désir sincère des envoyés que des relations d'amitié puissent, à dater de ce moment, être consolidées, et que de chaque côté on voie renaître la confiance dans une justice et une bonne foi réciproques. »

III. — La diplomatie chinoise n'avait pourtant pas dit

son dernier mot; et si, dans sa pensée, elle ne pouvait plus se soustraire aux engagements qu'elle avait pris, elle voulait encore suivre la voie dangereuse de son arrogant orgueil, et enlever à l'arrivée des représentants européens à Pé-king, toute solennité et surtout toute marque extérieure d'une déférence, dont la manifestation envers des étrangers les humiliait profondément.

En se rappelant les précédentes ambassades qui avaient, à diverses époques, tenté vainement de pénétrer dans l'intérieur du Céleste-Empire, on voit que les différends les plus sérieux ont toujours eu pour point de départ des questions d'étiquette et le refus permanent du gouvernement chinois de traiter sur un pied d'égalité avec les nations européennes (1).

Il avait été convenu entre M. de Bourboulon, ministre de France, l'amiral Hope et le ministre anglais, M. Bruce, que l'amiral Hope précéderait de quelques jours, à l'embouchure du Peïho, les bâtiments français et entrerait immédiatement en communication avec les hautes autorités chinoises, pour assurer aux plénipotentiaires la possibilité de remonter librement la rivière jusqu'à Tientsin et ensuite les moyens de se rendre sans retard à Pé-king.

IV. — La corvette *le Duchayla* (2) commandée par le

(1) Voir la première partie de cet ouvrage, p. 14 et suivantes.

(2) *Le Duchayla*, parti de France le 8 août 1858, s'était rendu directement à Djeddah pour appuyer l'enquête faite par une commission anglo-franco-turque et obtenir réparation des massacres commis

capitaine de frégate Tricault, devait transporter le ministre de France à Tien-tsin. *Le Norzagaray*, aviso à vapeur, avait été mis également à la disposition du commandant Tricault. — Cet officier après avoir débarqué à Tourane un effectif de deux cents hommes et un matériel de guerre important, était venu, d'après les nouvelles instructions qu'il avait reçues, se mettre à la disposition de M. de Bourboulon.

Le 7 juin, il arrivait de Macao à Shang-hai ayant à son bord le ministre de France ainsi que le personnel de la légation. — Le 16, il quittait Shang-hai et arrivait le 20 au soir devant le Peïho, où était mouillée la flottille anglaise depuis le 17 du même mois.

Que s'était-il passé et quel avait été le résultat du message envoyé par le ministre anglais aux autorités chinoises? — M. Bruce entre dans de très-grands détails à ce sujet dans sa dépêche au comte de Malmesbury.

Tout ce qui se rattache à cet événement est d'une très-grande importance; il est nécessaire que l'exactitude des faits dénaturés dans plusieurs écrits, et surtout dans les pièces diplomatiques émanées de la cour de Pé-king soit nettement établie, non sur des appréciations indivi-

---

contre les chrétiens et du meurtre de son agent consulaire. — Après avoir rempli sa mission et assisté, le 12 janvier 1859, à l'exécution des principaux coupables, décapités devant les drapeaux français et anglais, le commandant Tricault avait fait route pour Suez. Là, il avait embarqué 200 hommes, ainsi qu'un matériel considérable de guerre pour la Cochinchine, et après avoir pris part pendant quelque temps aux opérations militaires de Tourane, il avait reçu l'ordre de se rendre auprès de M. de Bourboulon, chargé d'aller ratifier à Pé-king le traité de Tien-tsin fait l'année précédente.

duelles, mais sur les documents officiels, qui seuls ont une valeur réelle et ont servi de base aux résolutions ultérieures des gouvernements alliés. — Nous suivrons ainsi pas à pas, pendant tout le cours de ce récit, la marche des négociations diplomatiques et celle des opérations militaires qui amenèrent enfin les heureux résultats du traité de paix et de commerce, signé à Pé-king par les hauts plénipotentiaires de France et d'Angleterre.

De semblables écrits, s'ils veulent peser de quelque poids dans l'histoire à venir, doivent être à chaque page étayés sur des documents sérieux, et les éléments qui les composent doivent être puisés à des sources incontestables.

V. — Quatre jours après avoir reçu la lettre du haut mandarin Kwei-liang, en date du 12 juin 1859, le ministre plénipotentiaire anglais, M. Bruce, quitta Woo-sung pour aller dans le nord; il prit avec lui *le Coromandel* en remorque, afin d'avoir un navire non armé pour remonter la rivière.

« En arrivant aux îles de Sha-luy-teen (écrit-il dans une dépêche), lieu de rendez-vous convenu avec l'amiral, je n'y ai plus trouvé l'escadre et je me suis dirigé vers l'embouchure du Peïho, le 20 juin, endroit où les navires étaient rassemblés, l'amiral ayant expédié les canonnières de l'autre côté de la barre, par suite de la grosse mer qui régnait au dehors.

« L'amiral Hope arriva aux îles Sha-luy-teen le 16, et

quitta le mouillage le même jour à bord du *Fury*, soutenu par deux canonnières, pour annoncer l'arrivée des ministres d'Angleterre et de France aux autorités du pays, à l'embouchure de la rivière. Le *Fury* et les canonnières mouillèrent de l'autre côté de la barre, et le commandant Commerell, assisté de M. Mongan interprète, passa la barre dans une embarcation *du Fury*, pour remettre le message. Une bande armée qui se trouvait sur le rivage ne leur permit pas de débarquer, et quand le capitaine Commerell demanda à avoir une entrevue avec les autorités, on lui déclara qu'il n'en existait aucune en cet endroit soit civile soit militaire, que les estacades faites dans la rivière avaient été construites par les habitants, à leurs propres frais, qu'elles avaient été élevées, non pas contre nous, mais bien contre les rebelles, et que la garnison consistait seulement en milice. Celui qui portait ainsi la parole et se disait ingénieur ou préposé aux travaux, s'offrit cependant à porter un messsage à Tien-tsin et à en rapporter la réponse.

« En apprenant ce qui venait de se passer, l'amiral Hope envoya de nouveau le capitaine Commerell, prévenir de l'arrivée des ministres et enjoindre d'ouvrir un passage dans le délai de trois jours, afin de permettre aux représentants alliés de remonter la rivière jusqu'à Tien-tsin.

« A cela on répondit que l'on avait envoyé un messager à Tien-tsin, pour annoncer notre venue et qu'un passage serait ouvert dans le délai exigé. L'amiral Hope retourna alors à Sha-luy-teen.

« Le 18, l'escadre partit pour le Peïho et les canonnières mouillèrent en dedans de la barre, afin d'être à l'abri de la grosse mer qui régnait en dehors ; le 20, jour de mon arrivée, l'amiral Hope s'avança vers les forts, afin de voir ce qu'on avait fait pour nous ouvrir un passage et remettre une lettre qu'il adressait à l'intendant de Tien-tsin. Dans cette lettre, l'amiral annonçait que l'escadre resterait au mouillage pendant notre visite à Pé-king, et il demandait que l'on établît un marché pour la vente de provisions fraîches ; il demandait aussi que des dispositions fussent prises pour recevoir à terre un nombre d'officiers et de soldats, tel que cela ne pût inquiéter les habitants de Ta-kou.

« Les mêmes gens descendirent au rivage et s'opposèrent au débarquement des envoyés ; des menaces de toute nature accueillirent M. Mongan quand il sauta à terre. Ces hommes déclarèrent de nouveau qu'aucune autorité n'était présente, assurant qu'ils étaient de la milice, agissant sous leur propre responsabilité. Loin d'avoir travaillé à ouvrir une voie praticable, ils avaient au contraire fermé tous les passages, et quand on leur reprocha leur manque de parole, ils nièrent avoir jamais consenti à enlever les barrages.

« Pour donner plus de poids à leur assertion de l'absence de toute autorité, ils n'arborèrent aucun pavillon sur les forts, et aucun soldat ne fut visible pendant tout le temps que l'escadre resta en vue. »

VI. — Telle est, d'après M. Bruce lui-même, la relation des faits survenus devant le Peïho avant l'arrivée de M. de Bourboulon ministre de France.

Les Chinois, loin d'avoir écarté ou détruit les obstacles qui interceptaient le passage du Peïho, obstacles créés, avaient-ils dit, contre les rebelles et non contre les alliés, les avaient au contraire augmentés. L'amiral Hope le constata, et ce fait seul suffisait pour lui démontrer clairement le parti pris d'empêcher les ministres de France et d'Angleterre de franchir la passe du fleuve pour remonter à Tien-tsin. Aussi, après cette dernière et inutile tentative, il se retira en faisant répéter de nouveau à ces autorités invisibles, que l'intention bien arrêtée des ministres plénipotentiaires était de se rendre, sans délai, à Tien-tsin par le Peïho.

Le soir de ce même jour, à dix heures, *le Duchayla* mouillait à l'embouchure du fleuve, où *le Norzagaray* l'avait précédé de quelques heures.

Si la position était critique, du moins elle était nettement tranchée et ne pouvait laisser aucun doute sur le mauvais vouloir des autorités chinoises, en contradiction si flagrante avec les assurances données par Kwei-liang et ses collègues à M. Bruce, la veille de son départ de Shang-hai. — Deux partis opposés, on le savait, partageaient le grand conseil à la cour de Pé-king ; l'un désirait la paix avec les nations européennes, l'autre poussait à la guerre et à la rupture des traités. Les journaux de Pé-king avaient annoncé ouvertement que pendant les mois qui venaient de s'écouler, les ouvrages qui défendaient l'entrée du Peïho avaient été considérablement augmentés, et que Sanko-li-tsin prince mogol, qui était à la tête du parti de la guerre, avait reçu le commandement de ce district.

VII.— « Le temps pressait (écrit à ce sujet M. de Bourboulon), pour que nous pussions être rendus à Pé-king dans les délais fixés, et si nous nous laissions arrêter, non plus par des ruses diplomatiques, mais par des obstacles matériels mis en travers de notre chemin, si nous permettions au gouvernement chinois, au moment d'inaugurer et de mettre en vigueur les nouveaux traités, de se soustraire par la menace d'une résistance ouverte, à la première de ses obligations, dans quelle position nous trouverions-nous pour procéder à la mise à exécution des autres stipulations de ces mêmes traités, et établir les nouvelles relations à Pé-king sur un pied digne des nations que nous représentions ? »

Si, depuis plus d'une année, tous les actes de la diplomatie chinoise n'avaient pas été marqués au sceau de la duplicité et de la plus insigne mauvaise foi, on aurait pu hésiter à porter une aussi grave accusation contre ce gouvernement. Mais il n'y avait pas à douter que son but, en échappant par de nouvelles réticences aux conventions stipulées, était de porter atteinte à la dignité des nations alliées et, sinon les entraîner dans un guet-apens (comme ils essayèrent de le faire le 18 septembre de l'année suivante), du moins, de les placer en apparence, aux yeux du peuple chinois, dans une position d'infériorité qui satisfît son orgueil traditionnel.

Une lettre tardive adressée à M. Bruce cherchait à éluder la question par de nouveaux atermoiements, en faisant savoir aux ministres alliés qu'ils eussent à quitter le Peïho et à se rendre à Pe-tang, où des commissaires impériaux, assurait-on, seraient prêts à les recevoir et à leur procurer les moyens de se diriger par cette voie vers la capitale du Céleste-Empire.

VIII. — Les ministres dans leur correspondance diplomatique, n'avaient jamais caché leur projet bien arrêté de se rendre à Tien-tsin par le Peïho et de là, avec une escorte d'honneur, dans la capitale ; Kwei-liang en était instruit depuis longtemps. Et loin de faire savoir que ce chemin était fermé, les commissaires impériaux chinois annonçaient que nous trouverions à l'entrée de la rivière de Tien-tsin, un haut fonctionnaire pour conduire les ministres alliés à Pé-king.

Fallait-il aujourd'hui, après ce nouveau manque de foi et devant un procédé injurieux, aussi bien dans le fond que dans la forme, faire rétrograder les deux pavillons des nations alliées, ou bien maintenir son droit et, regardant ces nouveaux faits comme une rupture des traités existants, recourir à la force pour se frayer de nouveau un passage jusqu'à Tien-tsin [1] ?

---

(1) M. de Bourboulon, dans une seconde dépêche, datée du 30 juillet 1859, spécifie avec une grande netteté la position dans laquelle se trouvaient les Chinois vis-à-vis les puissances alliées, et établit la base des faits contre lesquels quelques dénégations se sont élevées.

C'est sur cette dernière résolution que devaient se prononcer les deux plénipotentiaires. — Ils n'hésitèrent pas, et firent savoir à l'amiral Hope que dans la nouvelle situation où ils se trouvaient placés, ils croyaient devoir se faire ouvrir, même par la force, les portes du Peïho et continuer leur marche vers la capitale.

L'amiral, de son côté, était persuadé que si l'intimidation ne suffisait pas pour paralyser les forts, une courte canonnade en aurait facilement raison. — Il puisait cette conviction dans tous les faits militaires qui s'étaient passés l'année précédente, soit devant Canton, soit devant le Peïho même.

IX. — On a accusé l'amiral d'imprudence après le résultat défavorable de la journée du 25 juin, mais qu'aurait-on pensé de lui, si, redoutant la résistance d'ennemis si facilement vaincus quelques mois auparavant, il avait accepté cette nouvelle injure et baissé la tête devant l'offensante injonction des autorités chinoises? — Les forces navales qu'il avait à sa disposition, bien que restreintes, devaient lui paraître suffisantes; car par le fait même des obstacles à combattre et de l'étroit chenal dans lequel il fallait s'engager, un plus grand nombre de navires était inutile.

Si l'on admettait un seul instant l'hypothèse, que ces ouvrages d'un si formidable développement fussent régulièrement défendus par une artillerie bien servie et bien dirigée, tous les navires, quel qu'eût été leur nombre, arrêtés par les estacades sous des feux croisés, devaient être foudroyés, un à un, avant d'avoir pu briser les barrages et franchir la passe. — Il fallait, pour se rendre maître des forts, les attaquer à revers en débarquant sur la côte, soit au nord soit au sud. Mais aux yeux de l'amiral anglais, ces batteries si redoutables en apparence, n'étaient que des épouvantails dégarnis de défenseurs, et il ne douta pas un instant du succès.

Nous n'avons pas ici à défendre le commandant des forces navales britanniques contre les attaques auxquelles il a été en butte, mais quelque graves que soient dans ces contrées lointaines et en face de ce peuple orgueilleux les conséquences d'un échec que souvent ne rachètent pas dix victoires, nous croyons qu'il était impossible de retourner honorablement en arrière et d'accepter cette atteinte manifeste à la dignité des deux nations.

L'amiral anglais se prépara donc à exécuter les résolutions arrêtées par les représentants de la France et de l'Angleterre, et que ceux-ci lui avaient communiquées officiellement.

X. — Il fut décidé que l'entrée du fleuve serait forcée malgré les forts et les estacades qui la défendaient.

Les grands navires sont mouillés à sept milles environ de l'embouchure du Peïho (1). Le groupe principal

---

(1) *Rapport du commandant Tricault.*
L'ensemble des navires alliés se composait de :
19 navires anglais dont 8 frégates, corvettes ou transports.—2 grandes

des canonnières et des petits bâtiments est en dedans de la barre, hors de la portée des forts.

Le 21 juin, l'amiral anglais, qui avait offert avec une grande courtoisie au commandant Tricault de l'accompagner dans l'exploration qu'il projetait, alla lui-même reconnaître les abords du fleuve et le développement des défenses élevées pour en protéger les approches. « Ces fortifications (dit le commandant Tricault dans son rapport), entièrement construites en argile durcie, sont beaucoup plus considérables qu'elles n'étaient l'année dernière. Leur développement est établi des deux côtés du chenal d'entrée et sur un tournant en amont, il présente à l'assaillant des feux de flanc très-rapprochés et des feux d'enfilade pouvant devenir irrésistibles, s'ils sont persistants et bien dirigés.

« Tous les forts, sortes de lignes bastionnées garnies de cavaliers formant de distance en distance une seconde rangée de feux, sont protégés contre un assaut par une enceinte de fossés double ou triple et surtout par une vase molle s'étendant depuis les fossés jusqu'à la mer. Le nombre des embrasures dirigées vers l'entrée du fleuve et pouvant convenir à de gros canons, est de soixante environ ; mais toutes ces embrasures sont masquées par des nattes ; les forts ainsi que leurs alentours semblent déserts.

canonnières : *Nemrod* et *Cormorant*. — 9 petites : *Kestrel*, *Janus*, *Banterer*, *Lee*, *Plover*, *Forester*, *Haughty*, *Starling*, *Opossum*.

2 navires français : *Duchayla*, corvette ; *Norzagaray*, aviso de flottille.

« Un courant atteignant jusqu'à quatre nœuds dans un chenal étroit, compliquait la manœuvre des navires, et le passage était obstrué par trois estacades établies à distance l'une de l'autre et toutes trois d'une force considérable » (1).

Cet accroissement de défenses à l'entrée du Peïho montrait évidemment que le gouvernement chinois n'avait pas au fond de sa pensée les sentiments pacifiques et conciliateurs que lui prêtaient les envoyés négociateurs du Pe-tchi-li.

Vis-à-vis toute autre nation que la nation chinoise, ces ouvrages de défense eussent donné à réfléchir à l'amiral Hope et l'eussent fait hésiter à se lancer dans une semblable entreprise. Mais l'amiral était tellement convaincu de l'inefficacité des feux de ces forts, que son plan était de travailler sous les canons ennemis à briser les barrages, et de se frayer ainsi un passage à travers les estacades.

(1) *Rapport du commandant Tricault.*

« La première estacade en venant du large, se composait de chevaux de frise en fer de la grosseur du bras, espacés de 6 à 7 mètres, solidement établis, et présentait à l'assaillant une série de pointes acérées.

« La deuxième était formée d'une succession d'énormes blocs de bois reliés entre eux par des chaînes.

« La troisième présentait un massif de pilotis réunis par des traverses, occupant, dans le sens du courant, une largeur de 40 mètres.

« Un passage large de 8 mètres environ, avait été ménagé dans cette dernière estacade, mais il formait un coude, était garni de chevaux de frise en fer vis-à-vis du tournant, et paraissait impraticable autrement que par de légers bateaux manœuvrés à la main. »

Tous les bâtiments auxquels leur tirant d'eau permettait d'approcher se préparèrent donc à combattre; ils étaient au nombre de onze, sans compter l'aviso à vapeur *le Norzagaray*, le seul bâtiment français qui fût là pour prendre part à la lutte et porter sous le feu des batteries ennemies le pavillon de la France. L'armement propre de ce bâtiment, aviso du plus léger échantillon, et placé sous le commandement du lieutenant de vaisseau Lespès, consistait en deux canons, l'un de 12 à pivot, placé sur le gaillard d'avant, l'autre d'un plus petit calibre placé sur le pont. — Le commandant Tricault fit ajouter à cet armement trois obusiers de montagne installés sur affûts d'embarcation.

XI. — Le 23 juin, les deux grandes canonnières anglaises *Nemrod* et *Cormorant*, profitant d'une grande marée, franchirent la barre, *le Norzagaray* la franchit en même temps.

La journée du 24 devait être consacrée à prendre les dernières dispositions de détail.

Six cents soldats de marine anglais, et un nombre égal de matelots sont embarqués sur les petites canonnières, ou dans des canots qu'elles remorquent. — Ces canonnières, au nombre de neuf, font route de grand matin vers la rivière; elles seules peuvent passer la barre à toutes marées. — Des jonques mouillées à distance convenable des forts, ont été préparées pour recevoir le corps de débarquement, afin de laisser les canonnières entièrement dégagées et prêtes pour le combat.

L'amiral anglais a mis à la disposition du commandant Tricault *le Plover* pour amener la compagnie de débarquement et les canots du *Duchayla*, car cet officier énergique qui s'était déjà si brillamment distingué pendant la campagne de Crimée voulait, quelque restreint que fût le nombre des hommes qu'il pouvait présenter au combat, tenir sa place au feu et prendre part à la lutte qui allait s'engager (1). *Le Plover* le transporta avec ses hommes à bord du *Norzagaray*, mouillé depuis la veille en dedans de la barre.

Pendant la nuit, des embarcations profitant de l'obscurité qui les enveloppe, nagent en silence vers les estacades, pour tenter de frayer le passage aux bâtiments qui doivent, le lendemain, entrer en action. Elles reconnaissent qu'il suffira d'enlever un des chevaux de frise dans un seul endroit de la première estacade pour la traverser.— Peut-être quelques barils explosifs pourront-ils faire sauter la seconde? Et cette opération est tentée. Quelques bouts de chaîne sont en effet brisés, mais l'estacade reste fermée. La lune, en se levant, vint dévoiler à l'ennemi la présence de ces embarcations, un des forts lança quelques boulets, et elles durent s'é-

---

(1) Ce faible corps de débarquement comportait un personnel de 86 hommes, savoir :

64 hommes marchant sous les ordres du lieutenant de vaisseau Claverie et sous ceux des aspirants Bary et Viguier;

6 hommes consacrés au service des blessés, dirigés par M. Léon, chirurgien de 2⁰ classe;

16 hommes dans les canots commandés par les aspirants Brindejonc et Parfait.

loigner, ne pouvant continuer leurs tentatives, que ne protégeaient plus les ombres de la nuit.

XII. — Le 25, à quatre heures du matin, les canonnières se mettent en mouvement pour prendre devant les forts les positions qui leur ont été désignées. Elles doivent former une ligne d'embossage, dont la tête sera très-voisine de la première estacade.

Le Plover et l'Opossum ne participent pas à ce mouvement. — Ces deux bâtiments resteront libres pour se porter où le besoin les appellera.

Les canonnières durent déployer de grands efforts pour exécuter leur mouvement, car dans cette passe étroite, quelque habileté que déployassent leurs commandants, ils ne purent éviter des échouages et des abordages qui retardèrent leur marche. — A une heure après-midi seulement, elles ont pris position, sans avoir été un seul instant inquiétées par le feu des forts, qui sont restés spectateurs inoffensifs et silencieux.

L'amiral a mis son pavillon sur le *Plover*. — Le capitaine de frégate français, M. Tricault, a réclamé l'honneur de rester auprès de l'amiral Hope pendant le combat, afin d'être à portée de connaître ses ordres et d'apprécier par lui-même le moment où il devra jeter à terre son petit corps de débarquement, dont il prendra le commandement direct.

La ligne d'embossage est formée. — L'amiral veut frayer, lui-même, le passage, et avoir, comme chef, l'honneur des premiers coups. Le silence complet que continuent à garder les forts, dont les pièces restent toutes masquées et qui semblent entièrement dégarnis de défenseurs, donne plus que jamais à l'amiral la conviction que toutes ces batteries, au premier abord si menaçantes, n'avaient pour but que d'intimider les bâtiments qui voudraient tenter de forcer le passage. — Ce silence si étrange avait quelque chose de solennel, qui impressionnait vivement tous les cœurs résolûment préparés aux mâles émotions du combat.

XIII. — *Le Plover* et *l'Opossum* viennent se placer en tête de la ligne ; leur avant touche la première estacade.

Sur l'ordre de l'amiral, *l'Opossum* s'avance et saisit avec une chaîne l'un des chevaux de frise de l'estacade. — Pendant près de vingt minutes, il marche sur son gouvernail en avant, en arrière, à droite et à gauche. Enfin, à force de secousses réitérées en tout sens, et après les plus énergiques efforts, ce bâtiment parvient à arracher un des pieux en fer, qu'il entraîne avec lui.
— *L'Opossum* franchit aussitôt l'estacade dans laquelle il vient ainsi de pratiquer un étroit passage. *Le Plover* suit sa trace, beaupré sur poupe ; ces deux bâtiments sont si rapprochés l'un de l'autre, qu'on les dirait enchaînés ensemble ; tous deux arrivent à la seconde estacade, située à trois cents mètres plus haut. — Les forts sont toujours silencieux, les batteries masquées, les remparts déserts.

L'amiral ne doute plus du succès ; sur son visage

rayonne le triomphe de voir ses prévisions se réaliser.

Mais à peine ces deux canonnières ont-elles laissé tomber leur ancre, que le feu croisé de tous les forts s'ouvre à la fois avec une spontanéité d'exécution et un ensemble, dont les Chinois n'avaient jamais jusqu'alors donné d'exemple. — Les ouvrages les plus éloignés, séparés les uns des autres par la rivière, ont aussi réuni leur tir qui s'abat sur les deux canonnières avec une grande précision ; le pont de ces deux bâtiments est presque aussitôt couvert de morts et de mourants.

L'amiral s'est placé sur le roufle étroit de la cuisine du *Plover;* c'est l'endroit le plus élevé ; il a fait clouer sa carte devant lui ; près de lui se tient le commandant Tricault.

Devant cet orage subit de projectiles qui mutile les deux équipages, l'amiral anglais reste impassible ; pas un muscle de son visage ne s'est altéré. — Il suit d'un regard attentif toutes les phases de cette lutte meurtrière, qui change en un désastre cette certitude de victoire qui souriait, tout à l'heure encore, sur son visage radieux. Lui-même est blessé à la hanche par un éclat de fer et bientôt son pantalon blanc est couvert de sang. Mais, toujours impassible, il ne quitte pas des yeux cette scène de mort qui couche un à un à ses pieds ses plus intrépides marins. Seulement un instant il tourne légèrement la tête vers le commandant Tricault qui, monté sur une barrique, se tient auprès de lui. — « Amiral, répond le commandant à cette interrogation muette, nous ne forcerons pas la passe, la lutte est impossible. Voyez autour de vous. »

XIV. — En ce moment le spectacle qu'offrait le pont du *Plover* était affreux. Les morts et les blessés encombrent la canonnière au milieu des débris de toute nature, et leurs derniers gémissements se perdent dans le bruit assourdissant de la canonnade. — Autour de la pièce de 68 placée à l'avant, est entassé un monceau de chair humaine. Cette pièce, dont les servants ont déjà été renouvelés plusieurs fois, tant le tir de l'ennemi est précis et régulier, est littéralement baignée dans le sang de ses défenseurs. — Le doute n'est plus permis sur l'issue d'un combat aussi inégal.

L'amiral, toujours à la même place, conserve le même sang-froid. — Le commandant du *Plover*, le lieutenant Rason, s'approche de lui; il vient lui dire que tout son monde est hors de combat et qu'il est impossible de tenir plus longtemps dans une semblable position.

Pendant que le capitaine parlait, l'amiral Hope regardait attentivement avec sa lorgnette un des forts les plus rapprochés.

« — Capitaine, répondit-il froidement en étendant le bras vers ce fort, il y a là-bas une pièce qui nous fait beaucoup de mal, il faut la démonter. »

Ce furent les seules paroles qu'il prononça.

Le capitaine Rason, jeune et intrépide marin qui avait déployé, depuis le commencement du combat, une énergie sans égale s'éloigne pour tenter encore d'exécuter ce dernier ordre; mais, à peine a-t-il fait quelques pas, qu'un boulet lui emporte la tête. — Un boulet vient aussi briser la chaîne du *Plover*, qui dérive aussitôt en arrière. Cette canonnière est complétement désemparée.

En passant devant l'*Opossum*, qui, moins maltraité, se maintient encore dans sa position, le *Plover* parvient à s'accrocher à lui, et l'amiral Hope s'élance sur ce bâtiment avec le commandant Tricault. Mais au moment où il veut monter sur le poste élevé qu'il avait déjà choisi sur le *Plover*, il est renversé sur le pont et a une côte enfoncée. Chacun en le voyant étendu à terre le croit frappé mortellement; mais l'amiral reprend bientôt connaissance, et repoussant les soins que le chirurgien veut lui donner, il reste debout sur le pont, assistant à cette scène de désastre avec un courage que rien ne peut ébranler; on dirait qu'il cherche obstinément la mort qui ne veut pas l'atteindre.

Tous les coups de l'ennemi se sont concentrés sur l'*Opossum*, qui bientôt dérive à son tour jusqu'à la queue de la ligne d'embossage, auprès du *Norzagaray*.

XV. — L'amiral souffre cruellement de ses deux blessures, à peine s'il peut se soutenir; mais sa volonté morale est plus forte que ses souffrances : il veut parcourir la ligne des bâtiments, questionner chacun d'eux et planter son pavillon, là où le feu est le plus vif et le danger le plus grand. S'il a perdu l'espoir de vaincre, il n'a pas perdu celui de combattre jusqu'au dernier moment pour l'honneur des armes de l'Angleterre.

En vain on l'entoure, en vain on cherche à le faire renoncer à son projet dans l'état de faiblesse où il se trouve ; il demande une embarcation ; — *l'Opossum* n'en a plus. Le commandant Tricault lui offre sa baleinière, qu'il hèle aussitôt ; on y transporte l'amiral qu'il faut soutenir ; car, épuisé par le sang qu'il perd, il peut à peine marcher ; la baleinière, gagnant avec peine contre le jusant, remonte lentement la ligne d'embossage : — le commandant Tricault tient la barre ; l'amiral n'a plus auprès de lui que son secrétaire, M. Ahsby, les officiers attachés à son état-major sont hors de combat ou en mission.

La baleinière longe chaque bâtiment ; sur celui-ci on demande des hommes, sur celui-là des munitions, mais tous ardents à la lutte et peu soucieux de l'inégalité du combat évidente à tous les yeux, reçoivent leur chef avec cette réponse si caractéristique : — « *all's well, sir.* »

L'amiral est ainsi arrivé jusqu'au *Cormorant*, qui tient la tête de la ligne, et sur lequel se sont réunis tous les feux de l'ennemi. — C'est sur ce bâtiment qu'il veut encore hisser son pavillon. Là seulement, il consent à faire panser ses blessures sur le pont même du navire.

XVI. — « Dès les premiers moments du combat (écrit le commandant Tricault) l'échec était certain. On ne luttait plus que pour l'honneur des armes, et c'était chose magnifique à voir que cette poignée de petites canonnières se gênant les unes les autres, mais soutenant et maîtrisant même sur certains points, des feux qui se croisent en tous sens et partent de remparts invulnérables. »

« Bien que j'aie déjà pris part (ajoute-il) à de vigoureuses canonnades avec des chances diverses, je n'ai rien vu de plus émouvant que cette lutte inégale, ni rien de plus noble que la manière dont elle a été supportée. »

L'amiral a fait appeler près de lui le capitaine de vaisseau le plus ancien, le commandant Shadwell, pour être à même, si les forces viennent à lui manquer, de lui transmettre le commandement.

Le capitaine Vansittard, qui commandait une division de canonnières, arrive à bord du *Cormorant;* ses jambes sont couvertes de vase jusqu'à la hauteur du genou. Cet officier vient dire à l'amiral qu'il a sondé le terrain sur la rive droite; la vase, bien que profonde, n'est pas impraticable et peut permettre un débarquement avec des hommes déterminés. — Le combat est devenu impossible avec les navires sous le feu incessant des forts; il propose de prendre l'un d'eux d'assaut. — Dans tous les cœurs fatigués d'une lutte immobile, cette pensée énergique a un écho. — Elle est noble et belle par son audace même et par les dangers qu'il faut affronter. — L'assaut est décidé.

A ce moment le commodore américain, M. Tattnall, accoste *le Cormorant* sous un feu qui semble à chaque instant redoubler d'intensité; un boulet brise le tableau de son embarcation et tue le patron; le commodore, qui s'apprêtait à se hisser à bord de la canonnière anglaise, est renversé par le choc, mais fort heureusement sans être blessé. — Quelques instants après, M. Tattnall est sur le pont du *Cormorant;* il vient exprimer à l'amiral toute son indignation de la conduite déloyale des autorités chinoises, et offrir les soldats de marine qui sont à bord de son petit vapeur, *le Toeï-Wan.* Lié par ses instructions qui lui commandaient la neutralité, le commodore s'en dégageait enfin, pensant qu'il était de son honneur et de son devoir de protester contre des faits coupables, dont il ne voulait pas rester plus longtemps spectateur impassif. — L'amiral Hope remercie M. Tattnall de sa démarche, mais n'accepte pas cette offre tardive de coopération.

Cependant *le Toeï-Wan* tint à honneur d'aller chercher les canots anglais qui portaient les compagnies de débarquement, et il les remorqua jusqu'à la plage, sous le feu de l'ennemi.

XVII. — Il est environ six heures du soir; le commandant Tricault quitte, pour la première fois de la journée, l'amiral anglais et fait disposer les hommes et les canots du *Duchayla.* — Tout est bientôt prêt pour le débarquement; mais les compagnies anglaises sont beaucoup plus loin, sur les jonques. Aussitôt que les embarcations qui les transportent arrivent à la hauteur du *Norzagaray*, le commandant Vansittart qui est à leur tête, salue le commandant français par un hurrah qui lui est chaleureusement rendu.

Les alliés s'avancent de concert vers le banc de vase, à l'endroit choisi par le commandant anglais pour tenter le débarquement.— Gênés par des pilotis qui encombrent le rivage, les canots ne peuvent aller s'échouer. Le temps presse, car le jour commence à tirer à sa fin ; il est sept heures et demie, et les forts lancent des volées de mitraille qui déjà ont atteint quelques hommes. Une prompte et énergique résolution est la seule voie de salut, la seule chance possible encore de succès. Les chefs donnent l'exemple, et s'élancent les premiers dans l'eau. Parfois, cette eau est profonde, et quelques hommes n'atteignent la rive qu'à la nage. — Le banc vaseux sur lequel il faut marcher, pendant une distance de quatre ou cinq cents mètres, est entièrement à découvert et sous le feu toujours croissant des Chinois ; aussi, la route que suivent ces audacieuses compagnies est jalonnée de morts et de blessés qu'il faut laisser, hélas! là où ils tombent, pour continuer la marche en avant.

Le brave commandant Tricault n'a que soixante-quatre hommes avec lui ; mais ce petit groupe résolu fait d'héroïques efforts pour traverser la nappe fangeuse qui, à chaque instant, se dérobe sous ses pas. Le fort que l'on cherche à atteindre, est celui qui borde l'entrée du fleuve sur la rive méridionale, offrant avec ses trois cavaliers un développement considérable. — Le point de direction est le cavalier extérieur.

XVIII. — Il faut avoir assisté à cette scène terrible pour s'en faire une idée exacte. —A chaque instant, les difficultés de la marche redoublent ; tantôt les hommes enfoncent à mi-jambes dans la vase amollie ; tantôt les pieds rencontrent tout à coup un terrain plus solide, qui presque aussitôt les abandonne. — Des boulets, des balles, des flèches, de la mitraille, partent sans cesse des remparts. Il n'est point possible, dans ces terrains mouvants, de conserver aucun ordre de marche, et bientôt les hommes, selon le degré de leur force s'espacent par groupes séparés les uns des autres. Mutilés par les projectiles ennemis, ils avancent péniblement et cherchent à se rallier aux cris de leurs chefs, dont la voix les appelle et les ranime. — C'est ainsi que ces compagnies arrivent enfin, mais par lambeaux, devant le premier fossé.

Là on s'arrête, on se regarde, on se compte, et ceux dont les armes, pendant la traversée du fleuve, n'ont pas été mises hors de service, répondent par une fusillade de quelques instants au feu qui les assaille. — Ce premier fossé n'a point d'eau, il est facilement franchi ; mais à très-petite distance de celui-là, se trouve un second très-large et très-profond ; l'eau y a été maintenue, sans doute au moyen d'une écluse. Quelques hommes se jettent à la nage et le traversent, d'autres se servent d'une échelle de bambous déjà brisée pour atteindre le glacis du fossé qui touche les murailles et offre un certain abri contre les projectiles. La nuit est entièrement venue, et bien peu sont parvenus jusqu'au pied des remparts, dont les Chinois garnissent tumultueusement la crête, en jetant des cris de menace et de défi à cette poignée d'hommes isolés que leurs armes mêmes ne peuvent plus défendre.

Le commandant Tricault a autour de lui quelques-uns de ses marins, il cherche à rallier au milieu de l'obscurité ceux de ses compagnons qui ont pu arriver jusqu'aux murailles. Bientôt il est rejoint par un groupe de matelots du *Duchayla*, avec lequel sont le lieutenant de vaisseau Claverie, l'aspirant volontaire Viguier, et l'aspirant de deuxième classe Bary, qui est presque aussitôt frappé d'une balle dans le flanc (1). — Une cinquantaine d'hommes environ composent la force totale des alliés réunis au pied du rempart.

Le commander Heath commande le groupe anglais, car le colonel Lémon et les capitaines Vansittart et Shadwell ont été grièvement blessés, dès le début du débarquement.

XIX. — Les artifices que lancent les Chinois pour diriger leurs coups éclairent la plaine par intervalles et montrent combien est petit le nombre des assaillants. A chaque instant la position devient plus critique. — Sans armes, car les cartouches sont mouillées et ne peuvent servir, sans échelles, sans aucun moyen d'attaque, comment ces quelques combattants perdus au milieu de la nuit, et que nul renfort ne viendra soutenir, iront-ils tenter l'assaut contre ces parapets d'argile desséchée

---

(1) L'aspirant Bary mourut à Shang-hai des suites de cette blessure, le 22 juillet.

sur lesquels les boulets des canonnières n'ont produit aucun éboulement.

Cependant, le commandant Tricault et le commander Heath ne peuvent se décider à abandonner une position, prix de si cruels efforts ; ils appellent à eux les restes des compagnies dont ils espèrent toujours la venue, et qu'ont forcément disséminées les difficultés du terrain. Mais leur voix couverte par le bruit du canon et par la fusillade reste sans écho. — Après une attente inutile, il ne leur reste plus qu'à ordonner la retraite et à la surveiller pour qu'elle se fasse en bon ordre, sans laisser de blessés derrière soi.

Au moment où le commandant Tricault vient de franchir de nouveau le dernier fossé, une balle lui traverse le bras gauche.

XX. — Pour rejoindre le rivage, de plus grandes difficultés attendaient encore les braves marins qui venaient d'accomplir cet acte stérile d'audacieux courage. —Pendant les quelques heures qui se sont écoulées, la mer a monté, et l'eau couvre presque entièrement et à une certaine hauteur cette plaine fangeuse qu'ils ont traversée en quittant les canots ; l'obscurité est profonde, les groupes se resserrent pour ne pas s'égarer dans cette marche périlleuse.

Le rembarquement fut long et pénible par suite de la rangée de pilotis qui gênait les manœuvres des embarcations et les empêchait d'approcher du rivage ; il dura une grande partie de la nuit, et présenta de sérieuses difficultés, surtout pour le transport des blessés. — « Ce mouvement de marée montante a eu d'affreuses conséquences (écrit le commandant Tricault, en terminant son rapport); non-seulement les cadavres qui n'avaient pas été retirés au premier moment sont restés sur le terrain, mais encore tous les blessés hors d'état d'appeler à leur secours ou de se soulever eux-mêmes, ont été infailliblement noyés. »

Les pertes en hommes et en bâtiments étaient grandes. Le *Cormorant*, qui avait tenu pendant toute la journée la tête de la ligne d'embossage, et qui s'était défendu dans cette lutte inégale avec une inébranlable énergie, avait été affreusement mutilé par l'artillerie des forts; il coulait bas pendant la soirée, ainsi que quatre autres canonnières anglaises. Sur ces cinq bâtiments, trois devaient entièrement périr, *Plover*, *Lee* et *Cormorant*; les deux autres purent être relevés. — L'amiral anglais fit achever la destruction de ceux pour lesquels tous les efforts de sauvetage étaient restés inutiles. Les Anglais comptaient plus de quatre cents hommes tués ou blessés, parmi lesquels un grand nombre d'officiers. — Quant à nous, nous avions plus du cinquième de notre petit effectif hors de combat.

XXI. — La journée du 25 juin était un désastre; mais il faut l'ajouter, un désastre dans lequel l'honneur des armes était sauf. L'amiral Hope avait montré une fois de plus cette énergie indomptable et ce sang-froid dans le commandement qui en font un des premiers marins de l'Angleterre.

Si cet amiral n'avait eu avec lui qu'un seul bâtiment, comme le commandant Tricault (1), sa ligne de conduite était inévitablement tracée par les événements eux-mêmes, il lui eût fallu retourner en arrière ; mais par suite de la résolution prise par les deux ministres plénipotentiaires de se porter en avant, l'hésitation, avec le nombre de canonnières qu'il avait sous la main, lui eût été reprochée comme un acte de faiblesse inqualifiable en face de semblables ennemis. Les nécessités de la situation diplomatique, les antécédents de la guerre de Chine, la puissance même des moyens dont il disposait, tout lui faisait un devoir de ne pas s'arrêter devant les obstacles matériels que l'on jetait inopinément devant lui.

Mais ce nouvel acte d'hostilités de la part du gouvernement chinois remettait tout en question ; la situation n'était plus la même, et le sang répandu devant le Peïho exigeait une éclatante réparation. — Aussi, les deux ministres alliés pensèrent qu'il était de leur devoir de se retirer et d'attendre de nouvelles instructions relatives aux tristes faits qui venaient de se passer.

XXII. — « En présence d'une situation aussi tranchée (écrivait au ministre des affaires étrangères M. de Bourboulon), nous avons pensé, mon collègue d'Angleterre

---

(1) La corvette *Duchayla* ne pouvait, par suite de son fort tirant d'eau, entrer dans le fleuve et remonter à Tien-tsin. — C'était le petit aviso à vapeur *Norzagaray* qui devait mener à Tien-tsin le représentant de la France, M. de Bourboulon.

et moi, qu'il ne pourrait être que compromettant pour la dignité des gouvernements que nous représentons, de demander des explications quelconques à un gouvernement qui se jouait ainsi des engagements les plus solennels, et ne craignait pas, pour se soustraire à l'obligation de les remplir, de recourir à de traîtreuses hostilités; qu'il ne nous restait par conséquent, qu'à nous retirer, à attendre, dans une attitude de réserve de manière à l'inquiéter sur les suites de sa victoire, les communications qu'il pourra nous adresser, et à laisser à nos gouvernements respectifs le soin de prendre les mesures que les circonstances leur paraîtront réclamer (1). »

De son côté, M. Bruce, ministre plénipotentiaire d'Angleterre, écrivait à la même date, au comte de Malmesbury.

« L'amiral Hope m'ayant informé que les forces, sous son commandement, n'étaient point suffisantes pour ouvrir un passage et remonter la rivière, M. de Bourboulon et moi convinrent qu'il fallait considérer notre mission à Pé-king comme terminée quant à présent, et que nous devions nous retirer à Shang-hai. »

Tel est le récit exact des faits qui se passèrent à l'entrée du Peïho, le 25 juin 1859, et qui eurent en France et en Angleterre un si triste retentissement.

Les deux cabinets de Paris et de Londres comprirent toute la gravité d'une semblable situation en face de ce

---

(1) Dépêche du 30 juin 1859.

gouvernement, dont tant de revers successifs n'avaient pu arrêter les indignes subterfuges et la diplomatie déloyale. — Il fallait frapper un grand coup, si nous ne voulions pas voir s'éteindre et disparaître à jamais toute notre influence dans ces contrées lointaines.

CHAPITRE II.

XXIII. — Le traité de Tien-tsin, déchiré par les canons chinois à l'embouchure du Peïho demandait une éclatante réparation. — Aussi le ministre des affaires étrangères en France écrivait, à la date du 24 septembre 1859, à M. de Bourboulon, ministre plénipotentiaire en Chine : « Le gouvernement de Sa Majesté a décidé d'infliger aux Chinois le châtiment exigé par une violation aussi éclatante des règles les plus essentielles du droit international. »

L'échec du Peïho avait pris en Chine des proportions considérables. — La gazette de Pé-king regorgeait de proclamations incendiaires contre ces peuples imprudents et aveugles qui avaient osé entrer en lutte avec le puissant empereur du Céleste-Empire.

Une seconde campagne en Chine fut résolue, de concert avec les Anglais. — L'empereur Napoléon III appela le général Cousin de Montauban au commandement en chef de cette nouvelle expédition.

Dix mille hommes étaient mis sous ses ordres (1).

Le général de Montauban, chef énergique, soldat intrépide, saura justifier la haute confiance dont l'honore l'Empereur. Les pouvoirs les plus étendus lui sont concédés; il prendra le titre de : Commandant en chef des forces de terre et de mer (2), et pourra nommer aux vacances qui se produiront dans le corps expéditionnaire, jusqu'au grade de colonel inclusivement. Les nominations de lieutenant-colonel et de colonel devront être ratifiées par l'Empereur. — Le général de Montauban pourra également décerner des médailles militaires

---

(1) COMPOSITION DU CADRE D'ÉTAT-MAJOR
DU CORPS EXPÉDITIONNAIRE.

Commandant en chef des forces de terre et de mer, le général Cousin de Montauban;
Chef de la 1ʳᵉ brigade d'infanterie, le général Jamin, commandant en second l'expédition.
Chef de la 2ᵉ brigade d'infanterie, le général Collineau;
Chef d'état-major général, le lieutenant-colonel Schmitz;
Officiers attachés à l'état-major général :
Lieutenant-colonel Dupin, chef du service topographique;
Le chef d'escadron d'état-major Campenon; — le capitaine d'état-major de Cools; — le capitaine d'état-major Chanoine; le sous-intendant militaire Dubut.
Chef du génie, colonel Déroulède.
Chef de l'artillerie, colonel de Bentzmann, commandant cinq batteries et le parc du siége.
101ᵉ de ligne, colonel Pouget; — 102ᵉ de ligne, colonel O'Malley; — 2ᵉ bataillon de chasseurs à pied, commandant Guillot de la Poterie.
Infanterie de marine, colonel de Vassoigne.
Escadron de cavalerie, capitaine Mocquart.

(2) Décret du 13 novembre 1859.

et des croix de chevalier et d'officier de la Légion d'honneur.

Déjà le maréchal Randon, ministre de la guerre, règle tous les détails relatifs à l'organisation de ce nouveau corps, et dirige sur Toulon, Brest, Lorient et Cherbourg les troupes qui doivent être embarquées.

XXIV. — De son côté, le général Cousin de Montauban s'entoure des renseignements qui peuvent asseoir sur une base sérieuse ses appréciations, et l'aider à combiner les premières opérations militaires qu'il doit diriger en chef dans ces parages lointains. Il interroge, il étudie, il calcule, il médite ; car il faut, dès le début, frapper un grand coup pour abaisser l'orgueil de ce peuple si aveugle dans sa confiance et dans ses dédains, il faut effacer par d'éclatantes victoires le souvenir de la journée du 25 juin, dont le retentissement a couru comme un écho triomphal à traver ces vaste empire.

Le général de Montauban, investi, nous l'avons dit, du commandement des forces de terre et de mer, écrit de Paris au contre-amiral Page pour lui communiquer les projets que lui ont suscités les renseignements qu'il a déjà pu recueillir.

Le contre-amiral Page a remplacé le vice-amiral Rigault de Genouilly dans le commandement des mers de Chine.—Le général le charge d'étudier, avec l'expérience acquise d'un séjour déjà long dans ces contrées, quel serait le point le plus favorable pour l'installation des troupes près du théâtre des opérations futures.

« Les véritables chemins en Chine (lui écrivait-il), sont les canaux, et les fleuves que ces canaux relient entre eux. La marine est donc, selon toute probabilité, appelée à jouer un grand rôle dans les opérations militaires. Il faut perdre le moins de temps possible et se mettre en route très-promptement pour arriver à l'embouchure du Peïho; car plus on agira rapidement, moins on aura de chances contraires à redouter. »

XXV. — Au moment où le nouveau commandant en chef s'apprêtait à partir, les opinions étaient très-partagées sur la résistance probable que devait rencontrer le corps expéditionnaire dans le cours de cette nouvelle expédition. — Les uns, s'exagérant la portée réelle du succès que les Chinois avaient obtenu au Peïho sur les forces anglaises, croyaient que les forts seraient occupés et défendus, comme ils pourraient l'être par des troupes européennes; d'autres, trop confiants au contraire, prétendaient qu'aux premiers coups de canon, ces timides défenseurs prendraient aussitôt la fuite.

Ces opinions extrêmes et contradictoires se présentent souvent, lorsqu'il s'agit d'une entreprise quelle qu'elle soit; rarement l'esprit reste dans un juste milieu d'appréciation. — Nous avons vu en Crimée, pendant le siége si pénible de Sébastopol, les découragements excessifs succéder dans certains esprits à la confiance souvent la plus exagérée. — Il fallait évidemment pour cette nouvelle expédition se méfier des exagérations, et guidé par une sage prudence, prendre les mesures habituelles à la guerre. Dans ces pays lointains, si parfois les succès sont faciles, le moindre revers acquiert aussi une influence fatale, et les avantages d'une année de victoires peuvent être détruits en un jour.

Tien-tsin est le premier point vers lequel se dirigera l'armée alliée. — Les instructions données au général en chef portent : qu'il sera peut-être nécessaire, pour en imposer au gouvernement chinois, de pousser une pointe jusqu'à Pé-king, capitale de l'empire. C'était un acte militaire d'une très-grande portée, par son audace même, pour peu que l'on considère le petit nombre des forces alliées, en face de la population seule de cette ville, portée à deux millions d'habitants.

XXVI. — Le 19 novembre 1859, le nouveau commandant en chef adresse de Paris à sa petite armée son premier ordre du jour :

« Votre tâche est grande, dit-il, et belle à remplir ; mais le succès est assuré par votre dévouement à l'Empereur et à la France. Un jour, en rentrant dans la mère patrie, vous direz avec orgueil à vos concitoyens que vous avez porté le drapeau national dans des contrées où la Rome immortelle, au temps de sa grandeur, n'a jamais songé à faire pénétrer ses légions.

« Sa Majesté, en m'accordant l'honneur de vous commander en chef, me fait une haute faveur dont je ne pourrai mieux lui témoigner ma reconnaissance qu'en m'occupant de pourvoir à tous vos besoins avec une sollicitude constante.

« Vienne le jour du combat, et vous pourrez compter sur moi comme je compte sur vous : nous assurerons la victoire aux cris de : *Vive l'Empereur! vive la France!* »

Que Dieu veille sur cette petite armée qui traverse les mers et va à cinq mille lieues du sol natal venger les droits sacrés du christianisme et de la civilisation.

XXVII. — Le 12 janvier 1860, à sept heures du matin, le général de Montauban s'embarque sur *la Panthère*, bâtiment de la Compagnie orientale.

Il est accompagné de son état-major particulier : le chef d'escadron Deschiens, premier aide de camp ; le capitaine de Bouillé, deuxième aide de camp ; le capitaine de Montauban, officier d'ordonnance. — Le chef d'état-major général, lieutenant-colonel Schmitz ; le capitaine de Cools, attaché à l'état-major général ; le colonel de Bentzmann, commandant l'artillerie, et M. Dubut, sous-intendant militaire de première classe, chef du service administratif, ont pris passage sur le même bâtiment.

Le 15 janvier, à six heures du matin, *la Panthère* touchait à Malte.

En traversant le détroit de Bonifacio, le général a pu saluer le monument funèbre élevé à la mémoire des naufragés de *la Sémillante*, cruel sinistre qui avait englouti sous les flots tant de vaillants soldats (1).

Le général de Montauban, après différentes relâches à Ceylan, à Paulo-penang et à Singapour, où il est reçu par les autorités anglaises avec tous les honneurs dus à un commandant en chef, entre en rade de Hong-kong le 26 février, à huit heures du matin.

XXVIII. — A peine son arrivée a-t-elle été signalée, que le contre-amiral Page se rend à bord du *Gange*, qui a pris le général de Montauban à Ceylan, pour le transporter à Hong-kong.

Le contre-amiral Page arrive de Cochinchine. Il a eu plusieurs engagements sérieux avec les Annamites. — Dans l'un de ces engagements, le chef du génie, le colonel Dupré Deroulède, a été coupé en deux par un boulet sur le pont de *la Némésis*, près de l'amiral Page. — En tout temps la mort de ce vaillant officier eût été une perte vivement sentie par l'armée, mais dans les circonstances présentes, ce triste événement est plus douloureux encore, car le colonel Dupré Deroulède, nommé chef du génie du nouveau corps expéditionnaire, laisse vacant, par sa mort, un poste important dans lequel il était appelé à rendre les plus utiles services. — C'est le lieutenant-colonel Livet qui le remplacera.

L'amiral Page apprend au général de Montauban qu'il avait été décidé, à la suite d'une conférence tenue avec

(1) Voir, Campagne de Crimée, etc.

l'amiral anglais Hope, que l'île de Chusan serait occupée. Le nouveau commandant en chef croit devoir ajourner la solution définitive de cette question jusqu'à sa prochaine entrevue avec l'amiral anglais; les renseignements qu'il a recueillis ne sont pas de nature à faire tomber son choix sur l'île de Chusan pour y concentrer ses troupes. — Chusan, en effet, est très-rapproché de Shang-hai, et Tché-fou semble offrir des avantages bien supérieurs, comme point intermédiaire entre cette ville et le Peïho.

Les bâtiments qui doivent apporter à Hong-kong les troupes expéditionnaires auront évidemment à leur bord un certain nombre de malades, après une si longue et si pénible traversée; aussi le général se préoccupe-t-il sérieusement de l'installation des hôpitaux. Hong-kong et Shang-hai sont insalubres; il est de toute nécessité de continuer à Macao l'établissement de l'hôpital général où devront être évacués les malades et les blessés venant du nord de la Chine.

XXIX. — Après avoir passé la matinée du 29 à Macao, le général en chef se dirige vers la rivière de Canton, où le capitaine de vaisseau d'Aboville exerce le commandement supérieur des forces françaises.

Grâce au service de surveillance et de police très-sévèrement constitué, la ville de Canton est tranquille et calme. La circulation des officiers français et anglais dans les rues ne semble même plus un objet de curiosité pour les Chinois; mais il ne faut pas se le dissimuler, dans l'état actuel des choses, ce calme et cette tranquillité, résultat des mesures rigoureuses qui régissent la police intérieure de la ville, sont plus apparents que réels. — Les derniers événements ont ravivé les espérances. — Évidemment la crainte seule maintient encore la population prête à se soulever en masse, si le sort des armes nous était contraire. Des assassinats partiels sur quelques hommes isolés révèlent, de temps à autre, cette dangereuse situation, dont il faut sans cesse se préoccuper. Le gouvernement chinois a mis à prix la tête des barbares étrangers : celle du commandant en chef est évaluée à cinquante mille taels; chaque grade est coté, chaque tête a sa valeur.

Le 3 mars, le général est de retour à Hong-kong, et, dès le lendemain, il a une longue conférence avec l'amiral Hope et l'amiral Page. Mais en l'absence du général Grant, qui commande les forces de terre britanniques, il était impossible de prendre aucune résolution définitive. On se contenta donc de jeter les bases de plusieurs projets importants, « et ce ne fut pas sans discussion (écrit le général), car notre entrevue a duré cinq heures. »

L'occupation de Chusan aura lieu, aussitôt que des forces suffisantes seront arrivées ou disponibles.

XXX. — Le lendemain, le général de Montauban quitta Hong-kong pour se rendre à Shang-haï, qu'il n'atteignit que le 12 au soir, après une traversée très-difficile. Le général déploie la plus grande activité et surveille lui-même l'installation des divers services qui doivent fonctionner dans cette ville, afin qu'aucun retard n'entrave la mise en campagne des troupes qui vont successivement lui parvenir.

La marine est chargée de faire une reconnaissance dans le golfe du Pé-tchi-li et de déterminer le lieu propre au rassemblement général des forces pour l'attaque des forts du Peïho, dont les Tartares ont beaucoup augmenté, dit-on, les défenses et le nombre des défenseurs. Le contre-amiral Page, auquel le commandant en chef a communiqué ses projets et ses plans pour le début des opérations militaires, doit, pendant son absence momentanée de Hong-kong, le représenter dans les conférences avec nos alliés et mettre ces projets d'accord avec ceux de l'amiral Hope et du général Grant.

Dès son arrivée à Shang-hai, le général de Montauban s'est empressé de s'informer des achats des chevaux et des mulets destinés au transport et au service de l'artillerie. — Un marché avait été passé pour cet objet entre le gouvernement français et une maison de commerce de Shang-hai ; mais cette affaire importante n'avait encore obtenu aucun résultat sérieux, et il devenait à peu près impossible de se procurer en Chine les ressources nécessaires pour l'expédition, tant à cause de la rareté des chevaux dans la province, que par suite des ordres donnés par les autorités du pays.

Afin de s'entourer des renseignements les plus précis sur cette question délicate et difficile, le général institue une commission provisoire de remonte, que préside le colonel d'artillerie Bentzmann ; elle est composée des capitaines d'artillerie Desmarquais, de Cools de l'état-major, et du capitaine de cavalerie Ch. de Montauban.

Sur la demande de cette commission, un nouveau marché est passé pour la fourniture de cinq cents chevaux ou mulets pris au Japon; le prix est fixé à cent piastres par cheval. Les capitaines de Cools et de Montauban sont envoyés pour surveiller et activer cette opération, dont l'accomplissement rencontrera peut-être aussi au Japon de notables difficultés.

Il était important de commencer les hostilités vers le mois de mai ou de juin, pour n'être pas exposé à rencontrer les mauvais temps, pendant la durée probable de l'expédition.

XXXI. — Une dernière démarche de conciliation a été tentée d'un commun accord par les ministres de France et d'Angleterre auprès de la cour de Pé-king, et MM. de Bourboulon et Bruce ont envoyé collectivement l'*ultimatum* des puissances alliées (1). — Cette pièce diplomatique qui précise nettement les demandes dont la

---

(1) *Ultimatum adressé par M. de Bourboulon, ministre de France, au cabinet de Pé-king, sous le couvert du commissaire impérial, vice-roi des deux Kiang.*
Shang-hai, le 9 mars 1860.

Le soussigné, envoyé extraordinaire et ministre plénipotentiaire de S. M. l'Empereur des Français, ayant rendu compte à son gouvernement de la réception qui lui a été faite au mois de juillet dernier à l'embouchure de la rivière de Tien-tsin, lorsqu'après avoir dûment notifié à S. Exc. le principal secrétaire d'État de la Chine, son inten-

complète satisfaction pourra seule empêcher le renouvellement des hostilités, a été expédiée le 8 mars. — Le gouvernement chinois devra faire parvenir sa réponse avant le 8 avril, pour dernier délai. — Il est peu probable que cette réponse soit favorable, ou du moins franche et catégorique. — La cour de Pé-king ne manquera pas de revenir sur le passé et de se livrer à cet égard à une discussion évasive et sans résultat; mais maintenant que la détermination d'une action militaire imposante a été prise, maintenant que la France et l'Angleterre ont envoyé à travers les mers des soldats prêts à combattre, il faut que la question pendante entre le

---

tion de se rendre à la capitale pour y effectuer l'échange des ratifications du traité conclu à Tien-tsin l'année précédente, conformément à la clause finale du it traité, il s'y est présenté pour accomplir sa mission, a reçu l'ordre du gouvernement de S. M. l'Empereur des Français, d'adresser au ministre secrétaire d'État, les demandes et les déclarations suivantes, comme les conditions expresses qu'il met au maintien de la bonne harmonie entre les deux empires.

1° Le cabinet de Pé-king, par l'organe du principal secrétaire d'État de la Chine, adressera au soussigné, comme représentant de S. M. l'Empereur des Français, dans une lettre officielle, des excuses formelles, pour l'attaque dont le pavillon de la marine impériale française, réuni à celui de S. M. la Reine de la Grande-Bretagne, a été l'objet au mois de juin dernier devant Ta-kou.

2° Le principal secrétaire d'État de la Chine donnera, au nom de son souverain, au soussigné, l'assurance que lorsqu'il se rendra à la capitale pour l'échange des ratifications du traité, il pourra arriver sans obstacle jusqu'à Tien-tsin, à bord d'un navire de guerre français, et que les autorités chinoises prendront ensuite les mesures nécessaires pour que le soussigné et sa suite soient conduits avec les honneurs convenables de Tien-tsin à Pé-king.

3° Le gouvernement de l'empereur de la Chine déclarera, dans sa réponse à la présente notification, qu'il est prêt à échanger à Pé-king les ratifications du traité conclu à Tien-tsin, le 27 juin 1858, entre S. Exc. le baron Gros, commissaire extraordinaire de S. M l'Empereur

Céleste-Empire et les puissances occidentales soit radicalement tranchée, et que le gouvernement ne puisse, sous un prétexte futile, ramener un état de choses désormais impossible.

L'Europe civilisatrice frappe aux portes de la Chine, au moment où les désordres mortels de l'administration intérieure livre l'empire à la décadence et aux sanglants épisodes des guerres intestines.

Ces désordres qui ont éclaté depuis l'avénement au trône du nouveau souverain, prennent chaque jour un plus grand développement, et les rebelles devenus audacieux et sanguinaires, épouvantent les districts

---

des Français, et LL. Exc. les plénipotentiaires chinois Kweï-Liang et Houa-Cha-Na. De son côté, le gouvernement de S. M. l'Empereur des Français déclare, par l'organe du soussigné, son représentant, qu'il n'a plus désormais à invoquer, dans la question de la résidence de son ministre à Pé-king, autre chose que les clauses des traités, c'està-dire qu'il reprend le droit de se prononcer, s'il le juge convenable, pour un séjour permanent de sa légation dans cette capitale, du moment que Sa Majesté Britannique n'étant plus liée par l'arrangement consenti par S. Exc. lord Elgin avec les commissaires chinois, a repris lui-même le droit de réclamer, sur ce point, l'exécution pleine et entière de son traité.

4° Le gouvernement chinois s'engagera à payer à celui de S. M. l'Empereur des Français, une indemnité proportionnée aux charges que la nécessité où l'a mis la conduite de ce gouvernement d'envoyer une seconde fois des forces navales et militaires à une aussi grande distance, a fait de nouveau peser sur le trésor français.

5° Le soussigné, enfin, a reçu l'ordre de notifier au gouvernement de S. M. l'Empereur de la Chine, qu'il lui est accordé un délai de trente jours, à compter de la remise de la présente notification, pour accepter sans réserves les conditions ci-dessus énoncées, à l'expiration duquel délai, si le cabinet de Pé-king n'a pas fait parvenir son acceptation formelle au soussigné, son silence sera considéré comme un refus.

A. DE BOURBOULON.

dont ils s'emparent par les scènes du plus affreux carnage.

Ainsi la nouvelle arrive à Shang-haï qu'ils se sont emparés de Hang-tcheou, ville très-importante du Tchingkiang, qui domine toute la vallée du fleuve. — De Hang-tcheoufou, ils menacent d'un côté Sou-tcheou et de l'autre Ning-poo. — Ces événements ont jeté le plus grand trouble à Shang-haï, les habitants épouvantés craignent une invasion de ces cruels ennemis et s'enfuient déjà en partie, les uns pour venir demander protection au sein des concessions européennes, les autres pour se rendre dans le nord. — Le Tao-taï de la ville est lui-même dans la plus grande anxiété, car déjà bon nombre de ces misérables sans aveu, qui ne vivent que de pillage, se sont introduits dans la ville et disent appartenir au parti des rebelles. Fort heureusement, les autorités chinoises apprennent que des forces considérables sont réunies dans la province pour faire face à la rébellion et que la ville de Hang-tcheou a été reprise.

Il est facile de comprendre quelle agitation permanente une semblable situation entretenait dans les esprits. — La révolte au sein de l'empire et la guerre à ses portes.

XXXII. — Le contre-amiral Protet a reconnu l'île de Chusan dont l'occupation doit être le premier acte militaire accompli par les troupes alliées, aussitôt qu'elles seront réunies en nombre suffisant, car si l'ultimatum, ainsi qu'on doit le supposer, est rejeté, le gouvernement chinois peut susciter des soulèvements subits dans la population de Canton, déjà sourdement agitée, et il ne serait pas prudent d'enlever une partie de la garnison de cette ville pour la porter immédiatement sur Chusan.

D'après le rapport du contre-amiral Protet, les habitants de cette île, population malheureuse à laquelle les pirates enlèvent souvent le peu de ressources qu'elle possède, y verraient avec plaisir le séjour des troupes alliées dans l'espoir d'en retirer quelques profits. Mais les renseignements recueillis portent à 2000 hommes la garnison (400 Tartares, 1600 milices), la résistance peut être sérieuse et la prudence est impérieusement commandée au début des opérations.

Le contre-amiral n'a pu accomplir encore la reconnaissance qu'il devait diriger aussi dans le golfe de Pé-tchi-li. Le général en chef lui adresse à ce sujet une lettre détaillée qui précise les principaux points qu'il importe surtout d'étudier très-exactement dans ce pays destiné à être avant peu, le théâtre d'opérations militaires importantes (1).

(1)   Quartier-général de Shanghai, le 30 mars 1860.
  Monsieur le contre-amiral,

« Il résulte d'un rapport que vous avez adressé à M. le contre-amiral Page, le 21 mars courant, sur une mission dont il vous avait chargé, qu'une partie seulement de cette mission a pu être accomplie : la reconnaissance de l'île de Chusan, mais que la reconnaissance que vous deviez faire au golfe de Pé-tchi-li, n'a pas eu lieu par suite de circonstances provenant de la politique du gouvernement.

« C'est cette partie de vos premières instructions, monsieur le contre-amiral, que cette lettre a pour but de vous faire terminer.

« M. l'amiral commandant les forces de mer anglaises en Chine a bien fait faire l'exploration d'une partie de la côte de Corée et du golfe de Pé-tchi-li, ainsi que de la côte de Chang-toung; mais les rapports que

Le Forbin doit être mis à sa disposition pour cette exploration qui doit comprendre le golfe du Pé-tchi-li et la côte du Chang-toung. — Le capitaine d'état-major de Bouillé, aide de camp du commandant en chef, accompagnera le contre-amiral.

Le contre-amiral Page, qui doit être chargé de l'oc-

---

j'ai vus et que je vous ai communiqués, me paraissent incomplets; j'ai lieu d'être convaincu que votre expérience de ces sortes de missions me renseignera de la manière la plus exacte sur un pays qui doit être sous peu le théâtre de nos opérations militaires.

« C'est surtout le point de débarquement au sud du Peï-ho, qu'il importera essentiellement de déterminer.

« L'embouchure de la rivière de Chi-kau ho est indiquée comme pouvant être choisie; cette embouchure est à environ vingt-cinq milles des forts, et serait utilisée pour mettre à terre la troupe et les animaux de transport; mais il faudrait chercher un point plus rapproché pour communiquer avec le camp que je compte établir devant les forts, afin que les approvisionnements de ce camp puissent y parvenir avec sécurité. On dit qu'il existe au sud du Peï-ho une crique à huit milles seulement; il serait nécessaire de la reconnaître et de déterminer si on pourrait facilement en approcher pour y mettre les approvisionnements qui devront être transportés au camp.

« Quelle est la nature du fond de cette crique? — Existe-t-il un banc de vase en avant, et quelle serait sa largeur entre le point le plus près de la côte? — Par quels moyens pourrait-on franchir ce banc de vase, soit à la marée basse, soit à la marée haute, suivant la solidité qu'il présenterait?

« Plus au sud, y aurait-il un point intermédiaire entre celui-ci et Chi-kau? Et enfin, dans le golfe, y aurait-il un point plus sûr que Chi-kau-ho, propre à un débarquement? Dans le cas de l'affirmative, quelle serait la distance de cette rivière?

« Il importe aussi de savoir, si les bâtiments peuvent approcher avec sécurité de la côte, si les vents ou les courants le permettraient; ne pourrait-on pas tenter de communiquer avec la population de cette côte, et pressentir quelle sorte de relations on pourrait nouer avec elle? Quelles ressources on pourrait trouver pour l'armée sur toute cette côte, et si elle est défendue sur quelques points? Enfin, ne négliger aucun renseignement qui ait rapport à l'opération toujours assez

cupation de Chusan, est arrivé de son côté à Shanghaï où il vient organiser les différents services de la marine pour la première expédition dans le nord. Le général de Montauban lui a conféré le commandement des forces

difficile d'un débarquement d'une armée, et plus difficile encore sur une côte aussi peu connue.

« Il serait indispensable, dans le cours de cette reconnaissance dans le golfe de Pé-tchi-li, de pouvoir se renseigner exactement sur le nombre des troupes, cavaliers et fantassins que le gouvernement chinois peut opposer à notre armée lorsqu'elle débarquera, à quelle nationalité appartiendront ces troupes, et quels sont leur armement et leur valeur militaire; quels sont également la force et le nombre des défenseurs des forts du Peï-ho; comment ces forts sont armés: quelles défenses nouvelles ont été faites du côté de la terre depuis la dernière attaque: le village de Ta-kou est-il occupé par une force tartare ou chinoise? Quelle est la distance exacte jusqu'aux forts les plus voisins? Le village est-il défendu, et quels sont les obstacles créés?

« Comment peut-on cheminer du point de débarquement jusqu'à Ta-kou? La route est-elle bonne, ou coupée par l'ennemi? Pourrait-on trouver du bois dans le pays pour combler les fossés, faire des fascines ou gabionner? Tous ces renseignements seront assez difficiles à se procurer, mais peut-être, à prix d'argent, pourrait-on parvenir à engager quelques habitants à faire le métier d'espions: dans ce cas, il faudrait en employer plusieurs, afin de pouvoir reconnaître l'exactitude de leurs rapports en les contrôlant les uns par les autres.

« Je ne puis encore, monsieur le contre-amiral, vous fixer d'une manière précise l'époque à laquelle vous devrez commencer votre mission: elle dépend de l'achèvement des travaux entrepris sur l'aviso de guerre *le Forbin*, qui sera mis à votre disposition. J'ai cru cependant devoir vous prévenir d'avance du service que j'attends de votre haute intelligence, afin que vous puissiez, dès à présent, réunir les éléments qui vous seront nécessaires pour le succès d'une entreprise à laquelle j'attache la plus grande importance, et dont je vous trace sommairement les bases. »

Le général commandant en chef les forces de terre et de mer en Chine.

Cousin de Montauban.

françaises destinées à agir conjointement avec les forces anglaises.

« Vous occuperez (disent ses instructions), dans les mêmes *conditions que nos alliés* et au *même titre* l'île de Chusan. » — L'amiral anglais se propose d'établir dans cette île sa base d'opération. De notre part, cette occupation n'a point le même but, c'est un acte de présence et non un point de départ pour nos opérations militaires.

XXXIII. — Les nouvelles continuent à confirmer les prévisions d'une forte résistance de la part des Chinois dans les forts de Ta-kou ; leur confiance sans bornes repose sur la grande quantité de troupes qu'ils ont réunies au Peï-ho et portées à un nombre considérable. — Dans la presqu'île de Hi-hai-men, pays important au nord de l'embouchure du Yang-tse-kiang, les paysans ont détruit plusieurs établissements chrétiens. — Il faut évidemment se préparer à la guerre et faire tous ses efforts pour la porter promptement sur les lieux où les armes alliées ont éprouvé un échec le 25 juin 1859.

Du reste, le mauvais vouloir des hautes autorités chinoises ne tarde pas à se déclarer ouvertement. — La réponse du cabinet de Pé-king à l'ultimatum des puissances alliées est même formulée d'une manière plus nette et plus catégorique qu'on ne pouvait l'attendre des habitudes évasives de la diplomatie chinoise. — Toutefois, par une exception aux usages invariablement établis dans les communications adressées de Pé-king aux autorités provinciales, cette note que le vice-roi avait été chargé de communiquer *in extenso*, n'était point basée sur un décret impérial (1).

M. de Bourboulon, ministre de France en Chine, après avoir conféré avec son collègue d'Angleterre sur cette

---

(1) *Réponse du cabinet de Pé-king à l'ultimatum du gouvernement français, adressée sous forme de dépêche par le grand conseil à Ho, gouverneur général des deux Kiang.*

Pé-king, fin mars 1860.

Le grand Conseil a reçu hier la dépêche de Votre Excellence, transmettant une lettre officielle de Bourboulon, envoyé français, qui ayant été, à ce qu'il dit, empêché par les autorités chinoises de se rendre à la capitale, lorsque, dans l'intention d'échanger les ratifications du traité, il fut arrivé à l'embouchure du Peï-ho dans le courant de la cinquième lune de l'année dernière, demande le remboursement des frais de la guerre et une indemnité pour l'attaque dont un de ses navires aurait été l'objet. Le grand Conseil trouve que ce n'est pas la Chine qui s'est montrée déloyale en cette occasion, car ce sont les Anglais qui, au mépris des ordres que nous avions le droit de leur donner, vinrent avec une armée à l'entrée du fleuve de Tien-tsin, pour y détruire les obstacles préparés pour sa défense. Les Français et les Américains ne se sont pas joints à eux ; aussi les autorités du port se sont-elles empressées d'envoyer auprès d'eux demander des informations, et enjoindre à leurs navires de prendre la route de Peh-tang pour se rendre à la capitale. Mais comme le navire français était déjà parti, ce furent les Américains seuls qui vinrent de Peh-tang échanger leur traité, la raison en était que les Français avaient négligé de nous notifier officiellement qu'ils étaient arrivés à la suite des Américains. D'ailleurs, après le départ des Français, Votre Excellence leur a fait savoir par une dépêche adressée à Shanghaï, que puisqu'ils ne s'étaient pas joints à l'attaque, ils pouvaient échanger leur traité, pourvu qu'ils en exprimassent le désir et se rendissent, à l'instar des Américains, à Peh-tang. Les archives en font foi.

Quant au paragraphe concernant le payement des dommages-intérêts pour l'attaque et la destruction d'un navire, ainsi que d'une indemnité pour les frais de la guerre, puisque les Français n'ont pas aidé les Anglais dans leurs hostilités contre les Chinois, comment aurions-nous pu attaquer ou détruire leurs navires ? Et si l'on parle de dommages et intérêts ou indemnités de guerre, la Chine a dépensé

réponse empreinte comme toujours d'un ton d'arrogance et de dédaigneuse supériorité, pensa qu'elle devait être considérée comme un refus formel du gouvernement chinois d'adhérer aux conditions contenues dans l'ultimatum. — Les deux ministres rédigèrent donc collectivement le mémorandum suivant :

MÉMORANDUM.

« Les soussignés, Envoyés extraordinaires, s'étant communiqué mutuellement les documents émanés du Conseil général de l'empire chinois qui leur ont été transmis officiellement par le Commissaire impérial Vice-Roi des

assurément, pendant ces dernières années millions sur millions en vue de la guerre, et s'il s'agissait de remboursements réciproques, ce qu'on pourrait réclamer de la Chine n'atteindrait certes pas la moitié de ce qui lui serait dû à elle.

D'ailleurs la France ayant sollicité l'année dernière avec instance l'assimilation, pour le payement des droits à Taï-ouan et autre port, de son commerce à celui des Américains, le grand Empereur, toujours plein de compassion pour les étrangers, ne les traitant qu'avec une libérale humanité, et n'ayant que de la sollicitude pour le commerce, n'a pas voulu tenir compte de ce que le traité français n'avait pas été échangé, et a daigné étendre aux Français les avantages concédés aux Américains. N'était-ce pas les traiter avec générosité ? Et voici que les Français, au lieu d'en être reconnaissants, parlent au contraire, d'excuses, attaques, dommages et intérêts et indemnité de guerre, s'avisant encore dans leurs dépêches d'indiquer le dernier terme des délais à cet effet, toutes choses assurément aussi extravagantes qu'inouïes et déraisonnables.

Pour ce qui regarde le paragraphe relatif à la résidence permanente à Pé-king, le Conseil trouve que le traité français n'en dit pas un mot ; car l'article 2 stipule seulement : que dans le cas où une autre puissance inscrirait dans son traité qu'elle enverrait des ambassadeurs ou envoyés pour résider dans notre capitale, la France pourrait également en faire autant. Or, l'Angleterre ayant fait l'année dernière les

Deux-Kiang, en réponse aux ultimatum de leurs gouvernements respectifs qui ont été notifiés au cabinet de Péking le 9 du mois dernier, sont demeurés d'accord que ces réponses, par cela même qu'elles ne contenaient rien rien qui pût être considéré comme une acceptation, constituaient un refus formel des demandes du gouvernement de Sa Majesté l'Empereur des Français et de celui de Sa Majesté Britannique posées dans lesdits ultimatum, outre que le ton très-peu satisfaisant dans lequel elles sont conçues écartait, pour le moment, toute possibilité d'un arrangement pacifique par la voie des négociations.

« Les soussignés sont convenus, en conséquence, qu'il ne leur restait, conformément à leurs instructions, qu'à

---

instances les plus pressantes à ce sujet, il lui fut répondu catégoriquement par les commissaires impériaux Koueï et autres que cela était impossible, les Français n'ont donc en aucune façon à s'occuper de cette affaire.

Reste leur demande d'être autorisés à venir au Nord pour échanger les ratifications de leur traité.

Et il est à dire à cet égard que si les Français veulent se soumettre à ce que Votre Excellence entre en négociation avec eux à Shanghai, au sujet de ce qui, dans le traité, doit avoir son plein et entier effet, ils pourront évidemment y être autorisés après que tout aura été convenu et qu'il n'y aura plus d'objection de part ni d'autre, n'amenant bien entendu, avec eux, aux termes du traité, que peu de monde et pas de bâtiments de guerre. Dans ce cas, la Chine ne manquera pas de les traiter convenablement, pourvu encore qu'ils prennent la route de Peh-tang.

Mais s'ils viennent avec des navires de guerre, et s'ils se présentent devant Ta-kou, c'est qu'ils n'auront pas l'intention sincère d'échanger les ratifications de leur traité, mais seront mus au contraire par de mauvais sentiments Aussi, pour éviter que cela ne donne lieu à des soupçons, à de l'inimitié et à d'autres inconvénients semblables, est-il nécessaire que Votre Excellence fasse pleinement connaître ce qui précède à l'envoyé de France.

remettre aux commandants en chef des forces de terre et de mer, françaises et anglaises, en Chine, le soin de concerter les mesures coercitives, qui, suivant la marche tracée par les instructions des deux gouvernements, leur paraîtraient les plus à propos pour contraindre le gouvernement chinois à observer ses engagements et à donner aux Puissances alliées les réparations que sa conduite déloyale dans les événements du mois de juin de l'année dernière a si amplement motivées.

Shanghai, 4 avril 1860.

« A. DE BOURBOULON.

« F. W. A. BRUCE. »

XXXIV. — Il faut ajouter que la pièce diplomatique émanée du gouvernement chinois avait été adressée sous forme de dépêche au gouverneur général Ho, au lieu de l'être directement aux ministres alliés, en réponse à leur ultimatum ; ce fait constituait une preuve nouvelle de l'arrogance hautaine avec laquelle la cour de Pé-king prétendait traiter les puissances européennes et leurs représentants. — M. de Bourboulon écrivit donc, en outre, au Gouverneur général des Deux-Kiang pour constater à ses yeux en termes nets et sévères ce nouveau manque d'égards, et le prier de porter à la connaissance du grand Conseil son juste mécontentement.

Voici sa lettre :

Shanghai, 11 avril 1860.

« Le soussigné a l'honneur d'accuser réception au gouverneur général des Deux-Kiang de la dépêche que Son

Excellence lui a transmise tout récemment, portant la date du 5 courant, et lui communiquant la réponse faite par le cabinet de Pé-king à l'ultimatum du gouvernement impérial de France. Cette réponse n'étant pas une acceptation pure et simple dudit ultimatum, le soussigné regrette d'avoir à annoncer au gouverneur des Deux-Kiang qu'il la considère comme un refus catégorique, de la part du gouvernement chinois, de toute satisfaction pour une longue série de griefs dont la France a à lui demander le redressement, justifiant à l'avance toutes les mesures que le soussigné, dans la poursuite de cette juste réparation, jugera le mieux appropriées à cet effet. Il y a d'ailleurs un fait qui, à part ce refus, suffirait à lui seul pour rendre impossible tout arrangement pacifique du différend qui nous divise. Ce fait, c'est l'oubli constant de la part du cabinet de Pé-king des égards et de la courtoisie dus au haut représentant de l'un des plus puissants empires du monde. Le soussigné ne saurait admettre, en effet, qu'en s'adressant au premier ministre de la Chine, comme il l'a fait pour lui transmettre l'ultimatum de son gouvernement, il n'en reçoive pas une réponse directe ; c'est un procédé, répété du reste déjà plusieurs fois, qui ne témoigne que de l'arrogance, et ce ton est inexplicable dans la position respective où se trouvent la France et la Chine. Le soussigné s'empresse d'en informer le gouverneur général des Deux-Kiang et le prie de vouloir bien porter ce qui précède à la connaissance du cabinet de Pé-king. »

« A. DE BOURBOULON. »

XXXV. — Suivant les instructions de S. E. le ministre des Affaires étrangères de France(1), notre représentant fit ensuite savoir par une lettre, en date du 16 avril, au général de Montauban, commandant en chef les forces de terre et de mer en Chine, que, par suite de la réponse négative du cabinet de Pé-king aux demandes adressées par la France, il ne restait plus qu'à faire appel à l'action militaire, et qu'il remettait tous ses pouvoirs entre les mains du commandant en chef.

M. Bruce, ministre d'Angleterre, adressa la même communication à l'amiral Hope et au général Grant.

« Mon premier soin (écrit le général de Montauban au Ministre de la guerre, à la même date du 16 avril), a été de réunir les deux ministres, M. le général en chef Grant et les contre-amiraux Page et Jones (ce dernier remplaçant l'amiral Hope, resté à Hong-kong), pour établir, préalablement aux opérations militaires, certains points qu'il me semblait nécessaire de fixer.

« Il était important de s'entendre sur le sens des instructions données aux commandants supérieurs des forces britanniques et au ministre, M. Bruce. »

Le premier point de ces instructions était l'application d'un blocus et la suppression du cabotage, à partir du Yang-tse-kiang jusqu'au golfe du Pe-tchili et du Le-ao-tong.

« Ces mesures (écrit le général en chef), sans utilité pour nos opérations militaires, pouvaient jeter dans l'in-

---

(1) Dépêche du 30 décembre 1859, à M. de Bourboulon.

térieur du pays plus de cent mille marins chinois sans travail et, par suite, disposés à troubler partout l'ordre que nous cherchions à maintenir.

« Il existait une telle urgence à s'écarter des instructions du cabinet anglais que, malgré leur précision, nous avons entraîné l'avis unanime des chefs et du ministre anglais qui, du reste, avait fait un mémorandum pour son gouvernement, afin de lui exposer tous les dangers que pourraient occasionner, pour le commerce européen et la sécurité des personnes, l'application du blocus et la suppression du cabotage du Yang-tse-kiang jusqu'aux golfes du Pe-tchili et du Le-ao-tong.

« Il a donc été arrêté qu'aucune démonstration hostile n'aurait lieu vis-à-vis des populations paisibles, et que les communications ou manifestes de guerre seraient adressées directement au gouvernement chinois. Cette manière d'agir laissera les populations chinoises dans un état de neutralité complète dans les opérations que nous dirigerons contre le gouvernement, tant est grande leur apathie pour tout ce qui ne touche pas directement leur intérêt personnel ou l'état de leur famille. »

XXXVI. — Du reste, les intentions du gouvernement français, dans le cas où la guerre par le rejet de l'ultimatum deviendrait de nouveau inévitable avec la Chine, étaient nettement définies dans une dépêche du ministre des Affaires étrangères.

« Il est (écrivait le ministre), une dernière démarche

qu'il vous appartiendra de faire lorsque l'ouverture des hostilités aura été décidée. Cette démarche consistera dans la publication d'un manifeste que vous adresserez au peuple chinois, dans le but de l'édifier sur les motifs qui auront déterminé l'état de guerre.

« Vous rappellerez dans cette pièce que M. le baron Gros avait signé à Tien-tsin une convention à laquelle l'empereur de la Chine avait donné son assentiment et dont les ratifications devaient s'échanger à Pé-king ; que cependant, lorsque vous vous êtes présenté amicalement au Peï-ho, pour vous diriger dans ce but vers la capitale du Céleste-Empire, vous avez été, contre toute attente, mis dans l'impossibilité de le faire, en même temps qu'on outrageait le pavillon français ; qu'ayant à la suite d'actes aussi indignes, réclamé les excuses convenables et l'exécution par l'empereur de la Chine d'engagements solennels, vos justes demandes n'ont éprouvé que des refus, comme celles de même nature présentées au nom de Sa Majesté Britannique.

« Vous ajouterez qu'en conséquence vous êtes chargé d'obtenir du gouvernement chinois, par la force, et tout en évitant d'ailleurs, autant que possible, d'interrompre les relations que le commerce étranger entretient avec les populations paisibles de la Chine, les réparations que la conduite du cabinet de Pé-king nous oblige d'exiger de lui, l'accomplissement des engagements contractés par l'Empereur et le payement d'une indemnité qui dédommage le gouvernement français des sacrifices de toute nature que lui aura coûté l'expédition. M. Bruce publiera un manifeste semblable au nom du gouvernement de Sa Majesté Britannique.

« La déclaration que contiendra votre manifeste relativement à notre désir de ne faire porter, autant que possible, que sur le gouvernement chinois le châtiment qu'appelle sa conduite, et de continuer à vivre en bonne intelligence avec les populations elles-mêmes sur les points de l'empire où elles ne nous donnent pas de griefs, est en harmonie avec le plan de campagne arrêté entre les gouvernements alliés. Les opérations de guerre projetées ne doivent affecter, en effet, que les parages placés au nord du Yang-tse-kiang, et ce ne serait que si des incidents nouveaux ou des motifs sérieux et légitimes en amenaient la nécessité, que les commandants des forces alliées élargiraient le cercle de leurs opérations. »

XXXVII. — Le général de Montauban vient de recevoir la nouvelle que S. M. l'empereur Napoléon III a ordonné l'envoi d'un vice-amiral désigné au commandement en chef des forces navales françaises dans les mers de la Chine. — Par suite de cette nouvelle décision, le général de Montauban prendra le titre de *Commandant en chef de l'Expédition de Chine.*

Cette résolution, inspirée par la position de l'amiral Hope vis-à-vis du général Grant, munis tous deux de commandements nettement définis, était une nécessité créée par le fait même d'une guerre entreprise en commun avec des alliés, mais elle ne partageait pas le commandement en chef relativement aux opérations à entreprendre pour l'expédition projetée. Les instructions données à l'amiral étaient claires et précises : il devait apporter son concours au général de Montauban toutes les fois que celui-ci jugerait à propos de le lui demander, et, si pour des raisons purement navales l'amiral se croyait dans la nécessité de le refuser, il devait exposer par écrit au commandant en chef les raisons de son refus.

Aussi cette nouvelle position faite à la marine lui donnait un chef direct, immédiat, qui, par l'élévation de son grade pouvait traiter d'égal à égal avec sir Hope Grant, mais n'ôtait rien au commandement en chef de son unité et n'exposait pas les opérations futures à des lenteurs et à des entraves, conséquences inévitables des commandements partagés.

Le 19 avril au matin, le vice-amiral Charner arrive à Shanghai et prend possession de son commandement.

Les bâtiments qui portent les troupes et le matériel étaient arrivés au cap de Bonne-Espérance, à la date du 23 au 25 février, à l'exception de deux transports, *le Jura* et *l'Isère*. — Après une relâche d'une moyenne de quinze jours, ces bâtiments se sont dirigés les uns directement sur Hong-kong, les autres ont passé par Singapour.

Dans le courant du mois de mai, les arrivages de troupes seront, selon toute apparence, terminés, et le général en chef pourra, dès lors, commencer ses premiers mouvements de concentration.

Les forces anglaises se montent à 12 263 hommes, — sur ce nombre on compte 1298 cavaliers.

Le corps expéditionnaire français ne compte que 6 790 hommes, comme effectif de troupes.

XXXVIII. — Pour ne pas retarder l'occupation de Chusan, le général de Montauban s'est décidé à appeler 200 hommes de la garnison de Canton ; le contre-amiral Page, auquel est confié le commandement de cette petite expédition, est parti de Woo-sung, port de Shanghai, le 19 avril à 9 h. du matin sur *le Duchayla*. — Le 20, à 7 heures du matin, il mouillait en rade de King-tang où il trouvait les canonnières *l'Alarme* et *l'Avalanche* qui l'avaient précédé.

Le 20, au soir *le Saigon* amenait à ce mouillage les deux compagnies venues de Canton. — Kins-tang est le lieu de rendez-vous. Le même soir, arrivent les troupes anglaises au nombre de 1000 hommes environ.

Le contre-amiral Page, le contre-amiral Jones et le général anglais décident que l'expédition fera route le lendemain pour Chusan. La flottille alliée mouillera d'abord dans le sud des îles Rawan et sommera la ville de se rendre. — Si elle refuse, l'attaque commencera immédiatement.

Le 21, à 5 heures du matin, les deux amiraux alliés se mettent en marche : la petite escadre française tient la tête. Tous les bâtiments défilent devant les forts qui défendent la rade de Tching-hai, capitale des îles. Pas un coup de canon ne part de ces forts ; ils sont désarmés. Les bâtiments jettent l'ancre et deux embarcations portant les officiers parlementaires des deux nations abordent à terre et somment les autorités du pays de livrer l'île aux alliés. Celles-ci n'opposent aucune résistance, disant : qu'elles ne pouvaient défendre l'île contre des forces aussi considérables de terre et de mer.

La convention dont étaient porteurs les officiers parlementaires fut aussitôt signée et les troupes débarquées sans retard. — Les Français occupèrent les forts de Tanhill, et les Anglais l'ancienne caserne anglaise située sur la plage.

Le lieutenant colonel Martin des Pallières, de l'infanterie de marine, est chargé du commandement supérieur des troupes françaises, M. de Méritens, attaché à la légation de France, est nommé commissaire.

XXXIX. — Dès le lendemain, tout le pays était tranquille et les pouvoirs alliés fonctionnaient sans entrave. Une proclamation, placardée dans tous les carrefours et sur les places publiques de Ting-hai, avait fait savoir aux habitants qu'ils pouvaient se livrer en toute sécurité à leur commerce sous la protection des alliés.

Du reste, le fait suivant qui se passa à l'occasion de notre installation dans l'île de Chusan vint de nouveau donner la mesure des sentiments de patriotisme dont les populations chinoises sont animées. — A peine Chusan fut-il occupé, qu'une députation envoyée de Ning-Po, ville considérable du continent, exprima aux alliés combien il était regrettable qu'ils n'eussent point choisi de préférence leur ville, dont les ressources de toute nature étaient bien supérieures à celles de Chusan (1).

(1) Dépêche du général commandant en chef à S. E. le Ministre de la guerre, 26 avril 1860.

L'administration de l'empire chinois est si tristement organisée, le pouvoir est si faible, si corrompu, si discrédité, que les populations paisibles et laborieuses des provinces craignent à tout instant de se voir livrées à la merci des bandes de pillards qui répandent partout impunément le désordre. — Là où sont les Européens, règnent l'ordre et la tranquillité.

La rade de Chusan est un très-grand lac fermé de tous côtés par des montagnes et des îles; elle est ainsi abritée de tous les vents. Placée dans l'embouchure du Yang-tse-kiang dans la mer Jaune, elle offre des passes bonnes et faciles à défendre. — L'île entière se compose de dix-huit districts — le chiffre de sa population dépasse 200 000 habitants.

Sous le double point de vue commercial et politique, son importance est supérieure à celle de Hong-kong, et nul doute que les Anglais ne convoitent ardemment la possession de cette île où déjà ils s'étaient établis autrefois.

XL. — Le partage des établissements destinés à l'occupation fut fait sur le pied d'égalité complète; — car il avait été bien stipulé entre les commandants en chef que notre infériorité numérique momentanée ne devait, en aucun cas, entrer en ligne de compte dans la répartition.

Par les soins de l'amiral Page, les troupes campées en dehors de la ville dans les meilleures conditions désirables, occupent militairement les forts du nord-est, elles sont logées dans une immense pagode à mi-côte d'une colline parfaitement boisée et à proximité d'une source d'eau excellente.

Deux commissaires français et deux commissaires anglais sont nommés pour la police de la ville.

« Ces quatre commissaires (écrit-on de Chusan), demeurent ensemble. C'est un prétoire commun, et toutes leurs relations avec l'autorité chinoise sont également établies d'accord.

« Ils en réfèrent, pour toutes les décisions importantes, aux commandants supérieurs. Ces commissaires ont sous leur direction la police, pour la sécurité de la ville ; cette police se compose de 20 hommes de chaque force alliée commandée par un officier, chaque police a son quartier sur lequel elle doit veiller. L'autorité chinoise a fourni un même nombre d'agents qui fonctionnent conjointement avec les deux polices des alliés. — Tout marche très-bien en vertu d'instructions particulières données à chaque commissaire, en attendant un règlement définif arrêté par les commandants en chef. »

XLI. — L'amiral Protet est de retour de sa reconnaissance dans le nord de la Chine. — Contrarié par un vent très-violent et par une mer mauvaise, il a cependant exploré les différents mouillage du golfe de Pe-tchili et recherché les endroits les plus favorables à un débarquement.

L'amiral a visité Weï-ha-weï, qui pourrait servir au besoin de point de débarquement. Son mouillage est bon et abriterait 40 bâtiments au moins. — De là il s'est rendu à Tché-fou.

« Le pays (écrit cet amiral), est parfaitement disposé pour un campement, fût-il de 25 000 hommes. Il y a de l'eau et du bois suffisamment. On y trouve plusieurs mouillages dont la tenue est excellente. Vis-à-vis la presqu'île de Tché-fou, dans le sud-quart-sud-ouest, à quatre ou cinq milles de distance, tout près de la partie sud de l'isthme, est la ville de Yen-taï, de 50 000 habitants, plus quatre villages assez considérables, deux à l'est et deux à l'ouest. Cette ville est abritée des vents de l'ouest par des montagnes assez élevées dont les versants sont cultivés ; elle est construite dans une plaine sur le bord de la mer. Le pays est très-riche. »

L'amiral a aussi exploré le mouillage des îles Mia-tao. Il est bon ; mais ce point, sans ressources et sans influence, n'offre que l'avantage d'être plus rapproché du Peï-ho que Tché-fou.

Sur la côte, entre les rivières de Tchi-ho et du Peï-ho, on pourrait débarquer ; mais les troupes auraient à parcourir, en dehors des embarcations à marée basse, 3500 mètres dont 1000 environ sur la vase molle, pour arriver jusqu'à la plaine où l'on pourrait camper.

L'amiral, pris par le mauvais temps, n'a pu reconnaître Tchi-ho. — Il a aperçu seulement à travers la brume les forts du Peï-ho qui lui ont paru en très-bon état.

Cette exploration sommaire, qui devait être complétée plus tard dans son ensemble, comprenait les abords de la côte, depuis le cap Chang-toung qui forme l'extrême pointe dans la mer Jaune. — Le contre-amiral avait seulement visité la baie Liu-shun et celle Ta-lien-houan où pourraient venir mouiller 100 bâtiments de guerre à l'abri de tous les vents.

XLII. — L'arrivée des troupes commence à s'effectuer.

Deux bâtiments de transport, *l'Entreprenante* et *la Garonne*, ont mouillé le 1ᵉʳ mai dans la rade de Woo-soung. Le général Jamin, commandant en second de l'expédition, est sur le premier de ces navires qui amène 1012 hommes du 101ᵉ régiment. — *La Garonne* en transporte 713 (1).

Le général de Montauban donna aussitôt des ordres pour que les deux bâtiments transportassent ces troupes à Tché-fou qu'il avait choisi comme point de rassemblement général du corps expéditionnaire. Les renseignements nouveaux apportés par le contre-amiral Protet sur les conditions favorables de salubrité et de campement qu'offrirait ce point de débarquement, faisaient vivement désirer au commandant en chef d'y envoyer sans retard ces troupes fatiguées par les rudes épreuves d'une longue traversée, pour qu'elles pussent, avant le commencement des opérations projetées, y trouver un repos nécessaire.

Mais le 10 mai, au moment où les bâtiments allaient

---

(1) Pendant la traversée, *l'Entreprenante* avait perdu trois caporaux et six soldats ;— *la Garonne* avait débarqué son effectif au complet.

prendre la mer, le ministre d'Angleterre, M. Bruce, vint prier le général en chef français de suspendre ce départ, afin qu'il s'effectuât collectivement avec celui des Anglais.

« Les deux drapeaux alliés ont flotté ensemble sur les forts de Ting-hai (dit M. Bruce au général de Montauban); il est juste que les troupes anglaises marchent parallèlement aux troupes françaises dans le Nord. »

Le général de Montauban, jaloux de montrer en toute occasion quel prix il attachait à un accord parfait avec ses alliés dans les opérations militaires, n'hésita pas à obtempérer à cette demande. Mais, préoccupé de la situation insalubre de ses troupes dans la rade de Woo-song, il écrivit au général Grant pour lui faire part de ses projets d'installation à Tché-fou et le prier, dans l'intérêt de la santé des troupes nouvellement arrivées, de lui faire savoir, par le retour du même courrier, si son intention était d'occuper ce point conjointement avec lui, au lieu de s'établir à Ta-lien-houan, ainsi qu'il l'avait précédemment décidé. — Le général français envoyait au général anglais une copie des plans et du rapport de la dernière reconnaissance de Tché-fou.

XLIII. — Quelques jours après (16 mai), le lieutenant-colonel Schmitz, chef d'état-major général, porteur d'une nouvelle lettre du général en chef français au général Grant, partait de Woo-sung pour Hong-kong avec le commandant Laffon-Ladebat, chef d'état-major de la marine; tous deux avaient mission de voir l'amiral Hope et le général Grant pour arrêter, d'accord avec les deux commandants en chef, une date très-prochaine à l'installation des troupes dans la presqu'île de Tché-fou.

Les deux chefs d'état-major se rendirent d'abord auprès de l'amiral Hope.

Aussitôt qu'ils lui eurent exposé l'objet de leur mission, l'amiral anglais déclara : qu'il croyait le général de Montauban déjà dans le nord de la Chine avec une partie de ses troupes ; aussi avait-il appris avec un grand étonnement, par la lettre adressée au général Grant, que ce départ avait été retardé. La démarche de M. Bruce était toute personnelle et n'avait nullement été concertée avec les commandants en chef anglais. Quant à lui, il ne voyait aucun inconvénient au mouvement projeté par les Français sur Tché-fou, et remerciait très-cordialement le commandant en chef français du sentiment de bon accord qui lui avait fait suspendre son départ.

« — J'écris à l'amiral Charner, ajouta-t-il, pour lui faire savoir que vers le 10 juin la plus grande partie des troupes anglaises sera installée à Ta-lien-houan. »

En effet, le mouvement des troupes était déjà commencé, et le transport qui se faisait par bâtiments à voiles devait mettre (la mousson du S. O. n'étant pas encore arrivée), une vingtaine de jours pour se rendre à destination.

Le général en chef, sir Hope Grant, fut plus explicite encore que son collègue de la marine ; il parut très-contrarié de cet incident auquel il n'avait pris aucune part, et du retard apporté ainsi à l'envoi des premières troupes françaises à Tché-fou, retard qui pouvait exercer une influence fâcheuse sur la santé des hommes. Il répéta à plusieurs reprises : « — J'avais, dans une conversation particulière, laissé toute latitude au général, à cet égard. »

« Ainsi (écrivait le colonel Schmitz en terminant son rapport au général en chef), vous pouvez envoyer vos troupes à Tché-fou quand vous voudrez et dans les conditions que vous jugerez convenables. Pendant que vous opérerez votre mouvement sur ce point, les Anglais opéreront le leur sur Ta-lien-houan et vous occuperez Tché-fou *seul*, de même que les troupes anglaises occuperont *seules* le point choisi.

« Le général Grant part le 30 mai de Hong-kong pour se rendre à Shanghai et s'entretenir avec vous au sujet des opérations ultérieures. L'amiral Hope donne le même rendez-vous à l'amiral Charner. »

XLIV. — Au moment où le colonel Schmitz allait partir pour rejoindre le général de Montauban, il apprit que le transport *l'Isère*, qui apportait une cargaison considérable en harnachements de chevaux, souliers et vêtements de toute nature, avait échoué, le 17 mai, dans le port d'Amoy. L'arrivée de ce bâtiment était impatiemment attendue, aussi le chef d'état-major général n'hésita pas à se diriger immédiatement vers Amoy, pour transporter sur son bâtiment tout ce qui pourrait être sauvé de la cargaison de *l'Isère*.

« Rien n'est plus navrant (écrit le colonel), que le spectacle de ce beau bâtiment dont l'arrière est complétement submergé jusqu'à la cheminée de la machine. Comme la mer est haute, toutes les cales sont envahies par l'eau, et les objets de l'intérieur surnagent au milieu de débris de toute espèce ; le pont est arraché de toutes parts, et il faut attendre la basse mer pour pouvoir travailler jusqu'au fond des cales.

« A quelques encablures de *l'Isère*, il existe une île rocheuse sur laquelle on transporte toutes les caisses que l'on arrache une par une à la mer qui, par sa pression énorme, en brise une partie.»

Les harnachements de l'artillerie sortis de l'eau et tous les souliers et guêtres de cuir furent mis à bord du bâtiment qui avait amené le chef d'état-major général, et le colonel repartit aussitôt pour Shanghai.

XLV. — Mais l'Angleterre ne pouvait perdre de vue ses intérêts commerciaux si considérables dans ces contrées lointaines. Malgré tous ses préparatifs de guerre, elle conserve l'espoir de renouer des relations pacifiques qui, tout en donnant à son honneur une juste satisfaction, assureraient l'avenir de son commerce sérieusement compromis par une guerre véritable. L'Angleterre espère toujours que le Céleste-Empire sera intimidé, dès le début, et qu'après un premier succès, la diplomatie pourra reprendre son rôle et aplanir les dernières difficultés. — Aussi s'est-elle décidée à envoyer de nouveau en Chine lord Elgin, chargé de pleins pouvoirs.

La France dut faire, de son côté, un nouvel appel à la haute expérience du baron Gros et le charger d'une mission semblable avec les mêmes pouvoirs que ceux accordés au plénipotentiaire anglais.

« Les circonstances dans lesquelles le cabinet de Londres remettait à un de ses membres le règlement de la question de Chine (écrivait à ce sujet le ministre des Affaires étrangères de France) nous obligeaient évidemment de désigner un plénipotentiaire extraordinaire qui fût en état de traiter avec le gouvernement chinois sur un pied d'égalité avec lord Elgin, et le choix du baron Gros était dès lors tout naturellement indiqué. »

Le général de Montauban fut instruit de cette décision des gouvernements alliés, au moment où tout se préparait pour l'installation de ses troupes à Tché-fou.

Dans l'ignorance des instructions dont Leurs Excellences seraient porteurs, l'action militaire des commandants en chef se trouvait momentanément paralysée, mais ceux-ci n'en continuèrent pas moins activement à organiser leur prochaine entrée en campagne. — Il n'était pas douteux, en effet, que les hauts plénipotentiaires, déjà instruits des manœuvres de la diplomatie chinoise par les négociations stériles et les événements de l'année précédente, n'appréciassent la gravité de la situation, après le rejet insolent de l'ultimatum par la cour de Pé-king et ne laissassent un libre cours aux opérations militaires qui pouvaient seules obtenir à la fois réparation et satisfaction du gouvernement chinois.

XLVI. — Il ne fallait pas se le dissimuler; la diplomatie ne pouvait plus honorablement tenter de renouer les négociations interrompues, en face de ce dédaigneux aveuglement qui prenait chaque jour des proportions plus offensantes. Un succès éclatant et incontestable était nécessaire pour effacer l'échec du Peï-ho; sans cela, le nouveau traité de paix serait signé sur le sol mouvant de l'orgueil chinois et violé, même avant sa ratification à Pé-king. — Le passé avait apporté avec lui un trop grave enseignement pour n'être pas pris en sérieuse considération.

En effet, c'était avant que les deux cabinets de France et d'Angleterre eussent eu connaissance du rejet de l'ultimatum que le baron Gros avait été chargé de se rendre une seconde fois en Chine, en qualité d'ambassadeur extraordinaire et de haut commissaire.

Le 21 avril 1860, le ministre des Affaires étrangères, M. Thouvenel, adressait au baron Gros une dépêche dans laquelle il lui détaillait les événements importants qui avaient décidé le gouvernement de l'Empereur à faire de nouveau appel à sa haute expérience et à son dévouement. — Il devait s'entendre et agir de concert avec lord Elgin, désigné par le gouvernement britannique pour remplir une mission analogue.

« Aucune démarche (écrivait le ministre), n'a été faite par le gouvernement chinois auprès des ministres de France et d'Angleterre pour témoigner du regret des fâcheuses circonstances qui avaient mis obstacle à l'échange des ratifications des traités de Tien-tsin, l'empereur Thin-Toung a même officiellement approuvé l'attaque dirigée contre les forces alliées à Ta-kou. Quoiqu'il semble résulter de certaines informations que le gouvernement chinois, ne voyant pas sans inquiétude l'approche d'hostilités nouvelles, serait disposé à exécuter loyalement les traités, il ne l'a cependant manifesté par aucune communication officielle qui pût être prise en considération, et il s'occupe de préparatifs de défense qui n'indiquent guère un vif désir de rechercher un accommodement pacifique.

« M. de Bourboulon a dû, conformément aux instructions qui lui sont parvenues, se concerter avec sir Bruce pour adresser en commun un *ultimatum* au gouvernement chinois.

« Je ne saurais préjuger quel aura été sur le cabinet de Pé-king l'effet de cette démarche décisive, mais en quelque état que vous trouviez les affaires, l'Empereur ne doute pas que vous puissiez employer efficacement vos efforts pour amener un dénoûment satisfaisant des complications pendantes.

« Vos rapports antérieurs avec les fonctionnaires les plus élevés du Céleste-Empire, votre connaissance toute spéciale du traité dont il s'agit aujourd'hui d'assurer la prompte exécution, vous seront d'une aide puissante dans les négociations nouvelles que vous aurez à poursuivre, et vous permettront sans doute de faire accepter plus facilement au gouvernement chinois des conseils de prudence et de modération (1). »

---

(1) Dépêche de S. E. le ministre des Affaires étrangères à S. E. le baron Gros, 21 avril 1860.

XLVII. — A son arrivée en Chine, le baron Gros devait trouver la réponse du gouvernement chinois aux espérances obstinées de conciliation et de bon accord des ministres de France et d'Angleterre. Instruit lui-même, par l'expérience du passé, sur l'orgueil intraitable et sur la duplicité de la diplomatie chinoise, il allait acquérir la triste conviction qu'il n'était plus possible (pour nous servir des expressions énergiques du général de Montauban) de traiter avec ce semblant de gouvernement, autrement que par le canon.

Ainsi, nous l'avons dit, tout se prépare avec activité et énergie, afin qu'aucun retard ne puisse entraver l'action militaire des forces alliées, et que la prise des forts de Ta-kou, qui sans aucun doute tomberont rapidement en notre pouvoir, porte à Pé-king même l'annonce de notre marche sur la capitale de l'empire.

CHAPITRE III.

XLVIII. — Déjà le général Jamin a installé à Tché-fou les premières troupes arrivées, et en attendant les nouveaux transports annoncés qui doivent amener à Hongkong l'effectif au complet du corps expéditionnaire, il prépare et organise les établissements des différents corps.—Tché-fou est un campement favorable sous tous les rapports; l'air y est salubre, l'eau bonne et abondante.

D'un autre côté, les efforts de la commission envoyée au Japon ont enfin, après bien des obstacles et des difficultés, été couronnés de succès. Elle annonce la prochaine arrivée de 1200 chevaux qui seront affectés au service de l'artillerie, à celui du train et aux officiers qui ont droit à être montés. — Le prix moyen des chevaux achetés au Japon est de 35 piastres, la traversée en sus.

Les inquiétudes causées par les mouvements des rebelles aux environs de Shanghaï sont venues aussi ajouter une complication aux difficultés matérielles de la situation, difficultés, retards, obstacles contre lesquels il faut lutter avec les plus persévérants efforts. La proclamation des alliés adressée à la population de Shanghaï a déjà porté ses fruits et calmé la terreur qui s'était emparée d'elle.

Il est curieux d'étudier les phases et la physionomie de cette étrange position qui érige en auxiliaires du gouvernement chinois ceux-là même qui lui ont déclaré la guerre et luttent depuis plus d'une année contre son arrogance et son orgueilleux aveuglement. — Abandonnées par un gouvernement sans force et sans influence morale, minées par les sanglants désordres de la guerre civile, c'est vers nous que se tournent avec des prières les hautes autorités chinoises pour sauver du pillage et du massacre une de leurs provinces les plus riches et les plus commerciales. Combien loin il y a de la lettre du Tao-taï de Shanghaï au style habituel des mandarins! — La ville et ses environs n'ont rien à redouter, ils seront protégés par les armes alliées contre toute attaque des rebelles, aussi bien que les possessions européennes.

Cette position qui fait tourner en partie au profit du gouvernement chinois les troupes de la France et de l'Angleterre, au moment où les deux nations s'arment contre lui pour venger une insulte et la violation d'un traité, est un fait assez anomal dans l'histoire des guerres, pour mériter d'être signalé.

XLIX. — Ainsi le 26 mai, le Tao-taï fait demander une entrevue au général en chef français, afin de s'entendre avec lui sur les moyens de défense de la ville. — Comme nos alliés doivent également concourir à cette défense, le général de Montauban fait prévenir le général Grant de l'entrevue qui lui a été demandée et qu'il n'a pas cru devoir refuser.

A midi, heure indiquée, le Tao-taï se présente accompagné d'un autre mandarin; il apporte avec lui un plan de Shanghaï et de ses environs, afin d'indiquer quels seront les points importants à défendre.

« Ces points (écrit le général) combinés par les Chinois comme nœuds de communication entre les rivières et la route de Shanghaï à Sou-tcheou indiquent de certaines idées militaires. Le Tao-taï Ou a la réputation d'un homme habile et énergique, ou plutôt comprend et apprécie mieux les Européens et leur supériorité par suite de ses relations suivies avec eux. Il a la physionomie intelligente, empreinte même d'un certain cachet de douceur qui contraste étrangement avec les faits qui viennent de se passer, quelques heures auparavant. »

Ce mandarin venait en effet de faire trancher douze têtes, sans procès, sans condamnation, par le fait de sa seule volonté. — Il avait appris qu'à deux lieues de la ville, quelques rebelles s'étaient établis dans une pagode; aussitôt il les fait cerner, les prend tous et donne ordre de les décapiter sur l'heure. — En Chine de pareils ordres s'exécutent avec la plus ponctuelle et la plus scrupuleuse exactitude. — La justice, on le voit, y est expéditive. Ces prisonniers étaient, il est vrai, des rebelles en guerre ouverte avec le gouvernement de l'Empereur.

Il fut convenu dans cette entrevue que des dispositions seraient prises immédiatement dans l'intérêt de la ville et des possessions européennes. — Le lieutenant-colonel Favre, de l'infanterie de marine, fut chargé de l'exécution de ces mesures.

Le général de Montauban voulait d'abord l'installer à Tsing-poo, mais il y renonça par suite des dispositions pleines de méfiance des habitants et d'une nouvelle résolution prise par les Anglais de n'occuper qu'un poste beaucoup en arrière de celui qui avait été précédemment déterminé; le général en chef français donna donc ordre à ses troupes de ne pas dépasser le Si-ka-we; de ce point elles pouvaient couvrir solidement Shanghai et protéger l'établissement des frères jésuites dans cette localité. Une occupation plus avancée ne sera ordonnée, que si les entreprises ultérieures des rebelles la rendent nécessaire.

L. — Cependant les nouvelles de l'intérieur prenaient chaque jour un plus grand caractère de gravité; elles déterminèrent le Tao-taï de Shanghaï à une seconde démarche près des commandants en chef et livrèrent la population de la ville à une terreur indescriptible.

La ville de Sou-tcheou était, disait-on, tombée au pouvoir des révoltés; on ajoutait même qu'ils s'étaient emparés de Tia-king, à huit lieues environ de Shanghaï, et qu'ils y mettaient tout à feu et à sang.

« J'envoyai des espions (écrit le général de Montauban, le 8 juin), et voici la véritable position des choses.

« Les rebelles forment quatre bandes distinctes, sous les ordres de deux chefs qui s'intitulent les lieutenants de Taï-sing-houang, le prétendu Empereur de la dynastie des Mings.

« Ces quatre bannières sont noire, rouge, jaune et blanche, et chacune d'elles a son rôle à remplir.

« La bannière noire est chargée de tuer.

« La bannière rouge d'incendier.

« La bannière blanche de prendre des vivres pour les quatre bannières.

« La bannière jaune de s'emparer de l'argent pour pourvoir à la solde des autres bannières.

« Cette espèce d'ordre dans le pillage et dans le meurtre suppose bien évidemment des chefs, mais on ne croit nullement à l'existence d'un empereur des rebelles qui ne forment plus aujourd'hui qu'une jacquerie. — La frayeur est telle parmi les Chinois, à la nouvelle de leur approche, que, malgré toutes les mesures de précaution que nous avons prises et la connaissance qu'ils ont de notre supériorité, tous les habitants de Shang-haï ont émigré pour se retirer de l'autre côté du fleuve ou dans des jonques, sur lesquelles ils ont entassé leurs effets les plus précieux. — Je n'ai jamais vu pareil spectacle. — Le Wam-poo était couvert de sampans ou barques du pays. Des meubles, des lits et des tables remplissaient ces barques où s'étaient réfugiées des familles entières.

«En vain des proclamations ont été affichées dans la ville, rien n'a pu diminuer cette panique, en sorte que Shang-haï est aujourd'hui une ville déserte et abandonnée.

« Cependant, sur la demande du Tao-taï, et de concert avec les ministres de France et d'Angleterre, j'ai organisé un plan de défense accepté par le commandant militaire anglais.

« Nous avons occupé trois points dans la campagne de Shang-haï, distant d'une demi-lieue, qui nous servent de points avancés, et cette mesure a rassuré les paysans des différents villages voisins qui alimentent la ville et les concessions européennes. Ces trois points sont les nœuds des routes qui aboutissent à la ville dont j'ai fait occuper des positions par les Anglais et par nous. — J'ai exigé du Tao-taï qu'il fît approprier aux frais de la ville toutes les pagodes que nous occupons, au nombre de trois pour nous et trois pour les Anglais.

« D'après les dernières nouvelles que j'ai reçues hier, j'espère que les habitants de Shang-haï reviendront dans leurs demeures, j'ai été informé que les rebelles, après avoir pris Woo-si, ville considérable, se sont dirigés sur Sou-tcheou; dans cette dernière ville, que l'on prétend contenir deux millions d'habitants, deux partis se sont formés, l'un pour recevoir les rebelles, l'autre pour se défendre dans la ville.

« Après une lutte dans laquelle aurait succombé le parti favorable aux rebelles, un général du nom de Leuk-Koe-Liang, parent de Koe-Liang qui a défendu Nankin et qui est mort, se serait mis à la tête des troupes impériales qu'il aurait ralliées en les payant de leur arriéré, au moyen d'une contribution volontaire acceptée par les habitants.

« Ce Leuk-Koe-Liang a écrit à l'Empereur qu'il répondait de la ville sur sa tête, s'il voulait lui laisser le commandement dont il s'est emparé. — Tel est l'état actuel de cette ville, dont les faubourgs ont été brûlés.

« Du reste les nouvelles sont à ce point contradictoires que celles du lendemain ne ressemblent souvent pas à celles de la veille. »

Telle était, d'après les renseignements les plus dignes de foi, la véritable situation au milieu de cette démoralisation générale.

« Je joue un singulier rôle (ajoutait en terminant le général en chef), appelé que je suis à combattre le gouvernement chinois : à chaque instant les autorités chinoises de la province de Shang-haï viennent réclamer mon appui contre les révoltés. »

LI. — Un missionnaire jésuite de l'importante ville de Sou-tcheou arriva quelques jours après à Shang-haï. Il était avéré que la malheureuse ville avait été pillée à la fois par les rebelles et par les impériaux réunis aux rebelles. — Toute la province depuis l'embouchure du Yang-tse-kiang est en leur pouvoir, à l'exception d'une ou deux villes. Il règne le plus affreux désordre dans ce pays livré à l'anarchie la plus complète.

Ces bandes deviennent chaque jour plus audacieuses, 600 hommes des troupes alliées et 4 pièces d'artillerie occupent le gros village de Shan-hoo, à deux lieues de Shang-haï, à la jonction des routes de Shang-haï et de Woo-sung.

Le vice-roi Ho et le chef de la justice de la province sont arrivés Shang-haï, où ils viennent chercher un refuge. — Ces deux hauts personnages font demander au général en chef français une entrevue, mais celui-ci la refuse nettement.

« — Si c'est une visite de courtoisie, leur fait-il répondre, notre position réciproque ne nous permet pas d'entamer de semblables relations; s'il s'agit des affaires politiques ou de négociations à entamer, S. M. l'Empereur des Français envoie ici un ambassadeur porteur de ses volontés. C'est avec ce plénipotentiaire que les hauts mandarins chinois auront à traiter. »

« On ne peut (écrivait le général en chef à cette époque), se faire une idée exacte de la disjonction de toutes les pièces qui constituent le gouvernement chinois. Il faut être sur les lieux mêmes pour croire à une semblable décomposition. »

Le moment est en tout point favorable pour frapper un coup décisif et amener enfin à merci la cour de Pé-king, si ignorante à coup sûr de la réalité des désordres sanglants qui déchirent en lambeaux l'Empire fatalement ébranlé dans sa base.

LII. — Les préparatifs de l'expédition dans le Nord se continuent avec activité, les bâtiments arrivent. — Les hommes et le matériel débarquent. Bientôt le général en chef aura entièrement sous sa main tous ses moyens d'action, et sera prêt à entrer en campagne.

Malheureusement un triste événement vint encore susciter de nouveaux embarras. — *La Reine des clippers* transport français, échoua aux abords de Macao, près du point où s'était perdu, peu auparavant, un bâtiment de S. M. Britannique, *le Boleigh*.—Les retards et les pertes que causait cet échouage étaient très-pénibles, car ce transport amenait des troupes d'artillerie et du génie avec un matériel considérable, plus une grande quantité d'objets de campement, d'hôpital, et d'habillement, très-nécessaires à l'expédition projetée.

Ce beau navire était mouillé le 29 mai, près des îles Ladrones, retenu par les vents contraires, quand, tout à coup, le 3 juin, vers deux heures de l'après-midi, le feu se déclara dans la cambuse de distribution, par suite de l'explosion du charnier à eau-de-vie. Le cambusier était imprudemment entré avec une bougie allumée, au lieu de se servir de sa lanterne, ce qui occasionna l'explosion. Après plusieurs heures d'inutiles travaux pour se rendre maître du feu, le capitaine de *la Reine des Clippers* quitta le mouillage des Ladrones, et parvint à échouer le navire à la pointe de l'île, près Macao.—Il était alors six heures du soir.

Le sauvetage des hommes commença vers neuf heures ; à dix heures et demie tout le monde était à terre, moins 25 hommes que le capitaine d'artillerie Dispot avait gardés avec lui pour arroser continuellement les voiles qui servaient au calfeutrage de toutes les issues. — Le feu n'était point éteint. — Le capitaine Dispot descendit à terre, à minuit, sur les instances du capitaine du bâtiment, qui fit embarquer sous ses yeux tous ses marins, voulant être le dernier à quitter son navire. Cette perte était dans les circonstances présentes doublement regrettable ; elle retardait forcément un arrivage impatiemment attendu, et privait le corps expéditionnaire d'un de ses transports les plus considérables.

LIII. — Le 14 juin, le général de Montauban expédie à Tche-fou un premier convoi de 114 chevaux venus du Japon.— Dès que les grands transports qui ont, de leur côté, amené des troupes, seront redevenus disponibles, ils reprendront la même route avec chacun 250 chevaux au moins.

C'est un total de 700 chevaux environ qui seront débarqués à Tche-fou, vers le 27 juillet. Le général en chef compte, le 2 juillet, quitter de sa personne Shang-haï avec son état-major; le commandement supérieur de cette ville sera confié au colonel Favre, officier aussi énergique qu'intelligent.

Le général doit se concerter une dernière fois avec ses alliés sur le plan définitif d'attaque des forts du Peï ho; les Anglais voudraient que ce fût par Peh-tang; mais ils semblent se ranger à l'avis du général de Montauban et se décider à attaquer par Ta-kou. Il paraît que le chef tartare San-Ko-li-Tsin a augmenté les défenses de plusieurs côtés, et créé, dit-on, des obstacles nouveaux par l'inondation.

Le 16 juin, une première conférence a lieu entre le commandant en chef du corps expéditionnaire français, l'amiral Charner, l'amiral Hope et le général Grant.

Le 18, dans la soirée, les quatre commandants en chef se réunissent chez le général de Montauban en conseil de guerre. Les dispositions définitives doivent y être arrêtées. — Les avis étaient partagés sur le plan d'attaque concernant les forts du Peï ho.

Le général de Montauban, s'appuyant sur les documents émanés des explorations faites à diverses reprises et principalement sur celle du commandant anglais Bythsea, proposait que l'on débarquât à la fois dans le nord et dans le sud du Peï-ho, pour occuper les forts de la rive gauche par Peh-tang, pendant qu'on attaquerait d'un autre côté les forts de la rive droite par Sin-ko. D'après les informations recueillies et le rapport du contre-

amiral Protet, on pourrait débarquer à Sin-ko, à sept ou huit lieues environ du dernier fort de la rive droite.
— On savait même par des documents envoyés par Mgr Mouly, évêque du Pe-tchi-li, que le principal fort n'était pas défendu à la gorge, et que l'accumulation des défenses était tournée du côté de la mer, les Chinois étant convaincus qu'on opérerait le débarquement après avoir forcé l'entrée du Peï ho.

Le général Grant et l'amiral Hope demandaient que l'on débarquât seulement dans le nord, objectant qu'il n'y avait point au sud du Peï ho de lieu de débarquement offrant des conditions aussi favorables sous tous les rapports que dans la rivière de Peh-tang ; il craignait surtout la difficulté des communications.

LIV. — Cependant, l'amiral Hope reconnaissait luimême la justesse des appréciations émises par le général en chef français, car plusieurs mois avant cette réunion (20 sept. 1859), il écrivait dans un rapport au secrétaire de l'amirauté : « La seule objection au débarquement sur le côté nord de la rivière du Peï ho, c'est que le principal fort est sur le côté sud ; par conséquent, dans le cas de débarquement au sud, la réduction du fort le plus considérable entraînerait probablement celle du fort plus faible de l'autre côté, avec peu ou point de résistance, tandis que le résultat est tout contraire dans l'hypothèse inverse. »

La discussion dura près de quatre heures, et le général français fut assez heureux pour faire prévaloir le plan qu'il avait proposé depuis longtemps et dont il exposa les motifs avec précision. — Les chefs auxquels étaient confiées les destinées de cette grave expédition et l'honneur des armes alliées, donnèrent, dès le début, à cette discussion ce caractère élevé qui la grandit en mettant de côté toutes les petites questions de vain amour-propre et de fausse personnalité.

Le conseil de guerre arrêta trois points relatifs à la direction des premières opérations :

1° Le commandant en chef français débarquera avec les forces françaises dans les environs de Sin-ko, et sir Hope Grant, avec les forces anglaises, opérera de son côté un débarquement sur la rive gauche de Peh-tang. — Ces deux points indiqués pouvaient toutefois être modifiés, si des reconnaissances postérieures faites par la marine en démontraient la nécessité ;

2° Le débarquement aura lieu le 15 juillet, ou à une date postérieure aussi rapprochée que possible, mais qui ne devra pas dépasser le 21 juillet ;

3° Dix jours avant l'époque définitivement fixée, les commandants en chef se concerteront pour assigner un rendez-vous aux flottes alliées, afin que les deux drapeaux paraissent simultanément devant les forts du Peï-ho.

LV. — « Une quatrième question a été discutée (dit le procès-verbal de la séance du 18 juin), relative à la présence dans les eaux de Shang-haï d'un assez grand nombre de jonques étrangères à la localité et armées en guerre. Ces jonques inquiétant beaucoup la population, il a été convenu, sur la demande du Tao-taï lui-même, que l'on prendrait des mesures pour empêcher ces jonques de porter le trouble dans les concessions européennes et parmi la population de la ville et des faubourgs (1). »

Cette décision était très-importante, car la présence de ces jonques montées par des gens à très-juste titre suspects, inspirait une grande terreur à la population et devait laisser supposer des projets cachés contre Shang-haï. Le général de Montauban insista très-vivement pour que l'expulsion de ces jonques eût lieu sans retard, et, en effet, la décision du conseil reçut, dès le lendemain matin, son exécution. — Cette mesure salutaire était un acte capital d'autorité et purgeait la rivière de ce ramassis de bâtiments qui précédaient toujours l'arrivée des rebelles dans chaque ville désignée par ces misérables pour être pillée et mise à feu et à sang.

Le 2 juillet, à sept heures du matin, le général de

(1) *Extrait du procès-verbal du 18 juin 1860.*

« A cet effet, il a été arrêté qu'une commission composée du consul de chaque nation ou d'un agent consulaire, d'un officier de la marine anglaise, d'un officier de la marine française, désignés par MM. les amiraux et de deux mandarins choisis par le Tao-taï, serait chargée de l'exploration des jonques placées dans les eaux de Shang-haï, désignerait celles qui doivent être désarmées immédiatement et expulsées, ainsi que celles qui sur la demande des autorités chinoises ne seraient pas désarmées, mais également chassées avec défense, sous peine de confiscation, de reparaître dans ces mêmes eaux.

« Fait à Shang-haï, 18 juin 1860. »

Montauban quittait Shang-haï à bord du *Forbin*, pour se rendre à Tche-fou. Le commandant en chef emmenait avec lui un de ses aides de camp, le commandant Deschients et le capitaine de Montauban, ainsi que le sous-lieutenant de Clauzade, ses officiers d'ordonnance.

Le chef d'état-major général ne devait partir que trois jours plus tard, pour surveiller l'exécution des diverses dispositions ordonnées par le général en chef, avant son départ.

LVI. — Ce que nous appelons Tche-fou n'est que l'isthme sur lequel s'est établi notre camp, au fond de la baie que ferme un groupe d'îlots. A très-petite distance se trouve un village, ou plutôt une petite ville, qui s'appelle Yen-taï; elle est peu importante, car elle ne compte que dix à douze mille habitants. — Tout près, on aperçoit une autre petite ville du nom de Ki-Leu-Loo, entourée d'une muraille en terre avec des portes en pierres de taille. A l'arrivée des Français, la population de ces localités s'était enfuie avec terreur; mais bientôt elle revint peu à peu habiter ses foyers déserts, enhardie par nos proclamations pacifiques, et surtout par quelques exemples sévères sur des pillards chinois qui avaient profité du désordre de cette fuite précipitée pour saccager les maisons abandonnées.

Du reste, toutes nos relations sont surtout avec la ville de Yen-taï, et, par l'intermédiaire de ses habitants, avec les autres villages de l'intérieur, jusqu'à la ville de Teng-tcheou, chef-lieu de la province du Chang-toug.

— La confiance la plus absolue a succédé à la terreur et à la méfiance qui nous avaient accueillis.

A son arrivée, le général trouva à Yen-taï un marché régulièrement établi. Chaque jour, de cinq heures du matin à quatre heures du soir, des marchands de toute sorte affluent sur la place affectée à ce marché, qui est très-abondamment pourvu. Les Chinois s'entendent fort bien avec nos soldats, quoiqu'ils parlent une langue différente de la leur. Tous les marchés se font par signes, et c'est une chose curieuse de voir les marchands chinois débattre le prix de leurs marchandises avec cette rapacité qui appartient en propre à ces sortes de marchés sur place. — Il serait vraiment inutile qu'ils se comprissent, peut-être s'entendraient-ils beaucoup moins.

Les ressources que fournit le pays sont très-abondantes, et le Chinois, fort industrieux de sa nature, s'ingénie chaque jour pour varier sa machandise et surexciter le goût des acheteurs.

LVII. — En outre de cette facilité pour les ressources alimentaires qui entretenait le soldat dans un excellent état de santé, le pays pouvait fournir bon nombre de mulets d'une belle espèce, très-aptes à être employés au service des batteries de montagne. — Le prix moyen de ces mulets peut être évalué à 40 piastres, 230 francs environ.

Les chevaux dont la commission avait fait acquisition dans le Japon parurent dans le commencement devoir offrir de grandes difficultés pour le dressage ; ils étaient sauvages, et cette sauvagerie était quelquefois poussée jusqu'à la férocité ; mais bientôt ils s'habituèrent aux hommes qui les soignaient ; semblables en cela aux chevaux d'Afrique, ils s'assouplirent très-facilement, et attelés aux pièces d'artillerie, ils se prêtèrent sans résistance aucune à toutes les manœuvres. — Cet heureux résultat, si vite obtenu, fait le plus grand honneur au colonel de Bentzmann, commandant en chef de l'artillerie, qui ne cessa, au milieu des difficultés sans nombre qu'il rencontrait, de déployer les plus énergiques et les plus persévérants efforts.

LVIII. — Le général Grant eût désiré opérer un débarquement immédiat à Peh-tang, avant la réunion des deux flottes aux mouillages désignés dans le conseil de guerre tenu le 18 juin entre les commandants en chef. — Mais le Peh-tang est situé à deux lieues et demie du Peï ho, et l'occupation prématurée de ce point par les forces anglaises, constituait un véritable commencement d'hostilités.

Ce fait isolé, accompli avant l'époque fixée, n'avait aucune influence heureuse sur l'avenir des actions de guerre projetées ; elle en détruisait au contraire l'ensemble, puisque les Anglais devaient débarquer à Peh-tang, pendant que les Français opéreraient leur débarquement dans le sud des forts du Peï ho. — Il n'y avait donc aucune raison pour que le général de Montauban, dont le corps expéditionnaire était déjà d'un effectif restreint, l'affaiblît en acceptant l'offre de général Grant d'adjoindre aux troupes britanniques une petite force française, uniquement pour satisfaire aux instructions très-précises données aux commandants en chef.

Ces instructions, en effet, disaient : « qu'il ne pouvait être question en aucun cas d'une arrivée séparée dans les eaux du Peï-ho de l'un ou de l'autre pavillon des deux puissances alliées. » Quelque regret qu'éprouvât le général de Montauban de ne point accéder au désir de son collègue, il ne put que s'en référer à ces instructions réciproques et au plan général arrêté et approuvé en conseil de guerre ; mais jaloux d'entretenir toujours d'excellentes relations avec ses alliés, il chargea le colonel Folley, placé auprès de lui, comme commissaire du gouvernement anglais, de porter sa réponse au général Grant, et d'y ajouter des explications verbales.

LIX. — Le général Grant vint avec son état-major au quartier général français le 10 juillet. Lord Elgin l'accompagnait. Sans doute, le général en chef et l'ambassadeur anglais, en même temps qu'ils rendaient une visite de courtoisie au général de Montauban, désiraient voir par eux-mêmes où en étaient les préparatifs du corps expéditionnaire français.

Le général ne tarda pas à tomber d'accord avec son collègue sur l'inutilité de l'occupation d'un point plus rapproché du Peï-ho, avant l'époque déterminée pour le commencement des hostilités.

Invité par le général de Montauban à passer en revue le corps expéditionnaire français, il put se convaincre par lui-même que nous étions en mesure d'agir, et que le refus d'adhérer à sa demande n'était nullement motivé par le retard apporté à nos préparatifs de guerre. — Notre artillerie attelée de chevaux japonais attira surtout son attention par la précision et la netteté de ses manœuvres.

Les musiques des régiments saluaient le passage du commandant en chef anglais, et du haut plénipotentiaire, en jouant l'air national, *God save the Queen*.

Avant de quitter le camp, le général Grant fit promettre au général de Montauban de venir le visiter, voulant aussi, disait-il, lui montrer les troupes de S. M. britannique sous les armes et prêtes à entrer en campagne.

LX. — Dans cette même journée, il fut arrêté d'un commun accord que, le 20 juillet, le général de Montauban écrirait à son collègue d'Angleterre pour déterminer le jour précis auquel la flotte française et tous les transports pourraient être réunis au golfe du Pe-tchi-li, dans les positions respectives précédemment arrêtées.

Il ne restait plus à décider que le point de débarquement au sud des forts de Ta-kou. — L'amiral Charner pensait que le meilleur endroit serait sur un banc de vase dure à huit milles au-dessous des forts.

Une dernière reconnaissance fut chargée d'indiquer avec netteté le lieu le plus favorable et quels obstacles seraient à surmonter au moment du débarquement. — Le rapport de l'amiral Protet, qui avait servi de base aux résolutions arrêtées dans le conseil du 18 juin, servait également de point de départ à cette nouvelle exploration.

LXI. — Deux bâtiments, *le Saigon* et *l'Alon-Prah*, reçurent l'ordre de se tenir prêts à appareiller dans la nuit du 11 au 12.— M. Bourgois, capitaine de vaisseau du *Duperré*, et le lieutenant-colonel Schmitz, étaient chargés de diriger cette dernière et importante opération. Le lieutenant-colonel Dupin, le capitaine de frégate Du Quilio, le capitaine Forster et l'enseigne de vaisseau Vermot, furent désignés pour les accompagner. Mais une brume très-intense retarda jusqu'au 12, à cinq heures du matin, le départ des deux navires.

Le résultat de cette reconnaissance changea complétement le plan précédemment arrêté, par lequel le corps expéditionnaire français débarquait au sud des forts du Peï ho. Car la conclusion du rapport signé par les officiers explorateurs en déclarait l'impossibilité de la façon la plus absolue.

« Un débarquement vers la partie sud du Peï-ho (disait ce rapport), avec obligation pour la marine d'approvisionner le corps expéditionnaire, nous paraît radicalement impraticable : la discussion ne peut même pas en être établie. »

Cet incident imprévu retardait forcément le départ, et rendait indispensable une nouvelle réunion entre les commandants en chef.— Nous croyons intéressant d'entrer dans les détails de cette reconnaissance, qui bouleversa, au moment de leur mise à exécution, les projets des généraux en chef.

LXII. — Ce fut le 14 juillet au matin seulement, que

les navires explorateurs, après avoir tenté une petite pointe dans le voisinage de Si-kou, vinrent mouiller par 36° 40" de latitude, 118" 15° de longitude, sur un point également éloigné de tous les points de la côte ouest du golfe de Pe-tchili (20 milles environ). — On se prépara à exécuter la nuit suivante l'opération projetée; elle devait employer trois embarcations du *Saigon* et la baleinière de l'*Alon-Prah*, montées par trente hommes, dont seize devaient descendre à terre, tandis que les autres resteraient en réserve à la garde des embarcations.

« La baleinière de l'*Alon-Prah* (dit le rapport) était montée par le commandant Bourgois et le lieutenant-colonel Schmitz, chef d'état-major général, un canot du *Saigon* par le capitaine de frégate Du Quilio, aide de camp du vice-amiral Charner et par le lieutenant-colonel Dupin, une embarcation de ce même navire par le capitaine d'état-major Forster et l'enseigne de vaisseau Vermot; enfin un canot du *Saigon*, monté par un officier de ce bâtiment, devait rester mouillé au large pour veiller à la sûreté de la retraite, sans courir jamais le risque d'échouer.

« A sept heures du soir, les deux navires appareillèrent et vinrent mouiller, à dix heures et demie, à 7 milles du point où l'expédition devait débarquer. Les canots vinrent s'amarrer à l'arrière de l'*Alon-Prah*, qui bientôt se mit en marche avec lenteur et se dirigea à l'O. N. O., pour mouiller aussi près de terre que possible, en se réglant sur les résultats de la sonde. — Vers une heure du matin, on trouvait quatorze pieds d'eau, — on était à mi-jusant.— Les embarcations poussèrent. La nuit était claire, la mer très-calme.

« En quittant l'*Alon-Prah*, les embarcations marchaient de front : celle du commandant et du chef d'état-major général au milieu, les deux autres à distance de voix, la 4ᵉ dite de réserve en arrière du centre, à 100 mètres.

« Après une demi-heure de marche dans cet ordre, les profondeurs, qui diminuaient déjà précédemment d'une manière continue, devinrent sensibles à la gaffe, quelques minutes après à l'aviron.

« Ce fut alors que l'on put avoir la certitude que sur tout ce nouveau parcours, par des fonds de 3 pieds, le sol était dur comme de la pierre; quelques coups d'aviron encore, et nous espérions trouver la terre. — Mais la mer descendait, nous fûmes obligés de nous arrêter à la profondeur de 2 pieds, et quittant nos embarcations, nous sautâmes dans l'eau, marchant en bataille ; les officiers en tête, une petite réserve était réunie à l'arrière.

« Le sol couvert par l'eau était ferme, résistant, il eût pu supporter le roulement des plus gros fardeaux; la terre elle-même cependant ne se présentait pas. Après 20 minutes de marche dans ces conditions, le sol couvert de grandes nappes d'eau à fleur de terre, devint mou, glissant, collant, glaiseux, et nous avons continué au milieu de ces immenses lacs, sans pouvoir rencontrer la fin de ces flaques dormantes. — Pensant que nous avions fait fausse route depuis notre sortie des canots, nous revînmes aux embarcations pour nous diriger dans le Sud-Ouest.

LXIII. — « Il était trois heures du matin, la lumière pâle de la lune glissait sur l'eau, et nous n'apercevions aucune trace de terre réelle. — Tout à coup nous crûmes la toucher, nous entendîmes des cris de Chinois et les matelots s'élancèrent à leur poursuite; le commandant Bourgois se mit à la tête de ces hommes, en entrant dans l'eau avec eux.

« La terre était encore un leurre. L'ombre qui se projetait était celle d'un vaste réseau de filets perpendiculaires, au niveau de l'eau et formant un immense barrage. Le chef d'état-major général resta à cette limite et rallia la réserve.

« Le commandant Bourgois continua la marche, toujours dans l'eau, au milieu des terres vaseuses. — Le jour commençait à poindre, nous pûmes alors reconnaître que cette côte est garnie de pêcheries d'un périmètre extrêmement grand.

« Dans la direction de la marche du commandant, à 4000 mètres de l'endroit, où les canots étaient échoués, s'élevait une sorte de plateau, comme une grande pièce de fortification noyée au milieu de ces lacs sans fin.

« Le commandant Bourgois reconnut avec le colonel Dupin que c'était un village, élevé sur des amas de vases et préservé de l'inondation par une différence de niveau, d'environ 20 mètres. Le terrain, pour y arriver, était encore plus mauvais que celui reconnu précédemment. Des vases molles de 2 à 3 pieds de profondeur, recouvrant probablement un fond de sable, comme celui des abords de la plage, défendent les abords de ce village.

« Plus loin on joignait la limite des marées ordinaires et l'on trouvait des vases durcies, dont la croûte extérieure, très-glissante, rendait la marche des piétons extrêmement difficile; on arrivait ainsi à portée de fusil d'une éminence en forme de port, percée même d'embrasures, et dominée par un mât de pavillon, qui, au dire des Chinois interrogés, renferme la population de pêcheurs qui travaillent sur ce rivage; ils ont formé en écartant la vase une petite allée, à contre-bas, sorte de rigole, où un homme peut à peine passer de front; elle est remplie d'eau, même à basse mer.

« Le jour s'étant levé, la prudence commandait de ne pas pousser plus loin une reconnaissance qui avait mené déjà à près de 4000 mètres des embarcations. Des coups de canons se faisaient entendre dans la direction du Peï ho.

« La reconnaissance revint dans la direction de la plage.

LXIV. — « A sept heures un quart du matin, on remontait dans les embarcations; une demi-heure après on était à bord de l'*Alon-Prah*, mouillé à environ 2000 mètres, par un fond égal à son tirant d'eau (la mer étant arrivée au plus bas).

« On monta dans la mâture pour examiner l'horizon : nous avions devant nous le développement de la côte, depuis les forts de Peï ho, jusqu'à une distance d'environ 15 milles, dans le S. O. de ces forts.

« On apercevait sur la ligne de terres peu élevées qui bordaient l'horizon et la côte, cinq villages exactement conformes à celui reconnu. — Entre ces villages et la mer s'étendait une bande de terres à demi noyées, où des pêcheurs avaient tendu leurs filets et qui paraissaient semblables en tout à celles parcourues le matin avec tant de peine.

« En général, on peut dire que le fond de ce terrain est bien du sable, comme l'indique la carte anglaise du major Fisher, mais qu'il est recouvert par une couche de vase très-légère, à la baisse de basse mer, et dont la profondeur, au contraire, est voisine d'un mètre près de la baisse de haute mer.

« L'étendue en largeur de cette zone vaseuse, qui défend les abords de la côte, ne doit pas être évaluée à moins de 3000 mètres sur tous les points qu'on embrassait du regard, du haut de la mâture de l'*Alon-Prah*.

« Nous rejoignîmes le *Saigon* mouillé par 23 pieds d'eau à près d'une heure et demie de marche de canot de l'*Alon-Prah*; deux heures après, l'*Alon-Prah* repartit avec l'état-major de l'expédition, dans le but d'examiner de près, à la haute mer, la zone de côtes qu'on avait pour mission d'étudier.

« Le *Saigon* devait suivre, en se tenant au large, prêt à porter au besoin assistance à l'*Alon-Prah*.

Le rapport des explorateurs se terminait ainsi :

« Si le débarquement doit s'opérer dans le sud du Peï ho, le lieu le plus favorable est le premier village à 6 milles dans le sud de la rive droite ; mais le grand éloignement des navires obligés de se tenir à 6 milles en mer, les distances à parcourir dans les terrains submergés, rendent cette opération impraticable d'une manière continue.

« Dans ces conditions, un débarquement vers la partie sud du Peï ho, avec obligation pour la marine d'approvisionner le corps expéditionnaire, nous paraît radicalement impraticable ; la discussion ne peut même pas en être établie.

« Nous considérons cependant que si on attaque les forts du Peï ho par la rive gauche et par la mer, on pourrait envoyer au moment décisif 1500 hommes d'élite, débarquer au village le plus au nord avec une batterie de montagne à dos de mulet, et que ces hommes pourraient peut-être, par un coup de main, prendre les forts à revers, en s'emparant du village de Ta-kou ; mais ce ne peut être là qu'une expédition de deux ou trois jours, tentée avec des hommes sans sacs et sans établissement qui nécessite de gros ravitaillements. »

LXV. — On voit à quel point les officiers chargés de cette importante exploration se prononcèrent nettement dans le sens d'une impossibilité absolue.

Le 19 juillet, il y eut donc une nouvelle conférence entre les amiraux et les généraux en chef, malheureusement les Anglais qui, d'après la convention arrêtée au conseil, devaient faire reconnaître la partie nord du golfe, pendant que les Français feraient reconnaître la partie sud, n'avaient dirigé aucune nouvelle exploration de ce côté (1).

Cependant le temps était précieux, et de plus longs retards pouvaient devenir très-préjudiciables; on résolut de s'en tenir aux anciens rapports du commandant du génie anglais Fischer et du capitaine Bythsea, ces rapports déclaraient un débarquement facilement praticable par une bande de sable, à l'entrée de la rive gauche du Pehtang ho; il fut donc convenu que la réunion des deux flottes aurait lieu, pour dernier délai, le 28 à un excellent mouillage en dedans des bancs de Sha-luy-teen, et que le 29 les Français enverraient reconnaître s'il existait des obstacles dans la rivière du Peh-tang; dans ce dernier cas, on débarquerait sur les bancs de sable.— Dans le cas contraire, on enlèverait de vive force les forts de Peh-tang.

Le général de Montauban ne partageait pas entièrement ce dernier avis; selon lui, il serait préférable de mettre l'expédition à terre hors de la portée des forts, de les tourner et de les attaquer par la gorge où ils sont peu défendus (2).

LXVI. — Le baron Gros et lord Elgin sont arrivés, les

(1) Dépêche du général en chef au ministre de la guerre, 23 juillet 1860.
(2) Dépêche du général en chef au ministre de la guerre, 23 juillet 1860, Tche-Fou.

deux ambassadeurs ont assisté au conseil, tenu le 19, et ont déclaré qu'ils n'accepteraient aucune négociation avant que les forts du Peï ho fussent tombés sous les coups des canons alliés. — C'est seulement à Tien-tsin qu'ils consentiront à traiter avec le gouvernement chinois.

Cependant la rébellion continue ses ravages dans l'intérieur de l'Empire et menace chaque jour davantage d'une anarchie complète ce malheureux pays. Les mesures que nous avons prises arrêtent bien les progrès des révoltés aux environs de Shang-haï, mais l'intérieur de la province est dans le plus triste état qui se puisse imaginer.

Avant de quitter les deux Kiang, où le pouvoir insurrectionnel remplace presque partout le pouvoir impérial, le Vice-roi a adressé, dit-on, un placet à l'Empereur, pour lui exposer la gravité toujours croissante de la situation. — Une traduction de ce curieux document est apporté au général de Montauban. Est-il véritablement émané du Vice-roi? et si ce mandarin a eû le courage d'exposer ainsi aux yeux du Souverain la cruelle vérité, cet écrit est-il parvenu jusqu'au trône de l'Empereur, que des ministres coupables entourent d'un voile épais? — Peut-être, est-ce un nouveau stratagème pour nous faire croire à des dispositions conciliantes et retarder encore le commencement des hostilités.

Les hautes autorités chinoises de Shang-haï affirment que ce rapport est bien l'œuvre du Vice-roi et qu'il a été envoyé à Pé-king.

Nous en extrayons quelques passages qui peignent avec

des couleurs bien sombres mais vraies la désorganisation qui s'étend de toutes parts.

LXVII. — Ho Kwei-tsing, vice-roi des deux Kiang et Wang-yu-ling, gouverneur général de Tché-Kiang à genoux exposent :

« Que les affaires militaires étant entièrement ruinées, le Midi et le Nord se trouvent en danger ; il est urgent qu'on fasse tous ses efforts pour conclure le traité de paix avec les Européens. On pourra, seulement ainsi, détourner un double danger de la part des Européens et des rebelles.

« Ce placet est dressé de commun accord par les deux susdits mandarins ; ils supplient Sa Majesté de leur accorder cette grâce pour détourner le péril qui menace. Ils implorent l'attention de Sa Majesté.

« La ville de Sou-tcheou est perdue. La grande administration est désorganisée. Quand moi, Ho Kwei-tsing, je vins à Shang-haï selon vos ordres pour traiter les affaires, j'informai Sa Majesté de l'état des choses. Maintenant nous croyons que la décomposition de la grande armée de Nan-king est venue de ce que le généralissime Ho-chun, ayant mis sa confiance en des hommes indignes, était détesté par l'armée. — Le général Tsan-koh-liang était désolé de ne pouvoir pas agir selon ses bons désirs. Ce général a perdu la vie dans un combat près de Tan-yang. A sa mort, l'armée a été débandée et mise en déroute à la seule vue des rebelles. Le général Ho-chun, voyant la démoralisation des soldats et ne pouvant plus les rallier, se donna lui-même la mort avant le désastre. L'armée, restée sans chefs, s'est dispersée et tout le matériel est resté entre les mains des rebelles. En moins d'un mois, la position est devenue des plus déplorables. Jamais on n'a vu de semblables catastrophes....

« En supposant qu'il vienne des troupes à notre secours, comment les nourrir ?

« C'est pour cela que Su Yu-jin, gouverneur du Kiang-sou, quand Sou-tcheou était en danger et n'ayant pas d'autres moyens, écrivit en toute hâte au trésorier général de la province et à Wu-Hü, intendant du circuit de Susung, pour réclamer le secours des troupes françaises et anglaises. En outre, à la demande des principaux citoyens, il chargea Wu-Yün, gouverneur par intérim de Sou-tcheou, de porter cette dépêche et de presser l'affaire. Mais Wu-Yün était à peine arrivé à Shang-haï que Sou-tcheou était pris. Moi, Ho Kwei-tsing, j'étais sur une barque. Le Tao-taï m'envoya un bateau pour me presser d'aller à Shang-haï. J'y arrivai le 17 au soir. Le 20, je visitai le ministre plénipotentiaire anglais, M. Bruce, pour le prier d'empêcher l'expédition du Nord. — Il me répondit que l'on ne pouvait rien traiter et arrêter à Shang-haï, etc. Le secrétaire du ministre français me fit à peu près la même réponse.

« Des navires de guerre de ces deux royaumes arrivent continuellement et se dirigent vers le littoral du Shan-toung; ainsi leurs opérations commenceront incessamment, sans qu'on puisse obtenir un délai.

« Nous considérons que la Chine a été en relations

commerciales avec la France et l'Angleterre, restant toujours en paix, pendant près de vingt ans. Le commerce entre les Chinois et les étrangers est utile aux uns et aux autres, et cet état d'hostilité est nuisible à tous. La guerre une fois commencée, on s'en ressentira partout, et les calamités qu'elle engendre ne finiront peut-être jamais....

« Si nous ne sommes pas encore en pleine dissolution, c'est seulement parce qu'on espère que le traité de paix sera bientôt conclu et qu'on pourra emprunter des troupes pour exterminer les rebelles. Si cet espoir nous manque aussi, il n'est pas nécessaire que les rebelles arrivent, pour que la situation soit désespérée. — En cachant cet état de choses, nous serions encore plus coupables pour avoir trompé le gouvernement, et ce crime ne pourrait même pas être expié par dix mille morts. Ainsi nous pensons qu'à présent il n'y a pas d'autres moyens de salut qu'une prompte paix. La France et l'Angleterre oubliant leurs anciens griefs pourraient nous aider, et dans le Midi comme dans le Nord les affaires pourraient se relever. Jour et nuit nous pensons que si la paix est conclue, on peut rétablir la tranquillité.

« Maintenant nous implorons votre indulgence, afin que, Votre Majesté sortant des règles ordinaires, approuve entièrement les articles du traité conclu à Tien-tsin avec la France et l'Angleterre et les quatre articles proposés ensuite. Pour ce qui regarde l'entrée des ambassadeurs à Pé-king pour l'échange des traités, s'il plaît à Votre

Majesté de l'ordonner, Si-Hué partirait par la voie de mer pour le Nord, pour arranger cette importante affaire.

« Nous attendons avec une crainte respectueuse les ordres de Votre Majesté. Nous avons écrit ce placet de commun accord et nous l'envoyons par le courrier le plus rapide.

« Nous vous supplions de l'examiner.

« Nous vous informons avec respect.

« Expédié la 10ᵉ année, le 24 de la 4ᵉ lune (13 juin 1860). »

LXVIII. — Nous avons transcrit ce document, parce qu'il a été officiellement envoyé au général de Montauban par les autorités de Shang-haï ; mais malgré leurs assurances réitérées, il est bien difficile de croire que le vice-roi des deux Kiang et le gouverneur général de Tche-kiang aient osé adresser à l'Empereur une semblable communication.

Enfin rien ne doit plus retarder l'expédition des armées alliées. L'ordre de départ a été annoncé par le général en chef, pour le 26 juillet. — Depuis le 20, l'embarquement des chevaux et du matériel de guerre est commencé.

« Je laisse à Tche-fou environ 250 hommes (écrit au ministre de la guerre le général en chef) (1), soit ouvriers d'administration, soit convalescents et coolies, pour recevoir et nous expédier les approvisionnements que j'ai fait réunir sur ce point pour être transportés à Tien-

---

(1) Dépêche du 23 juillet 1860.

tsin, dès que la voie sera ouverte. Un chef de bataillon (le commandant Delaplane du 101ᵉ) conserve le commandement supérieur. J'ai fait faire une coupure sur la partie la plus étroite de la presqu'île. — Le génie y a pratiqué un fossé avec un parapet, travail, du reste superflu en raison des mœurs paisibles des habitants. Jamais on ne rencontre un seul Chinois armé même d'un bâton. De très-bonnes relations sont établies avec eux, elles sont basées sur leur intérêt, et notre départ sera vivement regretté. »

LXIX. — Il est facile de comprendre avec quelle joie fut accueillie la nouvelle tant désirée du départ. De tous côtés on entendait les chants des soldats ; et à leurs refreins militaires, répétés en chœurs, se joignaient des plaisanteries à l'égard des Chinois. Par tout le camp, c'était une animation incessante, un mouvement joyeux, un tumulte qui donnait un aspect magique à cette colline sur laquelle resplendissait un soleil éblouissant. — Jamais ce pauvre village de Yen-taï n'avait vu un semblable spectacle ; toute la population accourue voulait aider nos soldats dans ses préparatifs de départ.

Quand l'ordre du général en chef fut connu dans les hôpitaux, les malades, oubliant leurs souffrances, voulaient, malgré les instances des médecins, reprendre leurs armes et rentrer à leur rang. — Comment s'opposer à cette mâle et noble émulation ? — Il ne resta dans les hôpitaux que ceux dont la maladie avait entièrement épuisé les forces et qui ne purent se soulever de leur lit de douleur. Une chaleur accablante faisait ruisseler de sueur tous les fronts et brisait souvent les forces des plus robustes; mais l'armée allait entrer en campagne; elle quittait l'immobilité d'un campement sur une colline inoffensive pour les grandes émotions des combats et des champs de bataille. — Combien elle était impatiente de se mesurer avec cette armée tartare qui devait, disait-on, défendre à outrance les abords de la capitale du Céleste-Empire, et se ruer en nuées innombrables sur les imprudents Européens qui osaient se croire les égaux des puissants empereurs de la Chine!

LXX. — La France est une nation guerrière. Le bruit d'une bataille l'enivre et la transporte.— Et puis, ce petit corps d'armée avait la foi en soi-même, il avait confiance en ses chefs qui avaient surmonté tous les obstacles avec une si énergique persévérance.

A moins d'avoir sérieusement étudié le mécanisme compliqué d'une administration militaire qui doit tout prévoir et parer à tout au moment d'une entrée en campagne, il est bien difficile de se faire une idée exacte des détails innombrables qui s'y rattachent et des empêchements dont un chef habile et prévoyant doit triompher. Ces difficultés réelles, inévitables pour toute armée en mouvement, s'accumulent à chaque pas, lorsqu'il s'agit d'une entreprise qui jette ainsi sur une côte lointaine quelques milliers de combattants. — Ainsi il avait fallu compter avec les retards, avec la mer qui brisait sur des écueils les navires impatiemment attendus et privait subitement le corps expéditionnaire de ressources sur lesquelles il devait compter. Mais la France allait défendre la grande cause de la civilisation et Dieu veillait sur cette petite armée si loin du sol natal.

« J'ai bien peu de monde comparativement aux Anglais (écrivait le général en chef); et dans l'attaque des forts du Peï ho, je ne pourrai guère présenter plus de 6000 combattants, y compris l'artillerie; ce sera environ 5000 baïonnettes, mais la confiance de tous et le désir de prouver à l'Empereur et à la France que nous sommes dignes de la mission que nous avons reçue seront notre meilleure force. — Dieu fera le reste. »

LXXI. — L'embarquement des troupes est complétement terminé. Son effectif se compose de 8314 hommes, avec un matériel de 1200 chevaux, 12 pièces de 12 rayées, 12 pièces de 4 rayées, 4 pièces de montagne.

Le 25 juillet, à trois heures de l'après-midi, le général de Montauban, commandant en chef, arrive à bord du *Forbin*, qui a été mis, par l'amiral Charner, à sa disposition.—La flotte française présente un aspect magnifique; vingt-deux bâtiments rangés avec ordre, balançent leurs hautes mâtures comme une forêt agitée par le vent. Lorsque le signal du départ apparaît au grand mât du vaisseau amiral, une immense acclamation sort à la fois de toutes les poitrines, et ce cri de : vive l'Empereur! qui précède toujours nos soldats au xcombats, court de navire en navire.

Tous ont répondu au signal et la flotte se met en marche sur trois colonnes.

A la tête de celle du centre est l'amiral Charner; le contre-amiral Page dirige celle de droite; le contre-amiral Protet celle de gauche; un grand nombre de jonques chinoises est remorqué par les vapeurs. Sur les ponts encombrés des bâtiments reluisent les baïonnettes, et les musiques des régiments se répondent comme des échos harmonieux.

Bientôt la flotte ne forme plus qu'une masse confuse, et ceux qui restent à la garde de Tche-fou, saluent leurs frères d'armes qui s'éloignent, et envoient avec tristesse un dernier adieu à l'escadre, qui disparaît déjà dans les brumes de l'horizon.

LXXII. — Ce règne dotera les annales de la France guerrière de grands et mémorables souvenirs.

En six années que de victoires sur tous les points du globe! — En 1855, notre drapeau victorieux flotte sur les murs renversés de Sébastopol, en combattant la Russie. — En 1859, c'est du sommet des hauteurs de Solférino que la France dicte ses lois à l'Autriche vaincue. — Dans quelques mois ce sera sous les murs mêmes de Pé-king que notre glorieuse épée abaissera l'orgueil héréditaire des empereurs de la Chine.

Belles épopées militaires qui viennent ajouter de jeunes gloires aux vieilles gloires des siècles passés!

Le 28, après une heureuse traversée, l'escadre française au grand complet entrait dans le golfe de Peh-tang, et mouillait à douze milles environ de la passe (1).

Le général de Montauban ordonna aussitôt une reconnaissance dans la rivière de Peh-tang ; cette rivière est fort peu connue, et le commandant en chef ne veut point courir le risque d'être arrêté par des obstacles imprévus.

Le lieutenant-colonel Dupin, le lieutenant de vaisseau de Lamarck et le capitaine d'état-major Forster sont chargés de cette dernière reconnaissance, qui doit éclairer la route dans laquelle s'engagera, le lendemain peut-être, le corps expéditionnaire allié.

Dès que la nuit fut venue, ces officiers, emmenant avec eux seize matelots, partirent en ayant soin de garder le plus grand silence pour ne point attirer l'attention de l'ennemi. — Les deux embarcations remontèrent trois milles dans le Peh-tang et ne trouvèrent que des pêcheries. A cette distance, les officiers entrèrent dans l'eau et cherchèrent à aborder la rive droite du fleuve. Mais ils rencontrèrent de grandes difficultés, à peu près semblables à celles qui s'étaient présentées aux explorateurs de la rive sud du Peï ho. Après avoir marché deux cents mètres environ sur un fond de glaise, avec de l'eau à mi-jambe, ils trouvèrent une croûte vaseuse, entièrement découverte à marée basse, et sur laquelle on peut marcher en enfonçant seulement jusqu'à la cheville. — Il faut traverser 300 mètres

---

(1) Dépêche du 2 août 1860.

sur ce terrain fangeux, pour atteindre la terre ferme. Même à marée haute la passe du Peh-tang n'a que dix pieds de profondeur; les canonnières peuvent donc seules la franchir. — Telles sont les indications précises qui résultent de cette reconnaissance.

LXXIII. — Les canonnières anglaises rejoignirent le gros de l'escadre le 29 seulement dans la soirée.

Le lendemain, la mer devint si mauvaise, qu'il fut impossible aux troupes de quitter les bâtiments. Le 31, le gros temps continua, mais la mer commença à se calmer. — Le général de Montauban n'avait à bord pour ses chevaux que des ressources très-restreintes, aussi insista-t-il vivement auprès de la marine pour le débarquement.

Enfin le 1er août le temps étant redevenu proportionnellement bon, le débarquement commença au lever du jour. Les bâtiments à vapeur légers, tirant moins de neuf pieds, purent prendre à la remorque les canots et les jonques qui portaient 2000 hommes, une batterie de 4, la batterie de montagne, une section du génie, une section d'ambulance et 200 coolies. — Par suite d'une convention entre les deux généraux en chef, les Anglais avaient embarqué le même nombre d'hommes, moins l'artillerie.

Les canonnières atteignirent la barre en bon ordre et la franchirent à midi et demi, heure de la plus haute marée. Lorsque ces bâtiments légers furent arrivés au point déterminé par le colonel Dupin et par le capitaine Forster dans leur dernière exploration (en face d'une hutte de pêcheurs), ils jetèrent l'ancre, et le général de Montauban se rendit aussitôt avec l'amiral Charner à bord de la canonnière où se trouvait l'amiral Hope et le général Grant. — Au delà des 500 mètres, qu'il fallait traverser dans les terrains vaseux, entièrement recouverts d'eau par la marée haute, on apercevait distinctement le pays plat sur lequel les deux corps expéditionnaires devaient prendre pied. — Les forts qui défendaient les deux rives du Peh-tang ho se voyaient distinctement, ainsi que plusieurs villages considérables, dont les constructions en terre semblaient dénoter la pauvreté. — Au milieu de ces villages, peu éloignés les uns des autres, on distinguait celui de Peh-tang-tchen, qui communique avec le Peï ho au moyen d'une chaussée de 6 à 7 mètres de largeur. — Cette chaussée domine la plaine d'environ un mètre et demi. — Deux forts s'élèvent sur les rives du Peh-tang ho. Le fort de droite renferme deux cavaliers, dont chacun a trois embrasures armées de canons, qui peuvent battre l'entrée du fleuve; une longue courtine, armée également de pièces d'artillerie, relie les cavaliers. Le fort de la rive gauche, situé un peu en arrière, a moins d'importance; ses canons peuvent battre aussi le passage, mais avec moins d'efficacité.

LXXIV. — Lorsque le général de Montauban et l'amiral Charner montèrent à bord du bâtiment qui avait transporté les deux commandants en chef anglais, il était trois heures, et si on voulait profiter de la journée pour opérer le débarquement et établir convenablement les troupes, les minutes étaient précieuses. — Aussi l'entretien entre les amiraux et les généraux fut court. — Le général Grant proposa d'abord d'attendre l'heure de la marée basse (six heures du soir), mais il existait entre la chaussée et le village Peh-tang-tchen un pont de communication sur un canal attenant, et l'on avait vu très-distinctement, à l'aide de la longue-vue, des cavaliers tartares aller et venir sur la chaussée. Si ces cavaliers avaient la pensée de détruire ce pont, ils nous mettaient dans un grand embarras, car l'établissement de ponts volants eût été très-difficile dans ces terrains vaseux où, selon toute apparence, les chevaux ne pourraient avancer qu'avec la plus grande difficulté. Il fallait donc quelque difficile et pénible que dût être la marche des troupes, par suite de la marée haute, ne pas retarder leur mise à terre. — Ce dernier avis, appuyé par la majorité, fut adopté, et il fut convenu que 400 hommes de troupes des deux nations se jetteraient à l'eau à quatre heures et demie, pour gagner le terrain solide aussi rapidement qu'il serait possible.

A minuit les amiraux devaient, avec les canonnières seulement, remonter le Peh-tang ho, passer sous le feu des forts et venir mouiller à un point qui leur permît de prendre ces forts à revers, pendant que les deux colonnes française et anglaise, avec les deux batteries d'artillerie française, suivraient la chaussée et les prendraient d'écharpe. — Tel était le plan d'attaque rapidement conçu et qui devait être rapidement exécuté, si l'on ne voulait pas voir surgir tout à coup quelque obstacle imprévu qui en empêchât l'exécution.

LXXV. — Le général de Montauban était tellement préoccupé de cette pensée, qu'il se jeta aussitôt dans une embarcation avec le lieutenant-colonel Dupin, qui avait fait la reconnaissance, le capitaine de Montauban, son officier d'ordonnance, et le brigadier Irisson des spahis. Cette embarcation filant de toute la rapidité de ses avirons, courut vers le rivage où bientôt elle échoua, et le général s'élança le premier dans la mer, ayant de l'eau jusqu'au genou. Les canots qui portaient le bataillon de chasseurs à pied avaient reçu l'ordre de suivre celui du général en chef.

De son côté, le général Grant arrivait avec les Anglais, et bientôt la plage, inondée encore par les eaux de la marée haute, fut couverte de soldats qui s'excitaient à l'envi dans cette marche pénible et aventureuse, où parfois chaque homme avait de l'eau jusqu'à la ceinture. — Ce fut un étrange et superbe spectacle qui dut grandement étonner les Tartares, que celui de cette multitude armée qui, semblable aux flots de la tempête, avançait vers eux.

Pendant une heure et demie, chefs et soldats luttèrent avec énergie sur ce sol mouvant qui parfois se dérobait tout à coup sous leurs pieds; car malheureusement, dans beaucoup d'endroits, les terrains n'offraient pas la solidité qu'avait annoncé le colonel Dupin. — Enfin on atteignit la terre ferme que nos soldats ne devaient plus quitter avant d'avoir vengé, par la chute des forts du Peï ho, l'insulte faite aux pavillons alliés.

Aussitôt que le général eut reconnu par lui-même que le débarquement pouvait s'effectuer sans danger pour les troupes, il envoya un de ses aides de camp porter l'ordre aux généraux Jamin et Collineau de débarquer avec leur brigade et de venir le rejoindre sur des points qu'il leur assignait.

Ces deux chefs, actifs et entreprenants, attendaient impatiemment cet ordre. Bientôt toutes les troupes arrivèrent en bon ordre; mais la batterie de montagne put seule atteindre la terre. En vain artilleurs et chevaux firent des efforts surhumains, il fut impossible de faire avancer dans la vase les batteries de 4 qui avaient été débarquées. Les roues enfonçaient à moitié, et les chevaux s'abattaient sans pouvoir avancer d'un pas.

LXXVI. — « En touchant cette terre si difficile à aborder (écrit le général de Montauban), nos hommes furent électrisés, et le cri de : vive l'Empereur! sortit avec enthousiasme de chaque poitrine. Tout était oublié, et les Anglais répondaient par des hourras à nos cris de conquête (1).

Le général de Montauban envoya aussitôt le chef de bataillon Guillot de la Poterie occuper avec ses chasseurs la chaussée et le pont qui servaient de communi-

---

(1) Correspondance du 2 août.

cation. Ce détachement rencontra encore des espaces vaseux couverts d'eau. Les cavaliers tartares, qui avaient observé tous nos mouvements sans essayer de les gêner, se retiraient lentement à mesure que nos colonnes avançaient; ils étaient armés de carquois et de flèches. Lorsqu'ils virent la chaussée occupée, ils s'éloignèrent définitivement dans la direction du Peï ho.

La deuxième brigade, sous les ordres du général Collineau, vint camper à quelque distance de la première.

Les Anglais tenaient la droite. — 200 hommes de chaque armée reçurent l'ordre de se porter sur le pont de communication de la chaussée au village, pour empêcher toute tentative que l'ennemi aurait pu faire, pendant la nuit, pour détruire ce passage important. — Il était dix heures du soir lorsque les troupes eurent, chacune de son côté, établi leur camp. — Le réveil devait être sonné à trois heures du matin.

Le lieutenant-colonel Dupin, profitant de la position avancée qu'il occupait et des ténèbres de la nuit, prit quelques hommes avec lui, traversa le village de Pehtang que les patrouilles avaient primitivement reconnu, et se dirigea vers le fort séparé du village par un large fossé et par un mur crénelé, la communication était établie au moyen d'un pont jeté sur le fossé. — On ne voyait aucune sentinelle; tout était silencieux et faisait présumer que le fort avait été abandonné par ses défenseurs. C'est en effet ce qui était. — Le colonel Dupin continua d'avancer vers les tentes encore dressées sur le terreplein et les traces toutes récentes d'un campement indiquaient que l'ennemi venait à peine de s'éloigner. — Les seuls canons que l'on trouva étaient en bois cerclés de fer.

Le colonel s'empressa de retourner au camp pour instruire le général de Montauban de cet incident. — Il était alors deux heures du matin.

LXXVII. — Un semblable abandon, sans la moindre tentative de défense, était étrange et s'accordait peu avec les rapports journaliers des espions sur la volonté bien arrêtée des Chinois d'opposer la plus vive résistance à notre marche; la présence surtout de ces canons inoffensifs placés aux embrasures, pour simuler des canons véritables, faisait supposer un plan combiné à l'avance. Le général de Montauban, que les guerres d'Afrique avaient habitué aux ruses et aux embûches perpétuelles des Arabes, craignit avec raison que ce départ précipité ne cachât quelque piége, et fit aussitôt porter l'ordre au commandant du génie Dupouet de se rendre avec une compagnie de sapeurs au point indiqué par le colonel Dupin et d'examiner avec le plus grand soin si le fort ne serait pas miné. — Les recherches ne tardèrent pas, en effet, à être couronnées de succès, et les sapeurs découvrirent six emplacements de mines. Sous chacun d'eux, les Chinois avaient placé six bombes du plus fort calibre; ces bombes, armées à leur partie supérieure de deux batteries à pierre, comme celles de nos anciens fusils, étaient au ras du sol sous un plancher recouvert de terre qui, basculant au moindre contact, faisait jouer le ressort des batteries et déterminait l'explosion. — Cette découverte montrait que les Chinois auraient sans nul doute, dans beaucoup d'autres circonstances, recours à la ruse, et engageait le général en chef à ne marcher qu'avec une extrême prudence.

A quatre heures et demie, les troupes quittaient le bivac. — A cinq heures, elles entraient dans le fort, de concert avec les Anglais, et en prenaient possession.

LXXVIII. — La flotte était à l'ancre au point indiqué, sans avoir rencontré, de son côté, sur sa route aucun obstacle.

Peh-tang, gros bourg de 30 000 âmes environ, avait été abandonné par toutes les autorités ; une partie des habitants s'étaient enfuis, tant la terreur que leur causait notre approche était grande ; ceux qui étaient restés dans le village vinrent à nous avec les signes de la plus grande épouvante.—Sans doute les mandarins, pour faire le vide autour de nous, nous avaient représentés comme des barbares avides de sang et de pillage. A mesure que l'on se rapproche du Nord, les populations sont plus sauvages ou plus craintives ; le contact avec le commerce étranger n'a pas adouci leur nature première. Aussi les ressources de cette localité étaient nulles ; il fallait même remonter la rivière à une distance de quatre lieues pour se procurer de l'eau potable.— Les bateaux qui étaient chargés d'alimenter d'eau ce gros bourg avaient tous disparu.

Le général de Montauban était cependant forcé de séjourner à Peh-tang le temps nécessaire au débarquement de ses dernières troupes. — C'était là le point de rassemblement général ; et une fois son petit corps d'armée réuni à terre, il lui fallait prendre toutes ses mesures pour marcher vigoureusement sur les forts du Peï ho, éloignés de trois ou quatre lieues tout au plus, et en combiner l'attaque avec les Anglais.

Les cavaliers tartares que l'on avait aperçus au moment du débarquement indiquaient que l'ennemi ne devait pas être loin. — La chaussée, notre seule voie de communication, était, disait-on, encombrée d'obstacles de toute nature, en dehors même des difficultés naturelles qu'offraient déjà les terrains vaseux baignés par des inondations perpétuelles.

LXXIX. — En attendant la réunion complète des troupes, les deux corps expéditionnaires s'éclairent avec soin et envoient de tous côtés des reconnaissances.

Dans la journée du 2 août, un groupe de cavaliers tartares s'avança audacieusement sur la levée qui conduit de Peh-tang au Peï ho, et resta assez longtemps en observation. Ces cavaliers faisaient évidemment partie du camp qui avait été signalé. Aussi les généraux en chef, voulant s'assurer de l'importance de ce camp, de sa composition et des travaux qui en défendaient les approches, résolurent d'envoyer, dès le lendemain, une reconnaissance dans cette direction.

Le général Collineau, qui en avait reçu le commandement, emmenait avec lui mille hommes d'infanterie française. Mille hommes d'infanterie anglaise devaient marcher sous les ordres du brigadier Sutton avec deux obusiers de montagne et une compagnie de génie.

A quatre heures du matin, les troupes partent de Peh-tang, le général Collineau en tête, et s'avancent sur la chaussée.

Plusieurs heures se passèrent sans que la colonne d'exploration fût inquiétée. Tout à coup elle se trouva en vue d'un gros de cavaliers tartares au nombre de deux à trois cents environ et de troupes d'infanterie, qui paraissaient occuper un camp retranché d'une certaine étendue. — Ce camp se trouvait par sa position à 8 kilomètres environ de Peh-tang et à 1200 mètres au plus du point de jonction de la route de ce bourg avec celles qui conduisent à Tien-tsin et au Peï ho.

Le général continua sa marche, et les vedettes tartares se replièrent sur le gros de cavalerie ennemie. Bientôt une fusillade s'engagea, et une batterie de gingalls placée sur la face du camp qui regarde la chaussée par laquelle nous avancions, se mit à tirer avec opiniâtreté dans notre direction et nous blessa quelques hommes ; le général fit aussitôt mettre en position la section de batterie de montagne qu'il avait emmenée avec lui, et envoya des boulets dans le camp ennemi.

LIVRE I, CHAPITRE III.

LXXX. — Le bruit de la canonnade se faisait entendre au camp allié, et le général de Montauban, inquiet de la proportion qu'elle semblait prendre, se transporta au sommet du fort qui domine la plaine. — A l'aide d'une longue-vue, il se rendit parfaitement compte qu'une action sérieuse n'était pas engagée ; mais comme les forts de la rive gauche du Peï ho se trouvaient assez rapprochés du lieu où l'ennemi avait été rencontré, il monta aussitôt à cheval, et prenant avec lui une autre section d'artillerie de montagne et une compagnie d'infanterie, il se rendit en toute hâte sur le terrain de l'action.

Le général Collineau, avec l'énergie et l'intelligence qui le distinguaient à un si haut point, après avoir pris toutes ses dispositions contre l'éventualité d'une attaque sérieuse, avait continué d'avancer à bonne portée.

Le but que l'on voulait atteindre était rempli, car le général Collineau devait simplement reconnaître le camp retranché qui avait été signalé et déterminer son importance. — Après avoir chassé l'armée tartare de ses avant-postes, et l'avoir forcée à se replier dans l'intérieur du camp, ce général resta en présence de l'ennemi tout le temps nécessaire, pour bien constater aux yeux des Tartares qu'il était prêt à accepter un combat sérieux, puis il reprit la route de Peh-tang et ramena ses troupes à leur campement.

LXXXI. — La direction qu'avaient suivie les cavaliers

tartares en se retirant devait faire supposer l'existence d'autres camps sur la route de Tien-tsin et sur celle du Peï ho. — Derrière les positions qui venaient d'être reconnues, on apercevait un village assez fort.

La cavalerie tartare paraît bien montée; les hommes, semblables en cela aux goums arabes, manient leurs chevaux avec dextérité; on avait vu des chefs diriger leurs mouvements. — Leur armement, du reste, est primitif et se compose en grande partie d'arcs et de flèches, dont ils se servent, dit-on, avec une grande habileté; quelques-uns pourtant étaient armés de fusils, ce qu'indiquaient les petits flocons de fumée que l'on voyait de temps à autre s'élever au milieu d'eux. — Cette cavalerie devait-elle dans un combat opposer une résistance sérieuse? C'est ce qu'il était assez difficile de préjuger à première vue. Pour le moment elle était très-utilement employée au service d'avant-postes, et personne ne pouvait sortir de Peh-tang, sans que les vedettes de ces avant-postes n'en avertissent aussitôt par des signaux qui pouvaient être vus de très-loin.

Il n'eût pas été sans utilité de faire sans plus tarder une nouvelle reconnaissance sur la route qui se dirige vers Tien-tsin, afin de savoir ce que l'on pouvait avoir à craindre de ce côté; il était important surtout de quitter au plus vite ces terrains marécageux où l'on se trouvait, à marée haute, entouré par les eaux de mer, et que des pluies torrentielles très-fréquentes rendent plus impraticables encore. — Mais l'on ne pouvait songer à prononcer un mouvement sérieux en avant, tant que la cavalerie anglaise n'aurait pas été débarquée. Cette cavalerie est très-belle, et le général Grant ne veut rien entreprendre avant son arrivée.

Les troupes anglaises, nous l'avons souvent dit, sont remarquables et très-bien commandées ; mais il faut bien des choses pour les mettre en mouvement. — On l'avait vu en Crimée ; les mêmes embarras se représentaient en Chine. La quantité énorme de bagages et d'hommes non combattants que cette armée traîne toujours après soi l'immobilise forcément à certains moments, et lui enlève parfois cette décision de mouvements et cette promptitude si nécessaire à la guerre, la condamnant ainsi à une force d'inertie indépendante de la volonté des chefs.

LXXXII. — L'état sanitaire des corps expéditionnaires, jusque-là satisfaisant, pouvait souffrir d'un séjour prolongé dans ces marais infects, devenus plus insalubres encore par la concentration d'un aussi grand nombre de troupes, et par les grandes difficultés qui existaient pour se procurer de l'eau potable. En avançant dans la direction du Peï ho, le terrain se relève sensiblement ; une riche végétation et de grands et beaux arbres dont les branches chargées de feuillage étendent au loin leur ombre sur des plaines cultivées, remplacent l'aspect triste et morne de cette plage vaseuse. En outre l'établissement des camps tartares, dans un rayon assez rapproché, ne laissait aucun doute sur les ressources de première nécessité que l'on devait y rencontrer. —

Les pluies vinrent encore apporter de nouveaux retards en rendant les routes impraticables, il fallut donc forcément attendre que les terrains inondés se raffermissent un peu.

L'ordre de départ est donné pour le 12 août.

Les petites reconnaissances envoyées pour éclairer la route que nous devions suivre ont signalé une assez grande agitation dans le camp retranché que le général Collineau avait canonné pendant quelques heures dans la journée du 7.

Au lever du jour, l'armée alliée se met en marche. Une batterie d'artillerie, la cavalerie et mille fantassins, sous le commandement du général Napier, se dirigent, par la route de Tien-tsin, à droite de la chaussée.

Une autre colonne anglaise, précédée d'une avant-garde commandée par le général Staveley, suit aussi avec la colonne française cette chaussée, large de 6 à 7 mètres au plus, jusqu'à un point de bifurcation, où les deux corps alliés doivent se diviser : les Anglais se dirigeant à droite, — les Français continuant à tenir la gauche de la position. — A une distance de 1000 mètres environ du camp retranché contre lequel on marchait, les terrains autour de la chaussée cessaient d'être inondés et, devenus plus fermes, permettaient de s'y déployer.

LXXXIII. — Vers neuf heures, la cavalerie anglaise rencontra les cavaliers tartares campés en avant du village de Sin-ko. Ces cavaliers se présentèrent de front assez audacieusement en dehors des retranchements, et cherchant à séparer la colonne de l'extrême droite de celle du centre, chargèrent avec impétuosité la cavalerie anglaise. Malgré une vive fusillade et le feu très-nourri de plusieurs pièces de canon, ils avancèrent à une distance de 100 mètres ; mais plusieurs chevaux et cavaliers tués ou blessés jetèrent le désordre dans leurs rangs, et ils s'éloignèrent bientôt avec autant de précipitation qu'ils étaient venus.

Du côté que devait attaquer le corps français, la résistance ne fut pas plus sérieuse, et après quelques coups de canon, le camp de Sin-ko fut enlevé. Quand on y entra, il était désert ; les combattants avaient disparu : on ne trouva que des cadavres d'hommes et de chevaux tués par les projectiles de l'artillerie. — Ce retranchement était un ouvrage de campagne en terre précédé d'un fossé plein d'eau qui en défendait les approches. — Le village de Sin-ko, qui se trouve en arrière, est un bourg de peu d'importance, fort sale intérieurement, comme presque tous les villages du nord de la Chine. Il se compose de maisons bâties en terre ; mais chacune d'elle à peu près possède un jardin très-bien cultivé où croissent des fruits et des légumes de toute espèce. — C'est la seule richesse de ces pauvres habitants, richesse qu'ils trouvent au sein de la terre et qu'ils payent de leur travail de chaque jour.

Il y avait fort heureusement en abondance du fourrage de très-bonne qualité ; quelques prises de chevaux et de mulets remplacèrent les pertes faites pendant la traversée.

Mais ce qui étonna le plus, ce fut la découverte d'un mont de piété « rempli, écrit-on, d'une immense quantité d'effets parfaitement en ordre avec des étiquettes sur chaque objet. » Au milieu des effets déposés, il y avait des habillements assez riches, et ce qui s'explique difficilement, trois ou quatre cents vêtements fourrés en peau de moutons, la plupart neufs. L'intendance s'en empara pour les affecter aux hommes de service, pendant l'hiver, si rude dans le nord de la Chine.

Les troupes anglaises s'établirent dans le camp retranché. — Le corps français bivaqua dans la grande plaine qui s'étend à droite et à gauche de la chaussée, plaine humide, entremêlée de marais remplis d'eau saumâtre, terrains d'une vase plus durcie que celle qui couvre les abords de Peh-tang, mais perpétuellement boueux malgré les rayons ardents du soleil.

LXXXIV. — L'armée alliée se trouvait donc ainsi installée autour du village situé en amont de toutes les défenses de la rive gauche du Pei ho. — Sans nul doute les fuyards s'étaient retirés dans le village de Tang-ko, village fortifié, dont les défenses, très-sérieuses et très-bien entendues, affectaient la forme d'un parallélogramme irrégulier, offrant sur ses grandes faces un développement de 1500 à 1600 mètres environ. Le tracé le fermait complétement et permettait le flanquement des faces. Deux voies conduisaient à ce grand camp retranché défendu, assurait-on, par des forces d'infanterie considérables et par une nombreuse artillerie. — L'une de ces voies longeait le Peï-ho et tournait par la gauche l'ouvrage que nous voulions enlever; — l'autre, qui était la continuation de la chaussée par laquelle l'armée alliée s'était avancée le 12, l'abordait de front. Mais les deux côtés de cette chaussée, noyés par les alluvions du fleuve, ne permettaient aucun déploiement, soit d'infanterie, soit d'artillerie.

Le général de Montauban, voulant s'assurer par lui-même de la position exacte et des dispositions de la défense, dirigea en personne une reconnaissance par la chaussée, et avança jusqu'à 1200 mètres environ du front de l'ouvrage. — La cavalerie tartare échappée la veille du camp de Sin-ko, bivaquait en avant et sous le canon des travaux défensifs. — Le général fit mettre une batterie en position sur la chaussée pour déloger ces cavaliers; mais en apercevant le mouvement de l'artillerie, ceux-ci pénétrèrent rapidement dans l'intérieur des retranchements, qui restaient silencieux, quoique nous fussions à bonne portée de leurs pièces. — Quelques volées furent lancées contre ces forts, pour savoir de quel côté ils riposteraient et apprécier à la fois la portée de leur feu et la justesse de leur tir. — En effet, la gauche des forts tira fort peu, et ses coups étaient insignifiants; les Chinois cherchaient à prendre la chaussée d'enfilade, tandis que la face droite, dans tout son développement, la prenait en écharpe.

Le général Grant et l'amiral Hope vinrent rejoindre le général Montauban en tête de la colonne, où il se tenait pour observer le tir de l'artillerie chinoise, et il fut décidé que l'on attaquerait cet ouvrage, dès le lendemain, 14 août.

Le terrain était bien reconnu ; la voie qui longeait la rive gauche même du Peï-ho était préférable en tous points, bien qu'elle fût coupée par de nombreux canaux et qu'elle dût présenter des difficultés réelles à la marche des troupes et surtout à celle de l'artillerie.

LXXXV. — Les commandants en chef, après cette exploration, rentrèrent au camp pour arrêter un plan définitif, et prendre les dispositions relatives à l'attaque du lendemain. L'armée alliée marchera en colonne par bataillons en masse, le terrain marécageux entre le fleuve et la chaussée ne permettant pas un grand développement. — Afin d'éviter tout ce qui pourrait, pendant la durée de l'expédition, troubler le bon accord si utile qui existait entre les commandants en chef des deux nations, il a été arrêté, dès le début de la campagne, que chacun, à tour de rôle, choisirait dans l'ordre de marche des attaques combinées le terrain qu'il voudrait occuper.

Le général Grant choisit la droite. — Ainsi l'armée anglaise, appuyant sa droite au Peï-ho, descendait parallèlement au fleuve, tandis que les deux brigades d'infanterie française des généraux Jamin et Collineau avançaient en colonnes serrées à sa gauche et à la même hauteur.

Les deux artilleries marchaient à 500 mètres environ en avant, précédées par une avant-garde qui éclairait la route. — L'artillerie française était soutenue par une colonne d'attaque composée de 200 marins de débarquement, d'une compagnie de sapeurs du génie munie d'échelles que portaient des coolies, d'une compagnie d'infanterie de marine et d'une compagnie du deuxième bataillon de chasseurs à pied (1). Des canaux nombreux coupent la plaine que traverse le corps français, mais les pontonniers jettent aussitôt des ponts et exécutent si rapidement ce travail plusieurs fois répété, que les troupes n'éprouvent aucun retard.

LXXXVI. — A 1500 mètres des retranchements ennemis, notre artillerie ouvre son feu ; elle se compose de dix pièces de 4 (les deux dernières pièces de la deuxième batterie étaient sur la chaussée), de six pièces d'obusiers de montagne et de la batterie des fuséens. Comme nous tenions la gauche de l'attaque, nous avions à enlever la face de l'ouvrage qui regarde le couchant.

Il est huit heures du matin, les forts répondent énergiquement, mais leur tir est si mal dirigé et si inoffensif que le colonel de Bentzmann rapproche presque aussitôt sa ligne. Les forts continuent à tirer sans plus de

---

(1) Dépêche du 15 août au ministre de la guerre.

succès; leurs projectiles arrivent à peine jusqu'à nous. Les deux pièces placées en batterie sur la chaussée avaient suivi le mouvement; elles avaient reçu mission de détruire les défenses situées à l'extrémité de cette chaussée; car c'est sur ce point que doit plus tard se diriger la colonne d'attaque. — Bientôt notre artillerie s'est rapprochée jusqu'à 400 mètres. Quelques hommes sont mis hors de combat, mais nos boulets ont très-grandement endommagé la face de l'ouvrage qu'ils contrebattent.

Le moment est venu de donner l'assaut. Le général de Montauban, après s'être entendu avec son collègue de l'armée anglaise, fait rapprocher toute son infanterie, et donne ordre au chef d'état-major général, le lieutenant-colonel Schmitz, de former en colonnes d'attaque les colonnes d'avant-garde, et d'enlever à leur tête les retranchements ennemis. — Le colonel, malade à Peh-tang depuis plusieurs jours, n'avait pas voulu laisser à un autre l'honneur qui lui revenait de marcher à la tête des colonnes d'assaut, et était accouru au moment du départ pour prendre part au combat.

Aussitôt qu'il a reçu l'ordre du général en chef, il s'élance avec ses troupes et atteint rapidement le bord du fossé qui protége l'ouvrage ennemi. — Du haut du mur crénelé, les Chinois commencent une assez vive fusillade. Le génie accourt et établit à la hâte un pont de madriers; mais le colonel s'est déjà jeté dans le fossé sous le feu de l'ennemi. Ce fossé est tellement profond, que ce brave officier est sur le point d'y périr; deux capitaines d'état-major, MM. Chanoine et Guerrier, s'élancent à leur tour pour porter aide au colonel, et tous trois atteignent bientôt l'autre bord.

LXXXVII. — Ce noble exemple est aussitôt suivi, et pendant qu'une partie des troupes traverse le fossé à la nage, l'autre encombre les ponts qui ploient sous le nombre des combattants. — Les échelles sont dressées, et pendant que les portes du fort sont brisées à coups de hache, les remparts sont couronnés de tous côtés par nos troupes. — Le premier et en présence de toute l'armée, le colonel Schmitz a planté sur leur sommet le drapeau de la France; l'ouvrage est envahi, et ses défenseurs fuient en désordre dans la direction du Peï-ho; leur terreur est telle qu'ils ne pensent même pas à détruire derrière eux le pont qui sert de communication avec un dernier fort, le fort de Yu-kia-pou.

Pendant que ces faits se passaient sur la gauche de l'armée alliée, les Anglais tournaient l'ouvrage ennemi par le côté qui touche au fleuve, et, favorisés par la marée basse, ils ne tardèrent pas à l'occuper. — Cette face, protégée par le Peï-ho, n'était point entourée de fossés.

« Bon nombre de cadavres abandonnés sur le point où ils avaient été atteints (écrit le général de Montauban au ministre, 18 août 1860), environ cent autres trouvés dans les maisons abandonnées du village, les corps de quelques mandarins d'un rang assez élevé qui s'étaient ouvert la gorge au moment de la fuite de leurs troupes, attestaient les pertes sérieuses de l'ennemi et témoignaient des ravages produits par notre artillerie rayée. »

Les Chinois s'étaient défendus avec opiniâtreté jusqu'au moment où ils avaient vu nos colonnes d'assaut gravir leurs remparts. Fort heureusement le feu incessant de leur mousqueterie, avait été très-mal dirigé; aussi nos pertes n'étaient pas en proportion de la résistance que nous avions rencontrée.

CHAPITRE IV.

LXXXVIII. — Ces deux succès consécutifs inauguraient bien la campagne, et devaient donner grandement à réfléchir aux chefs de l'armée chinoise sur la suite des opérations militaires.

Évidemment toutes les forces qui occupaient ces deux camps retranchés avaient reflué vers les forts du Peï-ho, centre principal de la défense. Mais à 1500 mètres environ des points que nous venions d'enlever à l'ennemi, il y avait une troisième position fortifiée, vers laquelle couraient en désordre, en proie à la plus évidente démoralisation, les cavaliers tartares et les troupes chinoises. — Il était facile de voir que dans leur fuite précipitée, ils n'obéissaient plus à aucun ordre, et que la terreur les jetait çà et là dans toutes les directions. Il eût été à désirer que l'on marchât immédiatement sur ce troisième camp retranché (Yu-kia-pou), le dernier de la rive gauche avant les deux forts; sa prise eût achevé la déroute complète de cette partie de l'armée chinoise. Le général de Montauban envoya un de ses aides de camp proposer au général Grant de se porter en avant pour s'emparer de cette position ; il était alors onze heures du matin. Le général anglais, craignant que cette marche forcée ne fatiguât outre mesure ses troupes, n'accepta point cette proposition. — Les troupes alliées s'arrêtèrent donc là, et s'établirent dans la nouvelle position conquise.

LXXXIX. — L'enlèvement du dernier camp retranché de la rive gauche n'avait d'importance réelle que par son exécution immédiate, et par la terreur salutaire que ces trois victoires successives, eussent imprimée à l'ennemi qui avait cru pouvoir, par l'établissement de ces camps retranchés, arrêter la marche des corps alliés.

Du moment que l'attaque en était remise, elle devenait inutile dans la pensée du général de Montauban, car ce dernier camp, ainsi que les forts de la rive gauche, devaient nécessairement abandonner toute résistance lorsque ceux de la rive droite, dans lesquels les Chinois avaient concentré leur véritable défense, seraient tombés en notre pouvoir; ces forts, par leur position, dominaient les autres, et étaient bien les derniers remparts de la puissance chinoise sur le Peï-ho. — Le général de Montauban proposa donc au général Grant, qui l'accepta, de négliger les défenses de la rive gauche pour attaquer celles de la rive droite, devant lesquelles, le 25 juin de l'année précédente, l'amiral Hope avait été arrêté, à l'entrée du fleuve.

Présageant dans sa pensée le succès des armées alliées, le commandant en chef français écrivait alors au ministre de la guerre (15 août 1860) : « Nous faisons construire un pont qui nous permettra de passer sous huit jours de l'autre côté du Peï-ho. — Nous n'aurons plus qu'une lieue à faire pour arriver auprès des forts de la rive droite, et le seul obstacle que nous trouverons sera un camp de 6 ou 8000 Tartares que nous enlèverons. Il ne nous restera ensuite qu'à abattre les forts de droite, et à nous rendre à Tien-tsin. »

Pendant les quelques jours que nécessitait la construction du pont, on s'occupa activement d'approvisionner le camp de Sin-ko, afin d'être en mesure de transporter promptement les vivres sur l'autre côté du fleuve.

XC. — Dans cette guerre, où l'ennemi ne pouvait pas opposer aux armées alliées de forces réellement dangereuses, la grande difficulté consistait à pourvoir à tous les besoins, sans avoir à sa disposition des moyens suffisants. Il était indispensable, malgré le nombre restreint des combattants, de laisser quelques troupes dans les différents camps, pour protéger l'arrivée des convois, jusqu'au jour où l'enlèvement des forts assurerait le libre passage du Peï-ho et permettrait à nos bâtiments légers de nous servir de magasins. — Il fallait agir résolûment, et cependant ne pas s'exposer à un échec qui pouvait, quelque minime qu'il fût, avoir une influence funeste pour le prestige de nos armes.

XCI. — Déjà le gouverneur de la province, après l'enlèvement rapide des deux camps retranchés, avait envoyé, dans la journée du 14, un parlementaire, porteur de lettres pour le baron Gros et pour lord Elgin; les habitants des villages environnants avaient fait supplier les commandants en chef de mettre fin à ce cruel état de guerre; mais les ambassadeurs avaient fermement résolu qu'ils n'accepteraient aucune proposition de paix, avant la prise des forts du Peï-ho.

Des lettres trouvées dans les papiers du mandarin chinois de Sin-ko ont été apportées à lord Elgin; ces lettres envoyées de Pé-king contiennent des instructions très-détaillées pour châtier les audacieux barbares qui osent affronter la juste colère du grand Empereur. Entre autres détails curieux, on y trouva la mise à prix des différents chefs européens : la tête des ministres plénipotentiaires valait 1500 taels, c'est-à-dire 12 000 fr. — Celle des généraux en chef n'était portée qu'à 1000 taels, 8000 fr.

« J'ordonne, disait l'empereur de la Chine, à tous mes sujets, miliciens et cultivateurs, habitants des villes et des campagnes, Chinois ou Tartares, de les détruire comme des animaux malfaisants. »

XCII. — Le général de Montauban, préoccupé d'établir sans retard un point de communication avec la rive droite, envoya le colonel du génie Livet, avec ordre de déblayer le terrain et d'assurer la position des travailleurs qu'il voulait jeter de ce côté. Le colonel poussera en avant une vigoureuse reconnaissance pour explorer les pays environnants.— Des jonques et des barques prises aux Chinois servent à effectuer le passage des troupes qui se composent du 1er bataillon du 101e de ligne. L'ennemi avait l'avantage d'un terrain très-favorable ; car les terres coupées par de petits coteaux sont en outre semées de vignes et d'arbres de toute espèce et de tumuli nombreux, abris naturels, derrière lesquels les Chinois se cachent et entretiennent une vive fusillade, fort heureusement très-mal dirigée ; ils ont même mis en ligne plusieurs pièces de canon. Au milieu de tous ces jardins et de ces plantations, l'attaque est difficile ; il faut déloger successivement l'ennemi de chaque massif.

Le général en chef, instruit du caractère sérieux que prenait cet engagement, fit passer le fleuve au 2e bataillon de chasseurs commandé par M. de la Poterie. Ce renfort permit au colonel Livet de prendre une vigoureuse offensive. — Les chasseurs, lancés à la poursuite des Tartares qui se dispersent par groupes dans les halliers, les poursuivent la baïonnette dans les reins et les mettent en fuite. Bientôt on les voit courir en désordre au travers d'une grande plaine qui précède le village de Sin-ko, laissant en notre possession non-seulement la plus grande partie des pièces qu'ils ont amenées, mais aussi une batterie de canons et de gingalls qui avait été établie près des jardins, sur la plage même, pour battre de ses feux la rive gauche. Les chasseurs continuent leur marche au pas de course et s'emparent du village de Sia-o-leantz, excellente tête de pont pour protéger nos opérations futures.

XCIII. — La nuit était venue et tout était silencieux, lorsque les lueurs sinistres d'un vaste incendie suivies de nombreuses détonations vinrent troubler ce silence et cette obscurité. Les troupes chinoises, placées en avant-garde pour s'opposer à notre passage, brûlaient leurs approvisionnements et faisaient sauter les poudrières, avant d'évacuer leurs positions et de se replier sur les ouvrages importants qui défendent l'entrée du fleuve. — Ce ne devait pas être sans un grand regret que l'armée ennemie nous laissait ainsi prendre pied sur la rive droite du Peï-ho, lorsque déjà nous nous étions établis sur la rive gauche.

Le 19, le général Jamin traversait à son tour le Peï-ho avec sa brigade et consolidait notre établissement dans le village de Sia-o-leantz, en y campant avec toutes les troupes placées sous ses ordres.

Le général Grant, sollicité par l'amiral Hope qui avait à cœur de venger l'échec de l'année précédente, revenait sur l'assentiment qu'il avait donné primitivement au plan du général en chef français, et demandait avec instance que l'on continuât l'attaque des forts de la rive gauche. En effet, ces forts une fois au pouvoir des alliés, les canonnières pouvaient venir s'appuyer au-dessous d'eux et prendre leur part dans l'action générale, en canonnant les ouvrages de la rive droite.

XCIV. — Deux plans se trouvaient donc en présence.
Le général de Montauban disait :

« La continuation des attaques de la rive gauche est sans nécessité et peut nous faire perdre inutilement du monde. La prise de ces forts, stratégiquement parlant, ne doit point amener la reddition des forts de la rive droite; leur abandon, s'il a lieu sans coup férir par les Chinois, doit être regardé comme un de ces cas fortuits, résultat d'une impression subite de terreur, et nullement comme une conséquence logique, en face de l'accroissement considérable apporté à ces ouvrages par l'ennemi.

« En outre, les Chinois ne nous voyant pas concentrer nos forces sur les points où nous travaillons à établir une communication entre les deux rives peuvent y envoyer un grand nombre de troupes et inquiéter, compromettre même sérieusement ces travaux. — Au contraire, en nous emparant des forts de la rive droite, qui dominent par leur position ceux de la rive gauche, non-seulement l'ennemi ne peut plus essayer de les défendre, mais le gros de l'armée chinoise voit sa ligne de retraite sur Tien-tsin, interceptée. »

Le général Grant voulait, au contraire, ainsi que nous l'avons dit, continuer l'attaque successive des défenses de la rive gauche, parce qu'il les supposait, disait-il, moins bien défendues. — Leur possession assurait, selon lui, l'attaque des forts de la rive droite, car on pouvait alors établir de l'artillerie sur la plage nord, et battre ces forts vigoureusement, en même temps que les troupes les attaqueraient par derrière. L'amiral Hope et lord Elgin appuyèrent vivement ce second plan d'attaque proposé par le général en chef anglais. Du reste si cette opération sur la rive gauche n'avait pas d'utilité stratégique, elle offrait l'avantage de mettre à profit le temps qui était encore nécessaire à l'achèvement des travaux de communication avec la rive droite et ne laissait point l'ennemi en repos. — Elle fut donc décidée en conseil.

XCV. — Toutefois, l'établissement solide qu'avait formé le général Jamin dans le village de Sia-o-leantz sur la rive droite, conservait son importance ; il menaçait l'armée tartare, et son artillerie en contre-battant par terre les forts du sud, les empêchait de prendre de flanc nos colonnes d'attaque sur la rive nord. — Par ordre du commandant en chef, le général Jamin fit, le 20 août, une reconnaissance, dans le but d'éclairer les débouchés en avant de son front ; il ne tarda pas à rencontrer des ouvrages fortement occupés et dut s'arrêter devant un feu d'artillerie de gros calibre.

« Il me fut alors démontré (écrit au ministre de la

guerre le général de Montauban) (1), que sur cette rive, comme sur la rive gauche, il était impossible d'aborder les forts, sans avoir enlevé un grand camp retranché semblable à celui de Tang-ko pris par nous le 14.

« Dès ce moment, la disposition de l'ensemble des ouvrages chinois m'était clairement connue. Sur chaque rive, à l'embouchure de Peï-ho, un fort énorme battant, la mer et les approches des estacades ; en amont, un autre fort couvrant de feu les premiers et enfilant le fleuve; enfin pour protéger tout le système du côté de la terre, un vaste camp retranché situé à la limite de la terre ferme et des lagunes.

« La position de la brigade Jamin sur la rive droite couvrait mon point de passage et avait pour effet de menacer la seule ligne qui restât à l'ennemi. »

Il fut décidé que l'attaque du fort le plus rapproché de Tang-ko sur la rive gauche, aurait lieu le 21. — La brigade du général Collineau et celle du général Napier furent désignées pour cette opération.

Les canonnières des deux flottes avaient mission, pendant l'attaque des troupes alliées, de couvrir de boulets, avec leurs pièces à longue portée, le fort de la rive gauche, situé en aval de celui que l'on devait enlever dans la journée du 21.

XCVI. — L'amiral Charner, qui était en grande rade à l'entrée du Pé-tchi-li, reçut du général de Montauban

(1) Dépêche du 24 août 1860, camp de Sin-ko.

avis de l'attaque résolue et de la part que la marine pourrait prendre dans l'action projetée.

« J'avais (écrit l'amiral au ministre de la marine) (1) recherché depuis plusieurs jours sur les lieux la meilleure position à donner à nos canonnières pour battre les forts, sans inquiéter dans leurs mouvements les colonnes assaillantes. Le point qui me parut le mieux satisfaire à ces conditions se trouvait situé sur la rive gauche du Peï-ho, mais il n'était accessible qu'aux bâtiments d'un faible tirant d'eau tel que nos petites canonnières en fer.

« J'avais alors quatre de ces bâtiments à ma disposition, et le 20 août, à deux heures de l'après-midi, je leur donnai l'ordre d'aller mouiller sur les bancs de vase molle que j'avais fait baliser. Le contre-amiral Page prit le commandement de ce groupe ; — je fis route à la même heure vers l'embouchure du Peï-ho avec les grandes canonnières, qui mouillèrent à six heures du soir, en dedans de la barre du fleuve, à environ un mille des forts du sud. »

De son côté, le même soir, le général Collineau allait bivaquer avec ses troupes au camp de Tang-ko. — Il emmenait avec lui une compagnie du génie sous les ordres du lieutenant-colonel Dupouët, le 1er bataillon du 102e de ligne avec son colonel O'Malley et deux bataillons d'infanterie de marine, auxquels devaient se joindre le lendemain, dès le point du jour, une batterie

---

(1) Dépêche du 23 août 1860.

de 12 rayée, un détachement de pontonniers sous le commandement du colonel Foullon Grandchamps, une section d'ambulance et des coolies commandés par le lieutenant de vaisseau Rouvière.

XCVII. — Le général, aussitôt son arrivée au bivac, se mit en rapport avec son collègue anglais pour arrêter, de concert avec lui, les dernières dispositions de détail. — C'était aux Français à choisir cette fois la position qu'ils voulaient occuper, et il fut convenu qu'ils prendraient la droite ; les troupes anglaises tenaient donc la gauche de l'attaque.

Le général Collineau devait s'avancer par les deux chaussées établies sur les terrains noyés par les inondations, obstacles naturels qui protégeaient les approches des forts. Le génie, profitant de la nuit, combla une large coupure qui interceptait le passage sur la chaussée de droite et établit plusieurs travaux pour faciliter la marche des colonnes. — Le fort de Yukia-pou et un des forts de la rive droite ne cessèrent pas, pendant toute la nuit, de battre la plaine de leurs boulets ; en outre, des gerbes de feux d'artifices venaient par intervalles jeter sur les travaux des lueurs subites. Fort heureusement, les terrains qu'occupaient les travailleurs se trouvaient en dehors de la ligne habituelle du tir des pièces ennemies, et leur feu ne nous fit essuyer aucune perte.

XCVIII. — Au point du jour, la brigade du général Collineau déboucha par les deux chaussées et marcha en s'appuyant au fleuve; — nous attaquions la droite du fort.

A six heures du matin, l'artillerie alliée placée à 1500 mètres de distance environ, commence à canonner le premier fort qui avait un parapet crénelé, dont chaque embrasure était armée d'une pièce de canon. Ce fort répond vigoureusement, secondé par les batteries de la rive droite qui nous prennent d'écharpe, et par d'autres batteries élevées à l'entrée du village de Sin-ko. Aussi, le général Collineau, après avoir mis deux de ses pièces en position devant le fleuve, a placé les quatre autres sur la rive même du Peï ho, pour contre-battre de ce côté les feux ennemis.

Le tir des alliés sûrement dirigé, ne tarda pas à produire des dégâts considérables. Vers sept heures, deux explosions successives se font entendre; ce sont deux poudrières qui sautent, lançant au loin des débris enflammés, l'une dans le fort de face, l'autre dans le fort de gauche très-éloigné de nos attaques, mais sous le feu de nos canonnières. Deux nuages épais de fumée enveloppent ces deux ouvrages et les dérobent pendant un instant à nos regards.

Trois compagnies du 102e se sont avancées résolûment; abritées par un petit épaulement, elles attendent l'ordre de se lancer à l'assaut. — L'artillerie s'est rapprochée à une distance de 600 mètres environ.

Le capitaine Lesergeant d'Hendecourt, aide de camp du général Collineau, est chargé d'aller reconnaître les obstacles qui défendent les approches de l'ouvrage ennemi. Trois fossés pleins d'eau traversent un terrain fangeux; on ne peut les aborder que par deux voies très-étroites. Dans les intervalles qui séparent les fossés entre eux, les Chinois ont placé plusieurs rangées de pieux croisés et profondément enfoncés en terre (1).

XCIX. — Une fois le terrain bien reconnu, le général Collineau fait prévenir son collègue le général Napier, qu'il croit le moment venu de lancer les colonnes d'attaque.

Une compagnie de voltigeurs du 102e se déploie en tirailleurs en avant de notre front, suivie de près par la 4e compagnie du 1er bataillon, à la tête de laquelle s'est mis le colonel O'Malley. Les coolies qui portent les échelles marchent avec une section du génie, sous les ordres du capitaine Bovet. — L'ennemi commence aussitôt contre les assaillants un feu violent de mousqueterie et de gingalls qui couvre de balles le terrain que l'on doit traverser pour arriver au premier fossé.

A la violence de ce feu, il est facile de comprendre que les Chinois ont préparé d'énergiques moyens de défense, et qu'ils ne céderont pas facilement la place. Le passage est difficile, et l'ennemi redouble d'énergie pour nous arrêter. Ce fossé est si rapproché des remparts que les troupes essuient des pertes sensibles; mais les projecti-

---

(1) Dépêche du général en chef au ministre de la guerre, 24 août 1860. Camp de Sin-ko.

les de toute nature qui se succèdent avec une rapidité toujours croissante n'arrêtent pas leur élan. — Les coolies ont essayé de placer des échelles en travers du fossé, plusieurs sont mortellement frappés, les autres hésitent, et quelques échelles sont abandonnées; une nouvelle section du génie accourt sur le terrain et se met à l'œuvre; car tout autour de la chaussée étroite sur laquelle se pressent nos soldats et leurs chefs impatients d'atteindre les remparts, s'étendent des terrains inabordables, couverts d'eau et de fange.

Enfin le fossé est franchi; le terre-plein est hérissé de pieux de bambous durcis au feu qui forment une épaisse palissade; — c'est à grand peine que ces pieux brisés, pour ainsi dire, un à un, nous livrent un passage, mais cette lutte contre les obstacles accumulés devant les remparts, a lieu toujours sous le feu de l'ennemi. Et les officiers qui ont donné les premiers l'exemple du courage et de l'énergie, sont presque tous hors de combat, le lieutenant Grandperrier est tombé à la tête des hommes qu'il commande.

C. — Le lieutenant-colonel Dupin et le capitaine d'état-major Foerster qui ont été mis sous le commandement du général Collineau, reçoivent l'ordre d'aller s'assurer de la position réelle des troupes engagées. Le capitaine Foerster revient; il rend compte de la résistance qu'éprouvent les colonnes d'attaque, et des pertes qu'elles ont subies sous le feu ennemi.

Le moment est décisif; le général tenait sous sa main

trois compagnies d'infanterie de marine, il se met à leur tête et les lance au pas de course.

Plusieurs échelles ont été dressées le long des remparts ; mais les Tartares et les troupes chinoises qui avaient l'année précédente si facilement abandonné les murs de Canton, luttent cette fois en désespérés ; il semble que leurs chefs comprennent qu'ils défendent leurs derniers remparts sur le Peï ho. — Dans ce moment de suprême défense, sentant, pour ainsi dire, monter jusqu'à eux le souffle haletant de leurs ennemis, ils appellent à leur aide tout ce qu'ils trouvent sous leurs mains ; ils accablent les assaillants d'une nuée de flèches, et cherchent à percer avec de longues piques ceux qui apparaissent au sommet des échelles, ou à les écraser en faisant rouler sur eux des boulets jetés à la main. Le commandant Testard et le lieutenant de vaisseau Rouvière se sont élancés les premiers, l'ennemi tente de renverser les échelles ; il parvient même à en tirer une à lui par les créneaux. — C'est une lutte corps à corps. Le lieutenant Rouvière est culbuté par un boulet, jeté du haut de la muraille, mais bientôt il reprend connaissance, et gravit de nouveau le rempart.

Le drapeau de la France flotte enfin au sommet des murailles. Le lieutenant-colonel Dupin a pénétré dans l'intérieur du fort, à la tête de quelques hommes, dont le nombre se grossit bientôt. Parmi eux, est le jeune maréchal des logis Blanquet Duchayla, qui tombe traversé par plusieurs balles à la fois. — Le combat n'est par terminé ; les Tartares, les meilleures troupes de l'Empire, veulent encore résister et défendre le terrain pied à pied. Entassés dans un espace restreint, ils cherchent à nous empêcher de pénétrer plus avant; mais nos soldats s'élancent sur eux à la baïonnette, et les refoulent énergiquement.

CI. — De leur côté, les Anglais envahissent bientôt aussi le fort, et plantent après nous sur les créneaux conquis, leur drapeau national.

Les assiégés enveloppés ainsi de tous côtés, ne cherchent plus leur salut que dans la rapidité de la fuite. On les voit s'élancer éperdus, et se jeter du haut des parapets, ou disparaître par toutes les issues; nos balles les poursuivent, et jonchent le sol de cadavres, en dehors du fort : quelques-uns de ces malheureux restent accrochés sur les pointes acérées des pieux qui défendaient l'approche des remparts, et y trouvent une mort affreuse.

Certes, jamais l'armée chinoise depuis que nous la combattions, n'avait si vaillamment et si rudement résisté.

« Dans cette attaque (écrit le général au ministre) (1), les Chinois ont perdu plus de 1000 hommes tués, soit dans le fort même, soit en fuyant dans la campagne le long du fleuve, pour atteindre le dernier fort de la rive gauche. La terre était couverte de leurs cadavres. J'ignore le nombre des blessés; il a dû être considéra-

---

(1) Dépêche particulière du 23 août 1860.

ble, si l'on peut en juger par tous ceux qu'ils ont emportés en fuyant.

« Mais nos pertes étaient sérieuses et cruelles. Le lieutenant Grandperrier des voltigeurs au 102, le maréchal des logis Duchayla, ont été frappés mortellement, les lieutenants Balme et Porte, et l'adjudant sous-officier Lunel, du 102e, sont grièvement blessés. — Sur huit officiers des deux compagnies du 102e, deux seulement ont été épargnés par le feu ; la seule compagnie de voltigeurs compte 62 hommes tués ou blessés. »

CII. — Pour compléter la victoire, et profiter du désordre que la prise de ce fort important devait avoir jeté dans l'armée ennemie, les généraux en chef décidèrent que dans la seconde journée on attaquerait le second fort, vers lequel on avait vu se diriger les Tartares en fuite.

Pendant le temps nécessaire aux dispositions à prendre pour cette nouvelle attaque, le lieutenant-colonel Dupin, chef du service topographique, reçut l'ordre de prendre avec lui une cinquantaine d'hommes, et d'aller reconnaître les abords de cet ouvrage, éloigné de douze à quatorze cents mètres environ du premier.

La chaussée se continuait et servait de communication. Trois fossés remplis d'eau, dont le dernier était creusé au pied même des remparts, protégeaient les approches du fort. — Les intervalles qui séparaient ces fossés étaient couverts d'abatis et de palissades. Si les remparts étaient bien défendus, l'attaque rencontrerait de grandes difficultés, et nous coûterait peut-être beaucoup de monde. Il était pourtant probable que l'on pourrait tourner ces obstacles, et trouver un passage plus facile du côté du fleuve, dans la direction qu'avaient prise les fuyards.

Pendant que cette reconnaissance s'exécutait, l'ennemi fit un feu assez suivi de gingalls, et tira quelques coups de canon.

CIII. — Les colonnes alliées se préparaient donc à marcher, lorsque l'on vit tout à coup flotter des drapeaux blancs sur le sommet des remparts, le lieutenant-colonel Dupin, et le capitaine Grant, aide de camp du général en chef anglais, se dirigèrent aussitôt vers le fort avec M. Parkes, qui servait d'interprète. — Ils allaient atteindre le premier fossé, lorsqu'ils aperçurent une barque portant les parlementaires ennemis, et se dirigeant vers le point où ils s'étaient arrêtés. Ces parlementaires, mandarins d'ordre inférieur, demandèrent à remettre des lettres pour les ambassadeurs, disant qu'elles contenaient l'autorisation aux alliés, d'entrer dans le Peï ho, à la condition que les hostilités seraient suspendues.

Les officiers français et anglais, répondirent qu'une semblable proposition était dérisoire, que du reste, les ambassadeurs n'étaient pas au camp, et que l'on ne pouvait leur remettre cette dépêche. « La seule proposition acceptable, ajoutèrent-ils, était la reddition pure et simple des forts, et nous venons par ordre des commandants en chef, vous faire sommation de les livrer.

« Ils sont bien armés, répondirent les mandarins, et seront défendus avec la même ténacité que l'a été le premier. »

Les parlementaires alliés retournèrent alors auprès de leurs chefs respectifs, et leur firent part de l'entretien qu'ils venaient d'avoir.

Le général de Montauban voulait se mettre immédiatement en marche, et attaquer le second fort, mais le général Grant lui fit observer qu'il lui fallait deux heures pour faire manger ses hommes, et il fut décidé que les officiers parlementaires retourneraient auprès des mandarins, et leur diraient que si dans deux heures, pour tout délai, les forts n'étaient pas rendus sans condition, le feu recommencerait.

Les officiers parlementaires alliés, durent pour accomplir leur nouvelle mission passer sur la rive droite du fleuve, où cette fois ils furent reçus par un chef tartare d'un grade élevé. Ce chef proposa une suspension d'armes pour faire parvenir la dépêche de leur gouvernement aux ambassadeurs des deux nations, et en recevoir la réponse. Mais à ces nouveaux atermoiements qui n'avaient aucun caractère sérieux, il fut répondu : « Dans deux heures les forts rendus ou pris.

— Soit donc, dit avec hauteur le chef tartare, nous avons des canons et de la poudre, nous vous attendons. »

CIV. — Le combat menaçait d'être sérieux, car les colonnes d'attaque devaient marcher sous le feu des forts de la rive droite. Aussi le général de Montauban, profitant des deux heures qui lui restaient avant l'attaque, fit venir toute son artillerie pour tenir en respect ces forts qui pouvaient à un moment donné gêner sérieusement les mouvements de ses troupes.

Par son ordre, le colonel de Bentzmann amène sur le terrain deux batteries de 4, la seconde batterie de 12, et la section de fuséens. — Les pièces de 4 canonneront le second fort de la rive gauche ; — celles de 12 prennent position avec les fuséens sur les rives du Peï ho, pour contre-battre le grand fort de la rive droite.

A deux heures les ouvrages ennemis ne s'étant point rendus, les alliés se remirent en marche, — les Français, tenant toujours la droite, se développaient dans les terrains entre la chaussée et le Peï ho.

Le commandant en chef est en tête de la colonne avec son état-major et le général Collineau, qui a eu dans le précédent combat son épaulette traversée par une balle. Les troupes qui ont combattu le matin forment la réserve.

CV. — Pendant que l'infanterie de marine, déployée en tirailleurs, cherche un passage le long du fleuve, nos troupes s'avancent directement sur le fort ; — l'artillerie est prête à ouvrir son feu, aussitôt que l'ennemi aura commencé le sien. — Mais les forts restent silencieux, pas un coup de canon n'est tiré des embrasures, pas une balle ne part du sommet des remparts ; ce silence a quelque chose d'étrange. — Quel peut être le projet des Chinois ? Veulent-ils nous laisser approcher jusqu'au pied des murailles pour nous accabler tout à coup d'une nuée de projectiles, et nous envelopper de mitraille? Le général de Montauban redoute quelque embûche, et envoie en avant une compagnie de génie qui doit s'assurer que le fort et ses approches ne sont pas minées.

Les troupes avancent toujours en bon ordre. — Déjà elles ont atteint le premier fossé, — la section du génie place les échelles; le général Collineau s'y hasarde le premier avec ce courage intrépide, dont il avait déjà donné tant de preuves sur les champs de bataille de Crimée. — Derrière lui toutes les troupes ont franchi rapidement ce premier obstacle. — Les abatis sont renversés, le passage est libre jusqu'au second fossé, et le fort reste toujours silencieux, comme s'il eût été subitement abandonné par tous ses défenseurs. — Ainsi que le premier, le second fossé est bientôt franchi; ce second ouvrage est armé d'une artillerie formidable et a sur ses cavaliers des pièces du plus gros calibre. Au moment où chefs et soldats ont atteint le pied des remparts et rivalisent d'ardeur pour monter à l'escalade, ils aperçoivent les compagnies d'infanterie de marine et du génie, qui déjà ont pénétré dans le fort par les issues qui donnent sur le fleuve et qu'elles ont trouvées ouvertes.

CVI. — Un spectacle étrange s'offrit alors; sur le revêtement intérieur des faces opposées sont groupés immobiles près de 3000 Tartares. — Devant eux leurs armes sont jetées à terre ou réunies en faisceaux.

La physionomie de ces malheureux exprime la terreur.

Le général de Montauban demande leur chef. « Ils n'en ont pas, » répondent-ils.

Le général Grant qui a pénétré dans le fort par la gauche a bientôt rejoint son collègue français. — Dans le même moment, trois Chinois ne portant aucun insigne d'un rang élevé se présentent; ils viennent dire que le général en chef ayant été tué dans l'attaque du premier fort, les troupes ne peuvent plus combattre; car nul, sans un ordre spécial de l'Empereur, ne doit et n'ose s'emparer du commandement et en assumer la lourde responsabilité. « Du reste, ajoutent-ils, le premier fort n'ayant pu résister à l'assaut qui lui avait été livré, celui-là aurait en vain essayé de se défendre. — Les troupes se rendent donc à discrétion, et demandent à être envoyées saines et sauves sur la rive droite. »

Les généraux alliés répondent qu'elles seront toutes rendues à la liberté; mais que d'abord deux officiers anglais et deux officiers français iront demander au Viceroi, qui est de l'autre côté du fleuve, la remise des défenses du sud.

Le chef d'escadron Campenon, et le capitaine de Cools furent chargés de cette mission. M. Parkes, que sa connaissance approfondie de la langue chinoise rendait très-utile dans toutes ces négociations, accompagnait les officiers anglais désignés.

La reddition si inattendue de ce fort, que les ouvrages de la rive droite auraient pu si efficacement protéger et soutenir, montrait à quel point la démoralisation s'était emparée de l'armée ennemie, et faisait supposer que le vice-roi du Pe-tchi-li, comprenant l'inutilité d'une résistance stérile, ne tenterait pas plus longtemps de nous barrer le passage.

CVII. — Une jonque transporta rapidement les officiers parlementaires sur la rive droite.

« Arrivés sur l'autre rive (écrit le général de Montauban au ministre de la guerre, dans sa correspondance du 23 août), les officiers tentèrent de pénétrer dans le premier fort, mais ils en furent écartés par un mandarin militaire, qui fit lever devant eux les ponts-levis.

« En ce moment, un autre mandarin porteur de dépêches pour les généraux alliés se présentait à eux. Ces dépêches ouvertes, sur-le-champ, et traduites par M. Parkes, de l'armée anglaise, offrait l'abandon aux alliés des forts conquis le matin, et l'ouverture du Peï ho aux escadres, mais réservait aux Chinois les forts et les ouvrages de la rive droite. »

On le voit, à chaque pas en avant de nos troupes victorieuses le cercle des concessions s'agrandissait, mais c'était par lambeaux que les Chinois semblaient se les arracher à eux-mêmes, voulant sans doute conserver ainsi les allures d'une transaction, pour cacher leur rapide défaite aux yeux du souverain, bercé depuis si longtemps par les illusions d'un facile triomphe.

Mais ces nouvelles propositions furent repoussées comme l'avaient été celles faites quelques heures auparavant. Le mandarin qui portait cette dépêche n'avait aucune mission pour en discuter ou en modifier le contenu, aussi les officiers parlementaires résolurent d'aller trouver le Vice-roi lui-même, dans son yamoun de Ta-kou.

Selon l'habitude du gouvernement chinois, le Vice-roi, gouverneur général du Pe-tchi-li, tenta de mettre les envoyés alliés en présence de mandarins insignifiants, mais ils déclarèrent que c'était au Vice-roi lui-même qu'ils voulaient parler, et que s'ils n'étaient point admis devant lui sans retard, ils retourneraient à leur camp, où l'ordre de continuer l'attaque des forts serait immédiatement donné.

CVIII. — Le Vice-roi ne put se dérober plus longtemps à une insistance si nettement accentuée, et les parlementaires furent enfin introduits. Ce haut dignitaire, vieillard très-âgé, avait une cinquantaine de mandarins de différents grades, rangés autour de lui. Il accueillit très-affablement les envoyés, se servant vis-à-vis d'eux des expressions les plus courtoises; mais il se montra, tout d'abord, inébranlable dans sa résolution.

« Il pouvait bien, disait-il, rendre libre l'entrée du Peï ho, mais il ne consentirait jamais à la reddition des forts de la rive droite. »

Une discussion très-longue s'engagea à ce sujet, et plusieurs fois, devant cette persistance opiniâtre contre laquelle venaient se briser tous leurs arguments, les officiers parlementaires remontèrent à cheval, rendant le Vice-roi responsable des malheurs qu'entraîneraient de nouveaux combats pour les populations nombreuses de la rive droite.—Mais au moment où ils s'éloignaient, le Vice-roi les faisait rappeler, et essayait par de nouveaux raisonnements à tourner la question, pour diminuer le poids des cruels sacrifices auxquels il sentait bien qu'il ne pouvait plus échapper. Son visage, profondément attristé, exprimait plus peut-être que ses paroles la douleur qu'il ressentait d'en être réduit à une aussi fatale extrémité.

Enfin il céda, demandant l'autorisation de faire rechercher le corps du général en chef tué dans le combat du matin ; cette autorisation lui fut aussitôt accordée.

CIX. — Il était neuf heures du soir, et les officiers, partirent emportant avec eux les conditions de la reddition des forts, signées de la main même du Vice-roi.

Ces conditions étaient :

« Que tous les forts de la rive sud (droite), avec les canons et munitions de guerre, ainsi que tous les camps retranchés, seraient remis entre les mains des commandants en chef.

« Que des officiers tartares seraient délégués pour indiquer l'emplacement de toutes les mines qui existaient dans les forts et de toutes les défenses cachées placées dans la rivière du Peï ho. »

Les parlementaires atteignirent leur camp respectif assez avant dans la nuit, et le général Grant envoya le lendemain, de très-grand matin, au général de Montauban une traduction exacte de la convention (1); il annonçait en même temps au commandant en chef français, que le vice-roi Hang-Fuh devait se rendre dans la matinée au fort extérieur du sud, pour mettre à exécution la reddition qu'il avait consentie.— Le général Napier fut désigné par le général Grant pour se rencontrer avec le gouverneur général du Pe-tchi-li. Le général de Montauban délégua pour la même mission un officier supérieur.

CX. — Ainsi, après quelques heures de combat,

---

(1) Le soussigné, Hang-Fuh, vice-roi de la province de Pe-tchi-li, adresse la communication suivante aux commandants en chef français et anglais (anglais et français) des forces militaires et navales (navales et militaires).

Le cinquième jour du présent mois (21 août), les honorables commandants en chef ont attaqué les forts par terre et par mer, et ont pris les forts situés sur la rive nord. Ce succès prouve la puissance des troupes des honorables commandants en chef, et l'armée chinoise étant vaincue, fait sa soumission. Cette armée s'étant, en conséquence, retirée de tous les forts de la rive sud, consent maintenant à remettre entre les mains des honorables commandants en chef tous ces forts avec leurs engins de guerre de toute nature, ainsi que tous les camps fortifiés ou retranchements.

Le soussigné s'engage de plus à déléguer des officiers qui indiqueront aux envoyés des commandants en chef la position de toutes les mines qui existent dans les forts, et de toutes les défenses secrètes placées dans la rivière, afin qu'il ne puisse arriver aucun malheur aux honorables alliés. Il est entendu que la reddition des forts, aussitôt qu'elle sera effectuée, sera suivie de la cessation des hostilités dans cette localité, et aussi que les habitants ne souffriront aucun dommage et seront protégés efficacement, tant dans leurs biens que dans leurs personnes.

Une communication nécessaire, datée du cinquième jour du septième mois de la dixième année du règne de Heen-Fung.

(*Traduit du chinois en anglais*, par M. Parkes.)

nous étions restés maîtres de ces défenses formidables accumulées pendant toute une année par les Chinois pour nous intercepter le passage du Peï ho. Les barrages et les estacades élevés à l'entrée du fleuve tombaient d'eux-mêmes devant nos bâtiments; — la route de Tien-tsin était libre de nouveau.

Enveloppées de tous côtés par l'armée de terre et par l'armée de mer, les troupes chinoises, privées de leur général en chef, furent saisies d'un complet découragement. Elles comprirent que ce cercle de fer et de feu qui les enserrait, allait se refermer derrière elles et leur intercepter la retraite. En effet, la brigade Jamin, formée en bataille sur la rive droite, attendait le moment opportun d'entrer en action. La marine, de son côté, n'était pas restée inactive.

CXI. — Disons le rôle qu'elle avait joué.

La veille, l'amiral Charner avait donné ordre au contre-amiral Page de prendre un groupe de quatre petites canonnières en fer, les seules qu'il eût à sa disposition, et d'aller mouiller sur la rive gauche du Peï ho, sur les bancs de vase molle balisés les jours précédents. L'amiral, commandant en chef, emmenait avec lui à l'embouchure du fleuve les grandes canonnières, qui jetèrent l'ancre à six heures du soir, en dedans de la barre, à un mille environ des forts du sud. — Les batteries chinoises n'avaient pas inquiété les mouvements de nos bâtiments, mais, vers le soir, l'ennemi lança des machines incendiaires, qui firent explosion à une petite distance des navires, sans toutefois leur causer aucun dommage.

Le 21, aussitôt que les armées alliées se furent mises en marche, les petites canonnières, sous les ordres de l'amiral Page, ouvrirent leur feu contre le fort du littoral conjointement avec quatre canonnières anglaises.

La marine par sa présence et par son action, avait complété un ensemble d'attaque et, ainsi que nous l'avons dit plus haut, montré aux défenseurs des forts qu'ils étaient enveloppés de toutes parts.

CXII. — La journée du 21 août mettait en notre possession un matériel formidable d'artillerie.

« Nous avons trouvé (écrivait au ministre de la guerre le général de Montauban) 518 pièces de canon, savoir : gros calibre en bronze, 65 pièces, — ancien petit calibre, 53 ; — en fonte, gros calibre, 133 pièces ; — petit calibre, 277 ; — plus, une bombe à feu de 1 mètre de diamètre à la culasse et de 6,27 d'âme. Nous avions établi la convention, le général en chef anglais et moi, que les pièces seraient partagées, mais j'ai cru entrer dans les vues du gouvernement de l'Empereur en exceptant de ce partage les pièces, en petit nombre du reste, perdues par l'armée anglaise à la première attaque des forts, en juin 1859.

« C'est, ajoutait le général en chef, au général Collineau, soldat intrépide, qu'est due une grande partie des derniers succès obtenus. Je n'ai pas besoin de faire ressortir les brillantes qualités militaires de cet officier général. Le colonel de Bentzmann a été en quelque sorte la cheville ouvrière de l'expédition; rien n'a coûté à ce brave et intelligent officier pour me seconder en toute circonstance. »

En raison du petit nombre de troupes engagées, nos pertes étaient sérieuses : sur 400 hommes environ qui avaient pris part à l'action, 140 avaient été mis hors de combat. — Les Anglais avaient eu 17 officiers tués ou blessés.

CXIII. — La reddition des défenses du Peï ho devait, selon toute probabilité, surtout d'après les assurances du gouverneur du Pe-tchi-li, terminer les opérations militaires et amener la signature du traité de paix conclu l'année précédente à Tien-tsin; aussi, le général de Montauban fit-il immédiatement partir pour la France le commandant Deschiens, son premier aide de camp; le commandant était chargé de porter à l'Empereur le traité de reddition des forts de Ta-kou.

Mais les événements devaient se compliquer encore et nécessiter de nouveaux combats, aussi glorieux pour nos armes que désastreux pour le Céleste-Empire.

L'embouchure du Peï ho, débarrassée des obstacles que les Chinois y avaient accumulés, livrait, le lendemain 22 août, un libre passage aux flottes alliées.

« Les estacades (écrit l'amiral Charner) méritent d'être décrites. — On en comptait six. — C'était d'abord une rangée de forts pieux en bois alignés à l'intérieur des forts; puis un double barrage de piquets en fer, dont chaque pièce, d'un poids énorme, profondément enfoncée dans le sol, ne laissait paraître que sa pointe aigue au moment de la basse mer. Quelques-unes de ces pièces, de la grosseur d'une forte tige d'ancre, sont estimées d'un poids de quinze à vingt tonneaux. — Une troisième estacade était formée de cylindres flottants reliés entre eux et fixés aux rives par de fortes chaînes ; — la quatrième était en tous points semblable, pour la forme, à la seconde, mais composée de pièces moins fortes ; enfin les deux dernières étaient composées d'un assemblage de bateaux ou de madriers rattachés par des chaînes et des câbles aboutissant aux deux bords du fleuve, où les extrémités étaient solidement établies (1). »

CXIV. — L'amiral Hope, mécontent sans doute du rôle secondaire qu'avait joué la marine dans les opérations du 21 août, et dans la reddition des forts, profita de l'ouverture du Péï ho pour remonter cette rivière avec trois canonnières, sans s'être entendu préalablement avec aucun des commandants en chef alliés, ni même avec son collègue de la marine, sur l'entreprise qu'il voulait tenter. — Cette détermination, entièrement contraire aux instructions données à l'amiral anglais par son gouvernement, pouvait, en outre, en engageant ainsi le pavillon allié sans forces suffisantes, avoir un ré-

---

(1) Dépêche au ministre de la marine, le 23 août 1860.

sultat fatal et amener un événement désastreux, comme celui du Peï-ho, l'année précédente. Si les Chinois eussent projeté de défendre l'entrée de Tien-tsin, l'amiral Hope eût trouvé devant cette ville deux forts considérables armés de canons de gros calibre, et croisant leurs feux sur le fleuve. Fort heureusement, l'armée tartare, frappée de terreur, s'était retirée entre Tien-tsin et Pé-king. La ville était ouverte et n'était nullement préparée à une action de guerre. Le général Grant et lord Elgin, en apprenant le départ subit de l'amiral, parurent fort surpris. — Sans nul doute, cet étonnement était sincère.

L'amiral Charner, aussitôt qu'il eut connaissance du départ de son collègue, remonta rapidement le Peï ho pour montrer à Tien-tsin le pavillon français en même temps que le pavillon de l'Angleterre.

Ce petit incident n'eut heureusement pas d'autre suite ; il était insignifiant par ses résultats, mais il aurait pu compromettre une position excellente et nous enlever subitement tous les avantages des faits si heureusement accomplis.

CXV. — Le 25 août, deux mille hommes, dont mille de chacune des armées alliées, s'embarqua sur le Peï ho pour gagner la ville de Tien-tsin ; les deux généraux en chef les accompagnaient. — Ils arrivèrent à Tien-tsin le 26.

En apprenant que cette ville n'avait opposé aucune résistance, ils décidèrent d'un commun accord que, pour donner entière sécurité aux habitants inoffensifs, et éviter les désordres toujours inévitables d'une occupation intérieure, ils feraient camper leurs troupes extérieurement.

« Nous avons choisi chacun (écrit le général de Montauban) l'un des grands forts de la rive droite et de la rive gauche, et nous y avons installé nos troupes; les miennes sont dans une excellente position sur la rive gauche du fleuve, et elles sont abondamment pourvues de tout ce qui leur est nécessaire (1). »

Ici se termine, pour quelques jours du moins, la première période des opérations militaires des armées alliées en Chine.

Les ambassadeurs de France et d'Angleterre avaient déclaré qu'ils ne consentiraient à entamer de négociations pacifiques que dans la ville de Tien-tsin même où, l'année précédente, avaient été arrêtées et consenties les conditions du traité. — Nous avons franchi le Peï ho, nous occupons Tien-tsin, la diplomatie va donc reprendre son rôle, et tout doit faire présager que les Chinois, instruits enfin de leur impuissance par leur rapide défaite, se décideront à sortir des dédales astucieux de leur politique habituelle. Nos bâtiments et nos armées sont au cœur du Céleste-Empire, et nos troupes déjà victorieuses peuvent se porter rapidement sur la capitale même, si la cour de Pékin persistait dans ses atermoiements interminables.

---

(1) Correspondance du 2 septembre. Quartier général de Tien tsin.

L'avenir devait malheureusement prouver que la trahison et la mauvaise foi n'avaient pas encore dit leur dernier mot, armes tout aussi stériles dans les mains du gouvernement chinois que l'avaient été les tentatives de résistance de ses troupes impuissantes.

LIVRE II

LIVRE II.

CHAPITRE PREMIER.

I. — Les alliés sont installés à Tien-tsin. Le général de Montauban, après s'être entendu sur toutes les mesures d'installation et d'approvisionnement, est retourné au camp de Sin-ko pour surveiller et organiser lui-même le départ du restant de son petit corps d'armée. Les bâtiments légers de la division navale étaient en trop petit nombre pour que le général pût songer à utiliser la voie maritime; aussi, se décida-t-il à se rendre à Tien-tsin par terre, en suivant la route le long du fleuve, malgré une chaleur accablante.

Afin d'éviter des encombrements qui eussent retardé la marche des troupes dans ce pays à tout instant coupé par des canaux, l'artillerie, conduite par le colonel de Bentzmann, ne se mit en route que vingt-quatre heures après l'infanterie.

Il avait été ordonné aux officiers de maintenir la discipline la plus sévère parmi leurs hommes, en traversant les terrains cultivés et les jardins remplis de fruits et de légumes. — Grâce à la surveillance extrême des chefs, l'ordre ne cessa pas de régner, et partout le camp fut approvisionné contre remboursement.

Parfois la route que suivait la colonne traversait des terrains couverts de la plus riche culture ; puis, à cette fertilité abondante succédaient des plaines sablonneuses et d'une désolante aridité. — Aux abords des villages souvent très-rapprochés les uns des autres, le pays reprenait tout à coup son aspect de fécondité : c'étaient des champs de maïs et de millet, et des plantations de sorghos, dont les tiges élevées atteignent souvent une hauteur de six à huit pieds ; de temps à autre quelques groupes d'arbres étendaient leur ombre bienfaisante sur les troupes épuisées par la chaleur et brûlées par les rayons ardents d'un soleil de feu.

II. — Le corps expéditionnaire au grand complet a pris ses campements en dehors de Tien-tsin. — Les Anglais occupent le fort de la rive droite, les Français celui de la rive gauche.

Les deux généraux en chef ont établi leur quartier général dans la ville même. Le général Montauban a pour résidence le yamoun occupé l'année précédente par les deux ambassadeurs.

Le général Grant et lord Elgin ont choisi une magnifique habitation sur la rive droite du fleuve.

Les nouvelles arrivées de Shang-haï engagèrent le général de Montauban, malgré le petit nombre de troupes qu'il avait à sa disposition, à envoyer immédiatement sur ce point 200 hommes d'infanterie de marine et une demi-batterie de montagne, pour renforcer les troupes laissées dans cette ville, sous les ordres du colonel Favre, pour protéger, contre les entreprises des rebelles, les possessions françaises. — Les rebelles, en effet, devenus plus menaçants depuis notre départ, avaient attaqué Shang-haï; bien qu'ils aient été repoussés avec des pertes sérieuses, il était cependant important, dans la prévision de tentatives nouvelles, d'augmenter le nombre des troupes laissées à la garde de cette ville. — Le général Grant envoya aussi, de son côté, un régiment pour renforcer la garnison.

Ces faits partiels, résultat inévitable et logique du triste état de décomposition et de démembrement dans lequel se trouvait l'Empire chinois divisé en deux partis redoutables, n'ont qu'un intérêt secondaire en face des grands événements qui vont se passer au cœur même du Céleste-Empire; il suffit donc de les indiquer en passant.

III. — Nous n'entrerons pas dans de grands détails sur Tien-tsin, dont nous avons longuement parlé dans la première partie de ce travail (1), lors de la première apparition, en 1858, des troupes alliées dans cette ville importante.

Tien-tsin, nous l'avons dit, est le centre d'un com-

---

(1) Les expéditions de Chine et de Cochinchine; Ire partie, 1858.

merce immense. — C'est vers ce grand centre qu'affluent, de toutes les parties de l'Empire, les approvisonnements destinés à la capitale ; c'est là que le grand canal impérial conduisant à Pé-king vient se réunir au Peï ho. En occupant Tien-tsin les forces alliées menaçaient donc le cœur de l'Empire ; aussi, c'était pour ce peuple dédaigneux un étrange spectacle de voir des nations européennes se frayer un passage avec leurs flottes et leurs armées dans les eaux de ce fleuve dont la navigation avait été jusqu'à ce jour réputée impossible pour des bâtiments de guerre. — Une partie des habitants de Tien-tsin avait abandonné ses maisons craignant que la ville ne fût livrée au pillage. Les proclamations du gouverneur de la province nous avaient représentés comme des barbares avides de sang qui portaient partout la ruine et la dévastation. — Aussi les ordres les plus sévères furent donnés pour que les troupes, toutes, on le sait, campées à l'extérieur, ne pénétrassent pas dans l'intérieur de la ville, afin de rendre la confiance à cette population si injustement épouvantée.

Du reste, les hostilités paraissaient toucher à leur fin. Les nations loyales ne peuvent pas toujours soupçonner la déloyauté et la perfidie, et les faits qui se produisirent durent faire croire que le traité de Tien-tsin recevrait enfin son accomplissement et sa ratification à Pé-king, ainsi que les nouvelles clauses nécessitées par les frais de guerre qu'avaient eu à supporter de nouveau les puissances alliées.

IV. — En effet, deux hauts commissaires impériaux, Kwei-liang et Hang-fou, firent savoir aux ambassadeurs qu'ils étaient prêts à arrêter les conventions définitives du traité de paix et à terminer enfin les différends regrettables qui maintenaient en état de guerre contre le Céleste-Empire la France et l'Angleterre.

Cette communication était en tous points d'accord, dans la forme et dans le fond, avec la lettre adressée par le gouverneur de la province aux ambassadeurs alliés, aussitôt après la prise des forts de Ta-kou.

Ceux-ci agirent donc sans défiance et crurent, cette fois encore, à la bonne foi des hauts mandataires du gouvernement chinois. — Cette lettre, en effet, point de départ important des négociations qui devaient de nouveau s'entamer, était très-précise et ne donnait aucune place à l'équivoque ; elle disait :

« Comme, le 4 de ce mois, les forces de terre et de mer de votre noble Empire se sont emparées de nos ports de défense intérieure ; vous avez prouvé par là votre grande habileté dans l'art de la guerre, et nos troupes ont dû s'avouer vaincues. Aussi cette dépêche est-elle écrite pour faire savoir à Votre Excellence qu'il est inutile de continuer la guerre, et que, relativement au traité conclu il y a deux ans et aux clauses de l'ultimatum de cette année, *de hauts commissaires munis de pleins pouvoirs pour résoudre les questions, sont déjà partis et arriveront certainement aujourd'hui* (1). »

(1) Le gouverneur général du Pe-tchi-li au baron Gros.

V. — Kwei-liang et son collègue s'annoncèrent comme étant ces hauts commissaires. Mais cette démarche n'était qu'un stratagème, pour arrêter pendant quelques jours la marche des alliés et permettre à l'armée tartare de se réunir sous le commandement du fameux chef mogol Sang-ko-lin-sin, afin de couvrir puissamment les approches de la capitale. — Sang-ko-lin-sin voulait établir devant Pé-king deux grandes étapes militaires, et l'une ou l'autre devait nous servir de tombeau. Ce chef, très-renommé parmi les Chinois, est revêtu, comme les chefs circassiens, d'un caractère moitié guerrier, moitié religieux. C'est le même qui, l'année précédente, pendant les conférences de Tien-tsin, gardait la capitale avec un corps considérable de troupes choisies. — Oncle de l'Empereur régnant, il est le seul général qui ait réellement battu les rebelles, lorsque, maîtres de Nan-king, ceux-ci tentèrent d'envahir les provinces du Nord.

La nouvelle convention fut donc (comme l'écrit le baron Gros) négociée à l'amiable et confidentiellement, afin de tout fixer rapidement. — Les pourparlers préalables eurent lieu selon l'usage entre les secrétaires, les hauts commissaires chinois ayant l'habitude de n'intervenir personnellement qu'après tous les débats terminés, et lorsque la rédaction des différentes clauses est arrêtée et consentie de part et d'autre (1).

Tout fut donc discuté et convenu, ainsi que le nombre

---

(1) Voy. la première partie.

d'hommes qui devaient former une escorte d'honneur et accompagner les ambassadeurs à Pé-king.

VI. — *Les Anglais, pour éblouir les Chinois, voulaient que cette escorte fût considérable.* — Cette exigence, si elle créait certains embarras, avait sa valeur dans un pays où le prestige de la force peut seul conserver quelque empire sur l'esprit d'un peuple et d'un gouvernement orgueilleux.

Les généraux en chef étaient déjà prévenus de l'heureuse issue des négociations, lorsque l'on découvrit que les commissaires chinois n'avaient aucun droit pour traiter, et qu'il leur fallait en référer à la cour de Pé-king, avant de rien conclure définitivement. Cette nouvelle preuve de fourberie était trop patente, pour qu'on ne devinât pas le but caché d'un semblable stratagème.

« Lorsque nous avons demandé aux secrétaires chinois (écrit le baron Gros au ministre des affaires étrangères) que la veille, et pendant les visites d'étiquette, les plénipotentiaires se communiquassent respectivement leurs pleins pouvoirs, un embarras visible s'est manifesté parmi eux, et, pressés de questions, ils ont déclaré que Kwei-liang, le premier dignitaire de l'Empire, nous avait trompés lorsqu'il nous avait dit qu'il avait des pleins pouvoirs, qu'il allait faire parvenir notre convention à Pé-king, et demander que les pouvoirs nécessaires lui fussent envoyés (1).

---

(1) Dépêche du 8 septembre 1860.

Le baron Gros voulut constater ce fait en présence de Kwei-liang lui-même, et, par son ordre, le lendemain 7 septembre, à huit heures du matin, le comte de Bastard, premier secrétaire d'ambassade, se rendait auprès du vice-commissaire impérial Heng-ki, qui avait accompagné à Tien-tsin les deux hauts commissaires Kwei-liang et Hang-fou; il lui demanda nettement s'il était vrai, ainsi que les secrétaires chinois l'avaient dit la veille, que Kwei-liang ne fût pas muni de pleins pouvoirs. Car après les assurances données par Kwei-liang lui-même, dans sa dépêche du 3 septembre, un semblable fait devenait inqualifiable. — Poussé dans ses derniers retranchements, Heng-ki avoua que c'était la vérité, enveloppant toujours de phrases mielleuses et de protestations sans nombre cet aveu tardif.

VII. — Le comte de Bastard ne voulut pas que la position pût donner lieu plus tard à la moindre équivoque, et se rendit avec Heng-ki au yamoun habité par Kwei-liang; il eut de grandes difficultés à parvenir jusqu'à ce personnage, qui cherchait évidemment à se dérober à cette entrevue : c'est un vieillard dont les forces semblent brisées. L'excessif abattement qu'il montra devant l'envoyé français était peut-être encore une comédie jouée en cette circonstance, pour empêcher de vives et sévères explications. « Le mot de mise en scène est le seul que je sache (écrit M. de Bastard) pour rendre la manière dont il s'est présenté à moi. »

Kwei-liang, pressé aussi par les interpellations trèsnettes qui lui étaient adressées, fut contraint d'avouer qu'il n'avait pas de pleins pouvoirs, ajoutant qu'il allait en demander immédiatement à Pé-king. — Dès lors, la mission de M. de Bastard était terminée, il se retira, en déclarant, au nom de l'ambassadeur, que les chefs de l'armée avaient reçu l'ordre de reprendre leurs opérations militaires sans le moindre délai, et de les mener avec la plus grande vigueur.

Aussitôt que M. de Bastard eut rendu compte au baron Gros du résultat des démarches qu'il venait de faire, l'ambassadeur de France écrivit officiellement aux commissaires impériaux : « que ceux-ci ayant avancé un fait entièrement contraire à la vérité, les négociations qu'ils avaient entamées ne pouvaient conserver aucun caractère sérieux.

« Je retire dès à présent (ajoutait-il), les propositions qui avaient été acceptées, me réservant le droit de les rendre plus sévères pour le gouvernement chinois, si à Tung-chao, où je vais me rendre avec l'armée, les négociations peuvent être reprises avec des commissaires impériaux, munis des pleins pouvoirs nécessaires. »

Aucune communication des autorités chinoises ne devait être acceptée avant l'arrivée des ambassadeurs à Tung-chao.

Lord Elgin, parfaitement d'accord avec le baron Gros, avait fait de son côté les mêmes communications.

Les commissaires répondirent pour demander que l'on attendît encore trois jours à Tien-tsin ; « la réponse de l'Empereur devant arriver dans ce délai, » disaient-ils.

VIII. — Il était évident, en réfléchissant aux faits qui venaient de se passer, et à ce nouvel acte de duplicité et de mauvaise foi si flagrant, que le but des Chinois était de laisser à leur armée, frappée de terreur par la prise si rapide des forts de Ta-kou, le temps de reprendre haleine, en même temps qu'ils constitueraient une défense solide devant Pé-king. En outre, par ces atermoiements nouveaux et ces promesses illusoires, ils nous faisaient perdre le temps favorable à une expédition, et nous exposaient aux calamités de l'hiver très-rigoureux dans ces climats. — Les ambassadeurs répondirent qu'ils ne modifieraient en rien le plan de conduite qu'ils avaient arrêté.

De leur côté, les généraux commandants en chef, instruits officiellement que l'action militaire devait reprendre son cours, se préparèrent à quitter le camp de Tien-tsin, et à se porter en avant.

Le général de Montauban écrivait le 7 septembre au baron Gros :

« Selon le désir que vous exprimez, je me suis entendu avec mon collègue, le général en chef des forces britanniques, sur la reprise des opérations militaires, et voici ce que nous avons arrêté :

« La partie de l'armée anglaise qui doit marcher sur Tung-chao, sera forte de 1000 hommes et d'une batterie d'artillerie, elle quittera Tien-tsin demain soir pour aller camper à une lieue en avant. — Dimanche, elle se mettra en marche.

« J'ai trouvé convenable d'amener 3,000 hommes et

deux batteries d'artillerie, qui partiront avec moi lundi matin, de manière que les forces anglaises marchent à une journée en avant de nous, pour ne pas nous gêner réciproquement jusqu'à Tung-chao, où nous aurons à nous réunir. — Si l'arrivée des forces alliées à Tung-chao ne détermine pas la demande des plénipotentiaires Chinois pour traiter de la paix, il sera nécessaire d'appeler dans cette ville le restant de nos forces, moins 500 hommes que je laisserai à Tien-tsin, notre nouvelle base d'opérations. »

IX. — Là, commençait la véritable campagne; là, devaient commencer pour les commandants en chef chargés de la responsabilité de cette petite armée, les inquiétudes sérieuses et réelles ; car il fallait résolûment se lancer dans l'inconnu. — Quel pays allait-on parcourir ? La marche des troupes, celle des bagages et de l'artillerie ne seraient-elles pas entravées par des obstacles et des difficultés imprévus ? Quelles ressources rencontrerait-on pour l'installation et le ravitaillement du corps expéditionnaire, la marine ne pouvant, à cause de l'abaissement des eaux, remonter le canal impérial. — Ces éventualités matérielles pouvaient offrir des dangers bien plus redoutables que les combats — qu'il faudrait livrer.

Toutes ces considérations diverses se présentèrent à la pensée des généraux, sur lesquels retombait le poids des opérations militaires et de leurs conséquences; mais l'hésitation pouvait tout compromettre, et même nous enlever les avantages des succès déjà obtenus.

Aussi la résolution prise de ne plus écouter les promesses mensongères des Chinois, et de se porter en avant, reçut-elle immédiatement son exécution.

X. — Les dernières correspondances, dont nous avons parlé, entre les ambassadeurs et les commissaires impériaux s'échangeaient le 7 ; — le 9, la première colonne se mettait en marche.

Les généraux avaient décidé que l'armée alliée s'avancerait sur trois colonnes, partant chacune à un jour de distance. — C'était aux Anglais à marcher les premiers.

Le général Grant partit donc avec 1000 hommes environ ; lord Elgin l'accompagnait à cheval.

La 2ᵉ colonne, avec laquelle était le général de Montauban, était ainsi composée : la brigade Jamin (3000 hommes), deux batteries d'artillerie, une de 4, une de 12; 50 artilleurs à cheval, 30 chasseurs à cheval et 20 spahis. — Elle partit le lendemain.

Le baron Gros accompagnait cette colonne en palanquin ; il emmenait avec lui deux membres de son ambassade, à cheval.

La 3ᵉ colonne, commandée par sir John Michel, comptait environ 2000 hommes.

XI. — La première étape est le gros village de Pou-kao, à 17 kilomètres environ de Tien-tsin: il faut traverser des plaines sablonneuses sur lesquelles le soleil darde ses rayons brûlants. — L'air est embrasé, la chaleur accablante. — De temps à autre des groupes de maisons que leurs habitants effrayés ont abandonnées, avoisinent la route que suit la colonne. — Tantôt cette route longe le Peï-ho, dont le cours sinueux se dérobe tout à-coup, tantôt elle est tracée au milieu des sorghos aux tiges élevées. — Pas un souffle d'air ne pénètre dans ces taillis épais.

Pou-kao, où doivent s'établir les premiers bivacs, compte de 12 à 15,000 habitants environ. — Prise sans doute à l'improviste, la population n'a pu déserter entièrement le village. — Les troupes sont campées au delà; l'état-major du général en chef et l'ambassade française sont seuls logés dans l'intérieur.

A la tombée du jour, un violent orage s'abattit tout à coup sur le camp; au milieu du désordre qu'il occasionna, les conducteurs des chariots chargés des vivres de l'administration et des munitions de guerre purent, à la faveur de la nuit, s'échapper avec leurs attelages, nous laissant ainsi dans le plus grand embarras. Les vastes champs de sorghos qui entouraient les campements protégèrent la désertion de ces hommes et empêchèrent de découvrir leurs traces. L'état des routes devenues impraticables, joint à cet événement inattendu, empêchèrent de songer à continuer la route le lendemain.

XII. — Dès que le général de Montauban fut instruit de la fuite des conducteurs chinois, il donna ordre de chercher à se procurer, par tous les moyens possibles, de nouveaux mulets d'attelage, et très-inquiet de la position dans laquelle il se trouvait par suite de cette désertion, il parcourait lui-même à cheval les environs du camp avec le colonel d'artillerie de Bentzmann.

Tous deux se trouvèrent bientôt devant un large cours d'eau. — Des jonques de grande dimension étaient amarrées au rivage. Ce devait être évidemment le Peï-ho ou un de ses affluents. — Le général interroge les patrons de ces jonques.

« — Nous arrivons de Tung-chao, disent-ils, grande ville à 4 lieues de Pé-king, où nous sommes allés porter les approvisionnements de riz destinés à la capitale. 200 jonques environ de la plus grande dimension ont fait le même trajet et vont descendre successivement le Peï-ho jusqu'à Tien-tsin. »

Le général passe aussitôt un marché pour le compte de l'administration, à raison de 2 piastres par jour, et fait charger sur ces barques les approvisionnements que contenaient les chariots abandonnés. Dans la même journée, un convoi de cent jonques environ fut organisé, nombre suffisant pour nos munitions et nos vivres, qui allaient ainsi arriver à destination dans les conditions les plus favorables. — Ce convoi fut placé sous le commandement du capitaine Gaillart de Blairville, des pontonniers, qui rendirent en cette occasion des services signalés.

Cette importante découverte faisait cesser les embarras toujours inhérents à un transport par terre à travers un pays inconnu, et assurait pour l'avenir à nos troupes un facile ravitaillement, ainsi que des moyens sûrs et rapides pour le renvoi de nos malades et de nos blessés à Tien-tsin.

XIII. — Le 12, l'armée alliée se remit en marche pour gagner Yang-tsun, où l'avant-garde arriva vers dix heures du matin.

Des lambeaux de muraille éparses çà et là, et deux portes monumentales élevées aux deux extrémités de ce grand village, indiquent que c'était autrefois une ville fortifiée. — Une longue rue traverse Yang-tsun dans sa plus grande étendue. — Les camps furent établis dans une vaste plaine.

Le matin du même jour, au moment du départ de Poukao, le baron Gros avait reçu une nouvelle communication du gouvernement chinois, qui cherchait à renouer le fil des négociations rompues à Tien-tsin.

Cette fois, ce n'est plus Kwei-liang ; il a joué son rôle et est sacrifié à la marche forcée des événements. — Cette communication est signée du Tsai, prince de la famille impériale, adjudant de l'Empereur et de Muh, président du bureau de la guerre.

« Nous avons, mon collègue et moi (écrit le prince Tsai) reçu respectueusment les ordres de l'Empereur qui daigne nous nommer ses plénipotentiaires. Nous apprenons que Votre Excellence s'avance de Tien-tsin avec des forces militaires. Puisque votre gouvernement et celui de la Chine veulent conclure une paix éternelle et s'entendre sur les clauses d'un traité, à quoi bon cette marche militaire? Si vous faites avancer des troupes, ce n'est plus la paix. Nous vous prions de faire rentrer vos troupes à Tien-tsin, afin de constater qu'il n'y a aucune inimitié entre nous, et pour que nous puissions nous rendre aussi à Tien-tsin, dans le but de négocier à l'amiable et de conclure avec vous une paix durable, si vous voulez traiter encore sur les bases déjà convenues, *nous qui différons de Kwei-liang, nous ne manquerons pas à notre parole*(1). »

Dans cette lettre, que nous trouvons inutile de reproduire en son entier, le prince appuyait en terminant sur la crainte que cette marche des troupes n'amenât quelque nouveau conflit qui deviendrait un obstacle aux arrangements si près de se conclure, et sur l'espérance qu'il conservait de recevoir une réponse favorable. — Il l'attendait à Ma-toua où il était arrivé avec son collègue.

XIV. — Le même jour, en arrivant à Yang-tsun, le baron Gros lui répondait dans des termes fermes et précis.

« Le gouvernement chinois, écrivait-il, semble vouloir encore ne pas comprendre la position dans laquelle son manque de loyauté l'a placé.

« Les hostilités commencées dans le golfe de Pe-tchi-li n'ont point été suspendues, parce que la Chine n'a pas encore donné à la France les satisfactions qu'elle demande; mais ces hostilités ont été un moment ralenties

---

(1) Dépêche du prince Tsai, de la famille impériale au titre de Y-Tsin, au baron Gros. 11 septembre 1860.

de fait et non de droit, et par bienveillance pour le gouvernement chinois, lorsqu'à Tien-tsin le soussigné a cru pouvoir espérer que la paix allait être rétablie sérieusement.

« Déçu dans ses espérances, le soussigné a dû activer les hostilités, et si à son arrivée à Tung-chao, les commissaires impériaux accèdent enfin de bonne foi aux demandes qui ont été faites, la paix sera rétablie, les hostilités cesseront, et l'ambassadeur accompagné seulement de l'escorte convenable à son rang, se rendra pacifiquement à Pé-king pour y procéder à l'échange des ratifications du traité de Tien-tsin.

« Si, au contraire, le gouvernement chinois méconnaissant ses véritables intérêts, permettait que l'on cherchât à entraver la marche des troupes qui se rendent à Tung-chao, les hostilités continueraient au delà de cette ville, et l'armée marcherait immédiatement sur Pé-king.

« Que les nobles commissaires choisissent donc, ou la paix à Tung-chao ou la guerre avec ses conséquences. Le gouvernement chinois devrait comprendre qu'en dernier résultat, elles ne peuvent pas lui être favorables. »

« Yang-tsun, 12 septembre 1860. »

XV. — Il est utile de préciser nettement les faits qui précédèrent les événements du 18 septembre, dans laquelle trempèrent si honteusement les hauts commissaires impériaux. La connaissance exacte de ces documents diplomatiques, révèle la vérité tout entière, et permet de suivre et d'apprécier les faits dont nous allons retracer le récit dans leurs plus exacts détails ; ces détails mettent à nu la diplomatie chinoise appuyée sur la duplicité et le mensonge, et que la force des armes pouvait seule réduire au silence.

La marche continua donc en avant, malgré les tentatives des nouveaux mandarins.

Le 13, la petite armée campait à Kho-seyou, où elle séjournait le 14. — Là, l'ambassadeur reçut une nouvelle communication officielle de Tsai, prince d'Y'-Tsin, et de son collègue Muh. — Cette dépêche est très-importante dans sa teneur, car elle montre clairement, en présence des faits qui se produisirent cinq jours plus tard, combien le gouvernement chinois chercha jusqu'à la fin à nous abuser et à endormir notre vigilance par des démarches conciliatrices qui devaient aboutir à la plus manifeste trahison.

Cette note se termine ainsi :

« Nous avons remarqué dans la dépêche que Votre Excellence nous a écrite le 12 septembre, que son désir était de s'avancer jusqu'à Tung-chao. Loin de nous opposer à ce que les intentions de Votre Excellence se réalisent à ce sujet, nous voulons au contraire nous entendre avec elle. — Si elle consent à faire camper son armée dans les trois villages de Yang-tsun, Tchoun-tchou et Kho-seyou, sans qu'elles avancent plus loin, Votre Excellence suivant ce qui a été convenu à Tien-tsin, au sujet de son voyage à Pé-king, pourra avec une suite peu nombreuse et sans armes, venir à Tung-chao pour s'y entendre avec nous sur tous les articles de la convention auxquels nous donnons notre assentiment, et que nous pourrions établir, signer et sceller, avant que Votre Excellence ne se rendît dans la capitale pour y procéder à l'échange de la ratification du traité. Ainsi les retards seront évités et les autorités chinoises seront chargées de procurer à Votre Excellence des charriots, et tout ce qui sera nécessaire pour faciliter son voyage. Nous la prions donc de vouloir bien nous faire connaître le nombre de personnes qui l'accompagnent, afin que tout soit prêt d'avance (1). »

XVI. — Les termes de cette communication des nouveaux commissaires impériaux étaient clairs et précis, les troupes devaient s'arrêter à la hauteur des villages indiqués, à six milles environ de Tung-chao, ville dans laquelle les commissaires attendraient les ambassadeurs pour signer la convention préparée à Tien-tsin (2). — Une copie de cette communication à laquelle les ambassa-

(1) Les commissaires impériaux prince Tsai Y'tsin, etc..., au baron Gros. 13 septembre 1860.

(2) Le général en chef de Montauban écrit à ce sujet au Ministre de la guerre, dans sa dépêche en date du 19 septembre :
« Des communications diplomatiques ayant été de nouveau échangées à Kho-seyou, ville située à environ trente kilomètres de Tung-chao, les ambassadeurs firent savoir aux commandants en chef alliés que tout était terminé; que, par suite d'une convention définitive, les forces militaires s'arrêteraient à environ deux lieues de Teng-cheou, que les entrevues avec les commissaires impériaux auraient lieu dans cette ville, et qu'enfin une escorte d'honneur accompagnerait les ambassadeurs à Pé-king pour y échanger les ratifications.»

deurs avaient accédé, fut envoyée aux commandants en chef, afin qu'ils se conformassent dans leurs opérations militaires aux conventions arrêtées, et qu'ils établissent leurs campements dans les limites indiquées par les hauts commissaires chinois.

Ces commissaires ont-ils trempé dans l'horrible guet-apens préparé par l'armée chinoise, ou cette trahison fut-elle l'œuvre de Sang-ko-lin-sin, commandant en chef de l'armée tartare. C'est un point difficile à apprécier, et sur lequel les événements futurs pouvaient seuls jeter quelque lumière; car ces mandarins civils avaient eu soin de dire en commençant leur dépêche du 13 septembre.

« Nous devons vous déclarer que les troupes chinoises qui tiennent garnison au nord de Kho-seyou n'obéissent qu'à leurs chefs militaires, et que nous n'avons aucune autorité sur elles. »

Toutefois, il est important de remarquer que le prince Tsai était le gendre de Sang-ko-lin-sin, ce qui fait grandement supposer que ces deux personnages élevés, tous deux membres de la famille impériale, s'étaient concertés entre eux.

XVII. — Mais quand on rapproche des divers incidents de cette odieuse trahison, la confiance que les hauts mandataires du gouvernement chinois voulaient inspirer aux alliés par leurs paroles de paix et de conciliation, ainsi que leur insistance, pour que les ambassadeurs s'avançassent jusqu'à Tung-chao *avec une suite peu nombreuse et sans armes*, il est bien difficile de croire que ces envoyés de l'Empereur soient restés complétement étrangers aux événements qui devaient stigmatiser à jamais la nation chinoise.

Sang-ko-lin-sin, on le savait, par les différents rapports des espions, avait promis à son souverain d'exterminer jusqu'au dernier homme l'armée des barbares, si elle osait jamais s'aventurer jusqu'au sein du Céleste Empire, et s'occupait activement à réunir devant la capitale des forces imposantes, surtout en cavalerie, la cavalerie tartare jouissant d'une très-grande renommée! — Il avait espéré que les forts de Ta-kou, si formidablement armés de longue main, arrêteraient l'ennemi assez longtemps pour lui permettre d'appeler à lui les éléments considérables de résistance qu'il voulait concentrer sous sa main.

La reddition subite des forts avait trompé son attente, et il est évident que les hauts commissaires Kwei-liang et ses collègues, désavoués et accusés plus tard par leurs successeurs le prince Tsai et Muh, n'avaient agi ainsi qu'ils l'avaient fait, que pour gagner du temps et retenir le plus longtemps possible à Tien-tsin l'armée alliée, prête à s'avancer à marche forcée sur la capitale de l'Empire.

XVIII. — La volonté persistante des ambassadeurs d'en finir sans délai et la découverte de l'insuffisance des pouvoirs de Kwei-liang avaient déjoué ces nouveaux plans, en suspendant le cours des négociations entamées.

Cependant il fallait à tout prix arrêter notre marche en avant; aussi nous voyons de nouveaux mandarins appartenant à l'ordre le plus élevé, dont l'un est issu de la famille impériale, tenter de nouvelles démarches qui ne réussissent pas. — C'est alors que la trahison devient une dernière ressource à laquelle le gouvernement chinois n'a pas honte de faire appel. La tête des ambassadeurs et des commandants en chef alliés n'est-elle pas mise à prix; tous les moyens, ainsi que le disaient les rescrits impériaux, ne sont-ils pas justes et sacrés pour exterminer les barbares Occidentaux qui osent pénétrer au sein du grand empire de la Chine ?

Pour se convaincre de cette vérité, il suffit de lire le manifeste adressé par l'Empereur à ses populations, après la prise des forts de Ta-kou, sur le Peï-ho. On n'y trouvera aucune trace des sentiments de conciliation qu'affichaient en termes si pompeux les commissaires impériaux dans leurs communications officielles aux ambassadeurs alliés.

XIX. — Ce manifeste, appréciant d'abord à son point de vue la journée du 25 juin 1859, s'exprime ainsi :

« A peine les Barbares eurent-ils essayé de forcer le passage de Ta-kou, qu'en un clin d'œil tous les bâtiments furent coulés bas, et des milliers de cadavres flottèrent sur les eaux pendant plus d'une lieue. Quelques-uns étaient parvenus à s'échapper, et allèrent porter chez eux la nouvelle de cette terrible punition. »

Puis il continue ainsi :

« Je croyais bien que cette leçon suffirait pour les rendre plus circonspects. Mais qui l'aurait cru ! un an s'était à peine écoulé depuis la mémorable victoire de nos armes, et les voici revenus plus nombreux et plus arrogants que jamais!

« Profitant de la marée basse, ils ont débarqué à Peh-tang, et sont venus attaquer les formidables retranchements de Ta-kou; mais, comme des barbares qu'ils sont, ils les ont attaqués la nuit et par derrière. C'est ainsi qu'ils ont pu surprendre nos miliciens, accoutumés à se voir braver en face par un ennemi courageux et fier, mais ne pouvant pas s'imaginer que tant de lâcheté et de perfidie fût mise en œuvre contre eux. Maintenant, enflés par ce succès qui devrait les couvrir de honte, ils osent marcher sur Tien-tsin; mais ma colère va les atteindre, et pour eux il n'y aura pas de merci. Aussi, nous ordonnons à tous nos sujets, miliciens et laboureurs, habitants des villes et des campagnes, Chinois ou Tartares, de les détruire comme des animaux malfaisants. Nous ordonnons à tous nos mandarins et officiers, militaires et civils, d'avoir à faire évacuer, par les populations sous leurs ordres, toute ville ou bourgade vers laquelle ces misérables étrangers feraient mine de se diriger. On devra également détruire, par l'eau et par le feu, tous les vivres et tous les approvisionnements que l'on serait obligé d'abandonner. De cette façon, cette race maudite, traquée par le fer et par la faim, périra bientôt, comme les poissons d'un étang qu'on a mis à sec.

Donné à Huyen-mi-hu-hyen, le vingt-troisième jour de la dixième lune de la neuvième année de notre règne. »

XX. — Le général Collineau a reçu l'ordre de rejoindre le général en chef, en conservant à Tien-tsin, sous les ordres du capitaine Théologue, les troupes nécessaires à la garde du fort et des positions que nous occupons en dehors de la ville. — Pendant ce temps, l'armée continue sa marche sur Tung-chao.

Si l'on devait avec juste raison n'avoir qu'une confiance très-limitée dans les assurances pacifiques du gouvernement chinois, la pensée des ambassadeurs et des commandants en chef n'allait pas plus loin. — Cependant les traces visibles de campements considérables de cavalerie indiquaient que l'armée ennemie était en campagne, et qu'elle se retirait pas à pas devant nos têtes de colonne.

On ne voulait point, par une suspicion qu'eussent grandement motivée les actes précédents du gouvernement, entraver les nouvelles négociations qui touchaient à leur terme, et le général de Montauban se décida, ainsi que son collègue de l'armée anglaise, à envoyer en avant plusieurs officiers chargés de passer à Tung-chao des marchés pour les approvisionnements, et convenir avec les plénipotentiaires chinois des positions où devaient s'établir les bivacs des deux armées.

Cette mesure était du reste devenue nécessaire par le vide qui se faisait autour de l'armée alliée, partout où elle passait. Dans les villages, les habitations étaient fermées ; de tous côtés régnait un morne silence, et la vie semblait retirée de ce pays devenu subitement désert.

CHAPITRE II.

XXI. — Les officiers parlementaires quittèrent le camp dans la matinée du 17 septembre.

Le général en chef avait désigné pour cette mission le colonel Foullon de Grandchamps de l'artillerie, le capitaine d'état-major Chanoine, le caïd Osman, sous-lieutenant de spahis, MM. Dubut, sous-intendant militaire, Ader et Gagey, comptables, et M. l'abbé Duluc, interprète. — Chacun des officiers était accompagné de ses ordonnances. M. le baron Gros avait également chargé M. de Bastard, secrétaire d'ambassade, de porter aux plénipotentiaires chinois une dépêche à laquelle il devait réclamer une prompte réponse; M. de Méritens, interprète d'ambassade, devait suivre M. de Bastard.

M. d'Escayrac de Lauture, chef de la mission scientifique en Chine, se joignit aux parlementaires ayant avec lui son lettré et les ordonnances attachées à sa personne.

Les Anglais avaient envoyé le lieutenant-colonel Walker, chef d'état-major de la cavalerie et le lieutenant Anderson, avec 19 cavaliers indiens. — M. Bowlby, correspondant du *Times*, s'était joint à M. de Normann, premier attaché de légation, et M. Loch à M. Parkes, le consul de Shang-haï, dont le long séjour en Chine et sa parfaite connaissance de la langue chinoise rendait en toute circonstance le concours si précieux.

XXII. — Le 17, à quatre heures du matin, le général de Montauban leva le camp de Kho-seyou et, accompagné de son état-major général, se dirigea sur Matao, où il devait établir ses nouveaux bivacs. Il emmenait avec lui le général Jamin, commandant 600 chasseurs à pied du 2ᵉ bataillon, une compagnie du génie, une compagnie d'élite du 101ᵉ et du 102ᵉ, une batterie de 4, en tout 1100 hommes. Le reste de la brigade restait à Kho-seyou avec une batterie de 12 pour y garder les approvisionnements attendus à Tien-tsin.

A onze heures et demie, les troupes arrivèrent à Matao; elles trouvèrent, comme toujours, ce village abandonné par ses habitants. Les traces des bivacs de la cavalerie tartare étaient toutes récentes et indiquaient, par leur étendue, un immense campement. — Il n'y avait pas à en douter : la cavalerie qui gardait les abords de Tungchao se repliait lentement devant nous.

XXIII. — Pendant que nos troupes s'établissaient à Matao, les envoyés français et anglais arrivaient à Tungchao avec grande confiance, ainsi que le secrétaire d'ambassade, M. de Bastard, et son interprète, qui avaient rejoint, en compagnie de M. d'Escayrac de Lauture, le groupe des officiers français. Pendant le trajet, rien n'avait pu éveiller leurs soupçons et leur faire supposer l'odieuse trahison dont ils devaient être victimes.

A quatre ou cinq mille mètres environ avant Tung-chao, ils avaient bien aperçu sur leur gauche des tentes tartares, et çà et là dans la campagne ou même sur les routes qu'ils suivaient, quelques détachements de cavaliers prenant des directions diverses ; mais les soldats qu'ils avaient rencontrés dans les villages ou en chemin ne semblaient point se préoccuper de leur présence.

A l'entrée de Tung-chao, ils furent accueillis avec grand empressement par divers mandarins qui leur offrirent de les conduire dans l'intérieur de la ville. L'un d'eux mena M. de Bastard à un yamoun préparé à l'avance, pendant que ses compagnons de route suivaient une autre direction.

De leur côté, les parlementaires anglais étaient également arrivés. — Une population nombreuse se pressait dans les rues; elle n'avait dans son allure ou sur son visage aucun caractère menaçant.

XXIV. — M. de Bastard fit sans retard demander au prince Tsai une audience qui fut fixée à quatre heures du soir.

A quatre heures, en effet, l'envoyé de l'ambassadeur de France fut introduit dans une salle où se trouvaient les deux plénipotentiaires Tsai et Muh, entourés de mandarins de différents ordres. — Muh semblait jouer en cette circonstance un rôle entièrement secondaire, tandis qu'au contraire le prince Tsai, par ses manières hautaines envers son entourage, indiquait l'homme habitué à voir ses moindres ordres exécutés sans réplique ; tous ceux qui l'approchaient se tenaient dans une attitude pleine de crainte et de respect.

Le prince prit connaissance de la dépêche dont était porteur M. de Bastard et l'approuva en son entier ; la seule objection qu'il fit portait sur le nombre de mille hommes qui devaient servir d'escorte à l'ambassadeur pour se rendre à Pé-king. La discussion fut assez longue sur ce point, et Muh n'y prit aucune part, se contentant d'écouter avec une impassibilité apparente les paroles transmises par les interprètes.

Enfin ce point fut accordé.

L'incident qui avait mis fin aux relations entamées avec Kwei-liang, quelques jours auparavant, avait montré qu'il fallait avant tout être édifié sur la nature et l'étendue des pouvoirs concédés aux nouveaux plénipotentiaires. — Aussi M. de Bastard, selon ses instructions, demanda au prince Tsai s'il était, ainsi que son collègue, muni de pleins pouvoirs. « Le prince répondit affirmativement (écrit M. de Bastard dans sa dépêche au baron Gros), mais non sans avoir manifesté sa vive contrariété d'être en butte à pareille question, lui qui, dit-il, n'avait jamais menti, dont l'autorité était supérieure à celle de tous les plénipotentiaires, et dont la signature avait la même force que celle de l'Empereur. »

XXV. — Le projet de convention préparé à Tien-tsin fut ensuite discuté pendant quelques instants, et le prince, après des objections sans importance, déclara qu'il était prêt à tout signer. Il promit de faire prendre toutes les dispositions nécessaires pour le voyage de l'ambassadeur à Pé-king, comme pour l'établissement des marchés qui devaient servir à l'approvisionnement de l'armée alliée ; cette armée devait camper en avant de Tchang-kia-ouang, sur des points qui furent indiqués.

M. de Bastard, que le prince Tsai avait reçu avec la plus grande courtoisie, se retira en demandant aux plénipotentiaires chinois de vouloir bien lui faire transmettre sans retard leur réponse officielle.

Cette réponse fut en effet apportée dans la nuit, et M. de Bastard, ayant dès lors rempli sa mission, se prépara à quitter Tung-chao, le lendemain matin à la pointe du jour.

Les officiers français délégués par le général en chef avaient aussi obtenu du mandarin gouverneur de la ville la promesse formelle de l'établissement des marchés destinés à fournir des vivres à l'armée.

Le 18, à la pointe du jour, M. de Bastard, accompagné de M. de Méritens, quitta la ville. Un officier d'ordonnance du général de Montauban, le caïd Osman, qui la veille avait fait route avec M. de Bastard et le capitaine d'état-major Chanoine, suivi de son ordonnance, partirent en même temps. — Leur escorte se composait de deux spahis.

Il ne restait plus dans la ville, du côté des Français, que l'intendant Dubut, le colonel de Grandchamps, l'abbé Duluc, les deux comptables Ader et Gagey et M. d'Escayrac de Lauture.

XXVI. — Le même jour, dans la matinée, les deux armées devaient quitter leurs campements respectifs près de Matao pour se rendre au bivac définitif arrêté par les conventions, en avant de Tchang-kia-ouang. Aussi une partie des officiers envoyés la veille avait mission de quitter cette ville, dès les premières lueurs du jour, pour indiquer aux troupes en marche la limite où elles devaient s'arrêter. — Le capitaine d'état-major Chanoine prit donc les devants à la sortie de la ville, afin de rejoindre au plus vite le général en chef de Montauban et lui donner à ce sujet les indications nécessaires.

Une heure auparavant, M. Parkes était aussi parti de Tung-chao pour porter au général Grant les mêmes renseignements (cinq heures et demi environ). Il avait avec lui M. Loch, le colonel Walker et une escorte de dragons de sicks. M. Parkes devait ensuite revenir à Tung-chao, où l'attendaient M. de Normann, M. Bowlby et le lieutenant Anderson.

L'aspect de ce pays, que le capitaine Chanoine avait traversé la veille avec ses compagnons, était bien changé. Ce n'était plus de petits groupes détachés soit d'infanterie, soit de cavalerie se dirigeant vers des points différents : c'était une armée tout entière qui occupait la campagne et se présentait entre Tchang-kia-ouang et Matao en forces imposantes. — L'infanterie bordait la route, et la cavalerie manœuvrait pour s'établir en bataille sur une chaussée, formant ainsi un arc de cercle dont la convexité regardait Tchang-kia-ouang.

Ce mouvement considérable de troupes qui jetait des

masses compactes sur le terrain même destiné au campement du corps expéditionnaire anglo-français, avait évidemment un but hostile et inexplicable. Le capitaine Chanoine hâta le pas, pour prévenir au plus vite le général en chef français de cet incident si peu en harmonie avec les assurances données, la veille encore, par les plénipotentiaires chinois.

XXVII. — De leur côté, M. Parkes et ses compagnons, étonnés de se trouver ainsi tout à coup au milieu de l'armée tartare, établie sur le terrain même que les troupes alliées devaient occuper, s'étaient arrêtés pour se consulter sur ce qu'il convenait de faire devant cette apparence menaçante. — M. Parkes était trop habitué de longue date aux allures des Chinois et à leur duplicité, pour ne pas y voir l'indice certain d'une trahison ; songeant à ses compatriotes restés à Tung-chao, il prit aussitôt la décision de retourner vers cette ville pour les protéger par sa présence et demander énergiquement au prince Tsai des explications sur ce qui se passait. La seule chance qui restât était évidemment d'inspirer au prince des craintes sérieuses sur les résultats d'une semblable action et d'en assumer sur lui seul toute la responsabilité. — Il fut décidé que M. Loch continuerait au plus vite sa route vers le camp pour avertir le général Grant, et que le colonel Walker, avec six hommes d'escorte, attendrait là où il était, le retour de M. Parkes, ou les ordres du général en chef. — Telles furent les résolutions rapidement arrêtées et mises aussitôt à exécution.

•M. Parkes reprit donc au galop le plus rapide de son cheval le chemin de Tung-chao, pendant que M. Loch courait en toute hâte vers le camp anglais.

Sur la route, M. Parkes rencontre M. de Bastard; il s'arrête un instant.

« — Les Tartares, lui dit-il, occupent en grand nombre le terrain destiné à nos campements. Je les connais trop pour ne pas redouter une trahison. J'ai fait prévenir le général Grant et je cours à Tung-chao déclarer aux plénipotentiaires chinois qu'ils sont responsables des événements qui peuvent survenir (1). »

Puis il continue sa course aventureuse au milieu d'ennemis dont le cercle formidable devait se refermer sur lui.

XXVIII. — Voici maintenant ce qui se passait pendant ce temps au camp des alliés.

L'armée anglaise, tenait ce jour là la tête de la colonne.

Les troupes parties de Matao le matin, avaient fait deux heures de marche environ, lorsque le général Grant fit prévenir le commandant en chef français qu'il apercevait devant lui un certain nombre de vedettes de cavalerie ennemie, et que les positions vers lesquelles ils se dirigeaient n'étaient pas encore évacuées par l'armée tartare.

Le général de Montauban se rendit aussitôt auprès de son collègue, et les deux généraux, constatant la pré-

---

(1) Dépêche de M. de Bastard au baron Gros. 18 septembre 1860.

sence d'une troupe, dont ils ne pouvaient pour le moment apprécier le nombre, décidèrent qu'il fallait s'arrêter là ou se trouvait la tête de colonne anglaise.

Presque au même moment ils voient venir vers eux un mandarin porté en palanquin et suivi d'une nombreuse escorte. — Ce mandarin d'un rang très-élevé c'est Hang-Ki ; il demande à parler aux ambassadeurs. On lui répond qu'ils ne sont pas au camp : « Il venait, dit-il, pour s'entendre avec Leurs Excellences sur quelques dispositions de détail relatives à leur réception à Pé-king. » Vivement interpellé sur la présence des troupes tartares, Hang-Ki paraît fort étonné et déclare que c'est sans aucun doute le résultat d'un malentendu sur les positions réciproques à occuper. « — Du reste, ajoute-t-il, je vais immédiatement faire savoir aux chefs de l'armée qu'ils aient à se retirer sans retard. »

XXIX. — Les généraux acceptèrent cette explication. Quelques doutes qu'ils pussent conserver sur la bonne foi de ce mandarin, ils ne voulaient pas commencer eux-mêmes une attaque qui pourrait donner au gouvernement chinois le droit de se plaindre ; mais, tout en attendant le résultat des promesses qui venaient de leur être faites et le départ des troupes tartares, ils prirent sans plus tarder des dispositions militaires pour parer à tout événement, et se garder contre une surprise que pouvaient peut-être préméditer les chefs de l'armée ennemie.

En effet, les Tartares continuaient leur mouvement,

et de tous côtés on apercevait la poussière soulevée par les cavaliers; cependant un engagement ne paraissait pas imminent.

Le général Grant offrit un escadron de sicks au général de Montauban, qui n'avait avec lui que cinquante cavaliers, et il fut convenu que les Français placés à la droite de l'armée alliée, tourneraient les positions sur la gauche de l'ennemi ; les Anglais devaient les attaquer de front, aussitôt que les Fançais seraient arrivés à leur hauteur.

« Fort heureusement (écrit le général de Montauban), comme je n'avais qu'une foi très-médiocre dans les Chinois, au lieu de très-peu de monde qu'ils demandaient que nous prissions avec nous, j'en avais doublé le nombre et amené deux batteries de 12 et de 4. »

XXX. — Il n'est pas sans importance d'entrer dans quelques détails sur le terrain qui se développe devant les deux corps expéditionnaires et qu'occupe l'armée ennemie. — Les dispositions de ce terrain, les hautes cultures et les massifs d'arbres empêchaient d'apprécier exactement le nombre des troupes réunies sous les ordres de Sang-ko-lin-sin, ainsi que les défenses élevées pour protéger leurs positions et nous barrer le passage.

C'est une vaste plaine bordée par le canal qui part de Tchang-kia-ouang, pour rejoindre le Peï ho, dont les eaux coulent derrière nous. Le pays est surtout boisé aux approches du canal et aux abords des habitations. — A notre extrême droite vers le Peï ho, s'élève un petit village (Lio-tsang), entouré de cultures abondantes et de vergers. Plus en avant vers le canal, un second village (Léost), étend parallèlement au canal ses longues lignes de maisons, dont une des extrémités s'en rapproche sensiblement. — C'est dans ce village que s'est déployée la cavalerie tartare formant un large cercle, dont la gauche, soutenue par de fortes masses d'infanterie, touche au village même de Lio-tsang : tandis que la droite garnit la plaine, défendant les approches de deux autres villages Khouat-tsun et Tchang-kia-ouang.

Tous les abords du canal sont garnis de nombreuses batteries d'artillerie tartare ; quatre-vingt-quatre pièces défendent cette ligne formidable soutenue par l'infanterie ; une batterie de dix-huit pièces protége en arrière les approches du village Khouat-tsun.

XXXI. — La colonne anglaise placée en avant par son ordre de marche, ainsi que nous l'avons dit, occupe la plaine. Le général Grant dispose sa cavalerie en échelons sur trois rangs, les deux premiers appuyant à droite se composent des dragons de la reine, les deux derniers des sicks. — L'infanterie est massée en arrière.

Le général de Montauban met en potence, à droite des troupes anglaises, la brigade Jamin ; une batterie de 4 est en position devant le village même de Lio-tsang occupé par l'infanterie tartare, et couvert par une ligne de tirailleurs disséminés aux alentours dans les terrains cultivés. — A la droite de l'infanterie sont les spahis et les chasseurs, ainsi que l'escadron des sicks, que le général Grant a mis à la disposition du général en chef français.

Le général de Montauban surveille avec soin l'exécution de ses ordres. Avec le petit nombre de troupes qu'il commande, les moindres détails de position acquièrent une grande importance.

Pendant qu'il fait ainsi ses préparatifs d'attaque, le capitaine Chanoine arrive au camp, et rend compte au commandant en chef qu'il vient de traverser toute l'armée tartare. — Fortement établie entre les alliés et Tung-chao, elle occupe en nombre considérable les positions en avant de notre tête de colonne ; son attitude est hostile. Arrêté plusieurs fois dans sa marche, le capitaine a eu grand'peine à rejoindre le camp, et n'a pu continuer sa route qu'après être entré, grâce à sa connaissance de la langue chinoise, dans de nombreuses explications avec les mandarins militaires, sur la mission toute pacifique qu'il venait de remplir.

Peu après, arrivent aussi M. de Bastard et M. de Méritens ; ils confirment de la façon la plus formelle aux deux généraux en chef le rapport du capitaine Chanoine. — Seulement, ils n'ont été l'objet d'aucune menace et ont traversé les lignes ennemies, sans que chefs ou soldats parussent faire la moindre attention à eux. Mais probablement cette particularité était due à la précaution qu'ils avaient prise d'emmener un mandarin dont ils se firent accompagner jusqu'en vue du camp.

L'officier d'administration Gagey arrive aussi bientôt après, son rapport est en tout point semblable à celui du capitaine Chanoine sur l'attitude menaçante des troupes tartares :

« Plus de 15 000 cavaliers, dit-il, sont déployés dans la plaine, où l'on aperçoit de grandes masses d'infanterie rangées en bataille et la mèche allumée. » Nous étions évidemment en présence d'une situation très-sérieuse avec des forces minimes. Vouloir douter plus longtemps eût été de l'aveuglement; l'ennemi comptait nous surprendre en petit nombre et nous écraser. — Si les promesses du mandarin Hang-Ki avaient été faites de bonne foi, les troupes tartares opéreraient déjà leur mouvement de retraite, pour dégager le terrain devant nous, ainsi qu'il avait été convenu.

XXXII. — Mais quel était le sort des parlementaires qui n'avaient pas encore rejoint l'armée alliée ? ils sont nombreux ; victimes sans nul doute de cette odieuse trahison, ils ne seront pas protégés par leur caractère sacré de parlementaires. — Un moyen restait peut-être encore de les sauver: c'était de fondre impétueusement sur cette armée qui tenterait en vain de nous barrer le passage, et d'arriver en toute hâte à Tung-chao, avant même que les Chinois se doutassent de leur défaite.

Le général de Montauban le proposa, mais le général Grant craignit, au contraire, qu'en agissant ainsi on ne vouât à une mort certaine les malheureux livrés à la merci des Chinois.

Le général anglais veut attendre le retour de M. Parkes, car de son côté il a reçu de tristes renseignements sur les intentions évidemment hostiles des Tartares. — M. Loch lui a appris le plan arrêté avec M. Parkes, et la position du colonel Walker laissé en observation au milieu des rangs ennemis. Après avoir rempli sa mission, M. Loch est lui-même reparti pour Tung-chao. Le général Grant connaît l'énergie et la persistance de volonté de M. Parkes, dont lord Elgin disait : « Il vaut à lui seul toute une armée, » et il espère tout de sa démarche auprès des hauts commissaires chinois. — Une attaque prématurée pourrait faire échouer ces dernières tentatives. — On attend donc qu'un incident nouveau vienne jeter quelque lumière sur ces sombres secrets.

XXXIII. — L'heure est solennelle : chefs et soldats attendent avec impatience que l'heure du combat vienne les délivrer de cette incertitude qui les tient ainsi immobiles. Ils sentent leur énergie se doubler par le danger qui les menace, et comprennent que dans la position critique où les a placés la duplicité d'un ennemi déloyal, il faut lui arracher la victoire par un élan irrésistible. Aussi chaque minute qui s'écoule est-elle pleine de fièvre et d'anxiété.

Il est dix heures du matin.

Trois coups de canon suivis d'une décharge de mousqueterie partent des rangs ennemis, et l'on aperçoit le colonel Walker, accourant à toute bride vers le camp anglais avec les quelques soldats de son escorte.

Que s'est-il donc passé?

Après le départ de M. Parkes, le colonel était resté avec six hommes, attendant, on le sait, soit le retour du consul anglais, soit des ordres du général Grant; très-attentif à ce qui se passait autour de lui, il observait les positions et les mouvements de l'ennemi, dont le but évident était de nous envelopper. De la place qu'il avait choisie, il découvrait parfaitement leurs longues lignes de batteries et les masses d'infanterie qui s'étendaient jusqu'au canal. Dans les premiers moments, il ne remarqua dans l'attitude des officiers aucun indice d'hostilité; ceux-ci lui offrirent même de descendre de cheval et d'entrer dans leur tente; — fort heureusement le colonel n'accepta pas cette offre qui, sans nul doute, cachait une arrière-pensée de trahison. — Peu à peu, en effet, cette attitude inoffensive changea et prit un caractère menaçant. — Des interpellations violentes lui furent adressées, des groupes se formèrent autour de lui pour lui barrer le passage. — Le colonel avait ordonné à son escorte d'éviter avec soin toute collision et, se tenant sur ses gardes, il attendait impatiemment.

A quelque distance de lui, il entendit bientôt un grand tumulte; des soldats chinois entouraient un officier français, le menaçant par des gestes et des cris furieux. — On sut depuis que c'était le comptable Ader. — Le colonel Walker se porta à sa rencontre, et vit que cet officier avait à la tête une large blessure, ses vêtements étaient déchirés et couverts de sang; il soutenait avec une rare énergie une lutte désespérée. Son ordonnance, le soldat Auzou, du 2⁰ bataillon de chasseurs à pied, combattait près de lui avec une bravoure sans égale, perçant de sa baïonnette tous ceux qui approchaient.

Le colonel Walker veut essayer de lui porter secours; mais, avant qu'il ait pu approcher, il est lui-même entouré, ainsi que les hommes qui l'accompagnent; des soldats se précipitent sur lui, lui arrachent son sabre et cherchent à le renverser de son cheval. Pendant qu'il se débat contre ses agresseurs, le comptable Ader, que les misérables ont désarmé et jeté à terre lui crie : « Courez au camp porter la nouvelle de cette trahison. » — La résistance était impossible, car d'instants en instants, le nombre des ennemis croissait et allait former un cercle infranchissable; le colonel est lui-même gravement blessé à la main droite; mais monté sur un excellent cheval, il se lance résolûment au milieu des soldats qui veulent l'arrêter, les six hommes qui l'accompagnent imitent son exemple et parviennent à se frayer un passage.

Les Chinois, furieux de voir cette proie leur échapper, font un feu de mousqueterie sur ce petit groupe de cavaliers qui s'éloigne à toute bride, ils tirent aussi contre lui trois coups de canon.

Ce sont ces trois coups de canons qui viennent de donner l'éveil dans le camp des alliés, qu'atteignait, quelques secondes après, le colonel Walker; deux de ses hommes seulement avaient été blessés. — A quelques pas des avant-gardes, un cheval tomba mort.

XXXIV. — Le général de Montauban fait dire au général Grant qu'il va commencer son mouvement et attaquer le village qui est devant lui. Il se met aussitôt à la tête de ses troupes et se dirige vers l'extrême droite du village de Leost que l'ennemi occupe en force, et qu'entourent de nombreux jardins, pendant que le général Grant lance ses redoutables escadrons contre la cavalerie tartare, déployée devant lui en un vaste fer à cheval. — Surprise par cette attaque inattendue, celle-ci se replie en désordre et n'attend pas le choc impétueux des sicks et des dragons de la reine.

L'artillerie la poursuit de ses boulets jusqu'à ce qu'elle ait disparu.

En avant des positions que doit enlever le général de Montauban, les Chinois ont placé un grand nombre de pièces ; mais notre petite colonne, protégée par des massifs d'arbres, s'avance sans être aperçue, et appuyant sur la droite, évite ainsi le feu de ces batteries. — Les compagnies d'avant-garde se précipitent avec un élan irrésistible, et chassant devant elles l'ennemi qui n'ose les attendre corps à corps, elles tournent les dernières maisons, pendant que le colonel Schmitz, à la tête du 2ᵉ chasseurs, traverse le même village par la gauche; l'artillerie que commande le colonel de Bentzmann est avec lui.

Les pièces sont aussitôt mises en batterie sur une position dominante et ouvrent un feu terrible contre les masses compactes d'infanterie, que resserre de plus en plus le général de Montauban dans sa marche rapide. Prises ainsi de deux côtés, ces masses se replient en désordre dans la direction de Khaouat-tsun, se répandant en désordre au milieu des arbres et des hautes cultures ; nos projectiles, habilement dirigés, et les balles des chasseurs foudroient ces colonnes désunies qui suivent pêle mêle la direction du canal.

XXXV. — Le commandant en chef a envoyé l'ordre au colonel Foley, auquel il a donné le commandement de sa cavalerie, de se lancer sur les fuyards, et lui-même, à la tête de son escorte, se jette sur les lignes ennemies pour les débander.

Les chasseurs, les spahis et l'escadron des sicks, placés en arrière, entre le village de Lio-tsang à leur droite, et le village de Leost à leur gauche, poussent droit devant eux et passant entre le village de Leost et le canal qui descend au Peï ho ; ils doivent prendre l'armée tartare par derrière, et la rejeter vigoureusement vers ses derniers points de défense, où elle espère se rallier sous la protection de son artillerie.

Les cavaliers doivent suivre un chemin creux que surplombent de chaque côté des hauteurs boisées ; ils s'y engagent résolûment ; le colonel Foley et le capitaine Mocquart sont à leur tête, excitant par leur exemple les hommes qu'ils commandent. — Par cette manœuvre rapidement exécutée, nos troupes se sont appuyées au canal, et écrasent le flanc gauche de l'ennemi, que les Anglais menacent et refoulent sur leur droite (1).

---

(1) Dans cette charge le colonel Foley a eu son cheval percé de

XXXVI. — Mais le lieutenant de Damas est tombé mortellement frappé, et presque au même moment le sous-lieutenant Destremont est blessé. Plusieurs charges brillantes et énergiques ont dégagé le terrain. — Les colonels Pouget et Dupouët, pénètrent bientôt dans le village avec les troupes qu'ils commandent.

Le mouvement se continue rapidement en avant.

Sur les pas de l'artillerie accourent une compagnie du génie et les compagnies d'élite du 101e et du 102e, sous les ordres du colonel Pouget et du lieutenant-colonel Dupouët.

Le colonel de Bentzmann, toujours soutenu par les chasseurs à pied, suit le mouvement avec son artillerie dont le feu heureux et précis ne cesse pas un seul instant de foudroyer l'ennemi.

Le chemin qu'a suivi notre colonne est jonché des cadavres que l'ennemi, dans sa fuite précipitée, n'a pu selon son habitude, emporter avec lui.

Les Tartares n'essayent plus de se défendre, et n'osent plus combattre. Ils fuient en désordre ; une partie court dans la direction du canal, l'autre cherche à se dérober à une mort certaine, en se réfugiant dans les terrains boisés qui l'entourent. La victoire nous appartient sur tous les points. L'armée chinoise si sûre d'un triomphe qu'elle espérait trouver dans sa trahison, est en complète déroute.

---

trois balles ; il a été, dit le général de Montauban dans son rapport, d'une bravoure éclatante dans la charge fournie par les sicks.

Le général de Montauban fait alors exécuter le long du canal un mouvement tournant qui enveloppe les Tartares poursuivis encore dans leur retraite tumultueuse par les boulets de nos canons rayés. Nos troupes, électrisées par le succès, rivalisent d'ardeur et d'énergie; elles oublient leurs fatigues et ces longues heures de combat, sous les rayons ardents d'un soleil de feu, pour se lancer à la poursuite de l'ennemi dont les colonnes désordonnées sont refoulées, pêle-mêle, sous le canon des Anglais.

Là, encore, elles ont à subir des pertes considérables.

XXXVII. — Le général en chef continue toujours sa marche devant lui, accompagné par son artillerie qui profite de toutes les dispositions favorables du terrain pour mettre ses pièces en batterie; il suit ainsi, pendant plus de trois kilomètres, le bord du canal et rejoint alors le centre des forces anglaises, retardées dans leur attaque.

De ce grand nombre de cavaliers et de fantassins, qui le matin se déployaient audacieusement dans la plaine, il ne reste plus que les morts et les blessés. — Les vivants ont disparu.

Dans cette journée si brillante pour nos armes, et qui était déjà un premier châtiment infligé à des traîtres, chefs et soldats avaient compris tout ce que l'on attendait d'eux, malgré la disproportion immense de nos forces avec celles de l'ennemi. Les pertes pouvaient être évaluées à environ quinze cents hommes, quatre-vingt pièces de canon, dont soixante en bronze restaient en notre pouvoir, ainsi qu'une grande quantité de drapeaux et de gingalls.

« Je ne veux pas terminer mon rapport (écrivait le général en chef au ministre), sans vous dire la glorieuse satisfaction que j'ai éprouvée à diriger cette poignée de braves contre des forces conduites au combat par des chefs perfides. — Un nouveau succès, pour nos armes, a été la conséquence de la trahison et de la félonie du gouvernement chinois, qui nous avait attirés par des assurances de paix auprès de la capitale, avec des forces qu'il croyait insignifiantes. »

XXXVIII. — Au début de l'action, nos alliés avec leurs canons Armstrong, très-favorablement placés sur une élévation de terrain, avaient jeté le désordre dans la cavalerie tartare ; une vigoureuse charge de cavalerie commandée par le major Probyn avait dégagé tout le terrain sur la gauche. Ce fut un heureux début, car la cavalerie tartare eût pu considérablement nous inquiéter, et sa disparition du champ de bataille jeta la démoralisation dans les masses d'infanterie privées ainsi d'un soutien efficace. Mais la colonne d'infanterie anglaise sous les ordres du général Mitchell, chargée d'attaquer la droite de l'ennemi, rencontra des forces tartares si compactes, qu'elle ne put opérer son mouvement, craignant d'être coupée du corps principal ; et lorsque le général put, à l'aide des canons qui lui furent envoyés, déblayer le terrain, déjà les Français avaient achevé leur mouvement et dépassé sa hauteur. Le commandant en chef français dut même envoyer un de ses officiers d'ordonnance prier le général anglais de cesser le feu de son artillerie dont les boulets arrivaient dans sa direction (1).

Il était près de deux heures lorsque les troupes, harassées de fatigue, prirent position à Khaouat-tsun, village éloigné de Tung-chao de sept kilomètres environ (2).

Les Anglais s'établirent à quatre kilomètres plus haut

---

(1) Correspondance du général de Montauban.

(2) *Ordre général sur la journée du 18 septembre 1860.*

L'armée tartare tout entière, retranchée dans une position défendue par un grand nombre de pièces de canon, a voulu s'opposer au passage d'une colonne franco-anglaise qui se rendait à Pé-king.

Ces hordes, amenées au combat par des chefs perfides, ont été dispersées en quelques heures.

L'histoire dira que deux mille Européens ont triomphé, par leur courage, d'un ennemi défendant sa capitale avec des forces qui leur étaient dix fois supérieures en nombre.

Le corps expéditionnaire apprendra avec joie cet immense succès.

Le général commandant en chef cite à l'ordre de l'armée les noms des chefs de service qui ont pris part à ce combat, en les faisant suivre de ceux des officiers et soldats dont la bravoure a été au-dessus de tout éloge :

Le général Jamin, commandant en second l'expédition.

Le colonel Schmitz, chef d'état-major général.

Le colonel de Bentzmann, commandant l'artillerie.

Le lieutenant-colonel Dupouët, commandant le génie par intérim.

État-Major général.

De Bouillé, chef d'escadron d'état-major.

De Montauban, capitaine, officier d'ordonnance du général commandant en chef.

au village de Tchang-kia-ouang, qu'ils livrèrent au pillage. — Ce fut un étrange spectacle de voir, dans ce village abandonné par ses habitants, accourir, pour essayer de prendre part au pillage, les hordes de bandits qui suivaient partout les traces de l'armée.

XXXIX. — Pendant que nous remportions sur les Tartares cette victoire signalée, de tristes événements se passaient à Tung-chao où le drapeau parlementaire

Artillerie.

Le capitaine Legardeur.
Le sous-lieutenant Carré (blessé).
Volant, maréchal des logis.
Thevenot, servant (blessé)
Mouat, servant (blessé).
Richard, servant (blessé).

Pontonniers.

Bédel, maréchal des logis (blessé d'un coup de sabre à la main).
Durieu, maître ouvrier.

Cavalerie.

Le lieutenant de Damas, tué en chargeant à la tête des premiers cavaliers.
Le capitaine Mocquart, commandant le détachement.
Le sous-lieutenant Destremont (blessé).
Le maréchal des logis de Braux d'Anglure.
Le brigadier Bellechamps.
Les spahis Otman (blessé) et Mohamed-Oued-Da.

2º bataillon de chasseurs à pied.

Le commandant de la Poterie.
Les capitaines Blouet, Lafouge et de Paillot.
Le sapeur Tappet (blessé).
Le chasseur Troubat (blessé).
Le chasseur Ousouf (disparu).

était impuissant à protéger ceux qui s'étaient mis sous sa sauvegarde. Parmi les personnes envoyées la veille dans cette ville pour y remplir une mission toute pacifique, celles qui n'avaient point eu l'heureuse inspiration de quitter Tung-chao, dès le point du jour, avaient été lâchement arrêtées et garrottées avec la plus odieuse brutalité. — Au nombre de celles-là était le consul Parkes. M. Parkes, on le sait, avait pris la courageuse résolution de retourner sur ses pas pour arracher ses compatriotes à la captivité qui les menaçait ; le même sort était réservé à M. Loch qui avait dignement imité son exemple.

Il est facile de penser avec quelle anxiété l'armée attendait des nouvelles de ces malheureux voués peut-être par la cruauté de leurs ennemis aux plus affreux sup-

101ᵉ *de ligne.*

Le colonel Pouget, qui a été remarqué de tous pour la vigueur qu'il a imprimée à sa troupe,
Le commandant Blot.
Les capitaines Lian et Granier.
Le sergent-major Bosch.
Le sergent Allemand.
Pierre, grenadier (blessé grièvement).

102ᵉ *de ligne.*

Le capitaine Joly.
Le sous-lieutenant Martin de Bonsonge.
Bouillon, sergent.
Métayer grenadier.
Lefèvre, caporal.

Au bivac de Khouat-tsun, le 19 septembre 1860.

Le général commandant en chef,

DE MONTAUBAN.

plices. — Quelle influence exercerait sur les Chinois la nouvelle subite de leur défaite : jetterait-elle la consternation au milieu d'eux, ferait-elle comprendre aux autorités chargées des négociations la vengeance terrible que nous tirerions de cet infâme guet-apens? ou, n'écoutant que sa colère, l'ennemi voudrait-il venger les désastres de son armée sur les prisonniers livrés à sa merci?

La journée se passa dans la plus cruelle inquiétude, tous les regards interrogeaient à l'horizon la route qui conduisait de Tung-chao au camp des alliés, espérant découvrir quelque indice révélateur. — Hélas ! la nuit vint sans nous apporter aucune nouvelle de nos malheureux compatriotes. Il n'était pas douteux, d'après le récit du colonel Walker, que l'officier français entouré par les Chinois, blessé et renversé de son cheval, fût le comptable de première classe Ader. — Ces renseignements étaient corroborés par le comptable Gagey, qui par son ordre l'avait devancé et était parvenu à atteindre l'avant-garde anglaise (1).

L'intendant militaire Dubut et le colonel Foullon Grandchamps avaient dû quitter Tung-chao peu de temps

---

(1)   *Rapport du comptable Gagey.*

Notre chargement s'étant dérangé, et les embarras de la route nous faisant craindre de ne pas arriver à huit heures précises à la porte du village où nous devions rencontrer M. le capitaine Chanoine, chargé de nous indiquer l'emplacement des magasins de l'administration et de l'ambulance, M. Ader m'engagea à le devancer; je fis donc mettre sur la voiture le chargement de ma mule, qui fut montée par le soldat Berden, qui la conduisait et qui m'accompagna en avant, en forçant la marche de nos montures.

après, sans se douter du sort qui les attendait, et avaient été sans nul doute également massacrés.

XL. — Dans une des reconnaissances exécutées le 19 et le 20 septembre, un soldat chinois fait prisonnier raconta, que, le 18, plusieurs étrangers faits prisonniers avaient été emmenés à Pé-king dans des chariots. — On avait espéré que notre victoire si éclatante aurait déterminé le gouvernement chinois à désavouer l'acte de trahison de Tung-chao, mais cette espérance dut s'évanouir. — M. Wade, interprète anglais, envoyé dans la journée du 19 pour réclamer les prisonniers anglais et français, n'avait rien obtenu, et s'était retiré en déclarant aux autorités chinoises que l'on attaquerait Pé-king, si ces prisonniers n'étaient pas immédiatement renvoyés à leur camp respectif.

En face des faits qui venaient de s'accomplir et du refus criminel des plénipotentiaires chinois qui tous deux, à n'en pas douter, avaient trempé dans cet infâme guet-apens, il ne restait plus qu'à marcher résolûment en avant.

Les deux journées qui s'étaient écoulées avaient été, nous l'avons dit, employées à explorer le pays. Les reconnaissances envoyées dans différentes directions avaient appris aux généraux alliés qu'un nombre considérable de Tartares des bannières se rassemblait au-dessus de Tung-chao. — C'était là qu'était réunie dans de grands camps retranchés cette redoutable cavalerie tartare que nous avions un instant aperçue dans la journée du 18; elle était, ainsi que l'infanterie, sous les ordres du fameux chef mogol Sang-ko-lin-sin, ce général si renommé parmi les Chinois par ses victoires sur les rebelles et que n'avaient pu faire disgracier ni l'échec du Peï ho, ni celui qu'il venait encore d'essuyer tout récemment.

Les camps préparés de longue main et placés à cheval sur la grande route de Pé-king révélaient une direction énergique et habile; le combat livré deux jours auparavant n'avait évidemment aucun caractère décisif aux yeux des chefs militaires tartares. — C'était dans la vaste plaine qui s'étend en avant du canal depuis Tung-chao jusqu'au pont de Pa-li-kiao que le Sen-Wang Sang-ko-lin-sin s'était établi dans une redoutable position.

XLI. — On apprit plus tard par une correspondance qui tomba entre les mains des alliés, que Sang-ko-lin-sin avait écrit de Kho-seyou à l'Empereur pour lui faire savoir que nous nous avancions de Tien-tsin vers la capitale avec des forces si minimes qu'il n'y avait rien à craindre.

« La position que j'ai choisie en avant de Tchang-kia-ouang (disait-il) est très-forte et les nombreuses troupes que je commande sont disposées de telle façon qu'il me sera facile d'écraser les barbares, s'ils tentent d'aller plus avant. » — La date de cette lettre indiquait qu'elle avait été écrite dans le même moment où le prince Tsaï et son collègue traitaient et donnaient aux ambassadeurs des assurances réitérées de paix.

Les deux généraux en chef ne doutèrent point qu'une grande bataille ne fût imminente ; ils résolurent de prendre les devants et d'attaquer l'ennemi, dès le lendemain. — Le général Collineau, accouru à marches forcées avec toutes ses forces disponibles, avait rejoint l'armée dans la journée du 19 septembre.

Le 20, dans la soirée, après avoir reçu tous les renseignements que l'on avait pu recueillir sur le développement des positions ennemies, le général de Montauban se rendit auprès du commandant en chef anglais pour combiner avec lui le plan général des opérations du lendemain.

Les ambassadeurs avaient enfin ouvert les yeux sur l'inefficacité des négociations diplomatiques, voile trompeur derrière lequel le gouvernement chinois avait caché jusqu'au dernier moment ses préparatifs de défense. La vraie vérité se faisait jour un peu tard peut-être, et devait, en dehors des chances ordinaires de la guerre, coûter la vie à quelques-uns des infortunés si traîtreusement arrêtés dans la ville de Tung-chao.

Les dispositions de combat furent donc arrêtées de commun accord avec le général Grant.

XLII. — « Nous avions, écrit le général de Montauban au ministre de la guerre (1), à cinq kilomètres en avant de nos bivacs de Tchang-kia-ouang, la grande ville de Tung-chao de 400 000 âmes, qui est reliée à Pé-king

---

1. Dépêche du 21 septembre.

par une voie de douze kilomètres, ouvrage des anciennes dynasties. Cette route traverse, au village de Pa-li-kiao et sur un grand pont de pierre, le canal qui joint le Peï ho à Pé-king. Nous résolûmes de négliger Tung-chao, où il n'y avait plus un seul soldat, et de nous porter sur ce pont que nous savions occupé, en avant et en arrière, par les camps du Sen-Wang. »

C'était à l'armée française, cette fois, à choisir son ordre de marche et sa position d'attaque ; le général de Montauban prit le pont de Pa-li-kiao, ce devait être évidemment le point principal de la défense.

Ainsi, l'armée française devait s'avancer directement vers ce pont, tandis que l'armée anglaise, déployée sur sa gauche, chercherait un autre point de passage, en prenant pour direction un petit pont de bois étroit et destiné aux piétons.—Ce pont était à trois kilomètres environ plus à gauche. Mais il était évident que les deux corps expéditionnaires restaient un peu dans l'inconnu, malgré les renseignements recueillis la veille et l'avant-veille, et sur l'exactitude desquels il n'était pas possible de se fier entièrement. Les chefs ignoraient la route certaine qu'ils pourraient suivre et si des obstacles matériels ne viendraient pas entraver leur marche et surtout intercepter le passage de leur artillerie. — C'étaient là des considérations majeures dont il fallait accepter les éventualités bonnes ou mauvaises.

Une résolution prompte et énergique était déjà un gage de succès. — La journée du lendemain devait être décisive. — L'armée tartare battue ne pourrait plus se relever de ce nouvel échec, et laisserait la grande route qui conduit de Tung-chao à Pé-king. Sang-ko-lin-sin était là, et si la cavalerie avait déserté le champ de bataille de Tchang-kia-ouang, c'était pour nous attendre sur son terrain dans une position que le chef tartare jugeait inexpugnable; les nuées de ses cavaliers devaient fouler les barbares aux pieds de leurs chevaux, comme une vile poussière.

CHAPITRE III.

XLIII. — Dans le camp des alliés, la nuit fut pleine non d'anxiété mais de fièvre, de cette fièvre d'impatience qui fait battre le cœur des plus nobles émotions, la nuit vint couvrir de son voile les derniers préparatifs. — Si près de l'ennemi, toutes les mesures d'une surveillance sévère avaient été prises pour éviter toute surprise; les sentinelles vigilantes épiaient le moindre bruit; les grands-gardes étaient prêts à s'élancer au premier signal. Toute la nuit, des patrouilles parcoururent le camp, sillonnant dans leur marche régulière les tentes endormies.

Dès que les premiers rayons du jour parurent, l'armée alliée était debout ; les chefs de corps avaient reçu leur ordre de marche et d'attaque. — Déjà les tentes sont dépliées. — Les soldats ont pris le café. — Le signal du départ est donné ; il est cinq heures et demie du matin.

Le général de Montauban, passant en avant de l'armée anglaise pour prendre la position où l'appelait son tour de marche, laissa ses bagages sous la protection de deux compagnies d'infanterie, dans un petit village situé à une lieue en avant de Tchang-kia-ouang. — La colonne française s'était avancée à dix kilomètres environ au delà de Khaouat-tsun, et n'était plus séparée de Pa-li-kiao que par une distance de trois kilomètres au plus, lorsqu'elle aperçut les premières vedettes tartares.

Les terrains, presque complétement boisés, interceptaient la vue de distance en distance. Des groupes de maisons assez considérables, reliées entre elles par des massifs épais où s'élevait un grand nombre de tombeaux, contribuaient encore à nous dérober les mouvements de l'ennemi.

XLIV. — Des cavaliers sont lancés en avant pour éclairer la route. La cavalerie tartare, que l'on ne pouvait encore apercevoir, déployée dans une immense plaine, formait un grand arc de cercle au centre duquel se trouvait Oua-koua-yé ; aux alentours et derrière ce village étaient échelonnées de grandes masses d'infanterie avec du canon. Le demi-cercle que formait cette cavalerie, évaluée à 20 000 ou 25 000 hommes environ(1), était puissamment renforcé aux deux ailes. — Le terrain avait été habilement choisi pour livrer bataille. — Le village de Oua-koua-yé était un solide point d'appui qui pouvait, au besoin, couvrir la retraite de la cavalerie, si celle-ci était forcée de se replier, et défendre les approches du grand pont de Pa-li-kiao, où l'ennemi avait concentré, en arrière du canal, des forces d'infanterie considérables.

Le général de Montauban, qui tenait, nous l'avons dit, la droite de l'armée alliée, a pris les premières dispositions de combat.

Le général Collineau reçoit l'ordre de se porter en avant. Cette petite colonne d'avant-garde se compose d'une compagnie du génie, de deux compagnies de chasseurs à pied, d'un détachement de pontonniers, d'une batterie de quatre et de deux pelotons d'artilleurs à cheval. Le général Collineau doit appuyer un peu à gauche pour se tenir à bonne distance de l'aile droite des Anglais. — Le commandant en chef suivait le mouvement avec le général Jamin, en se maintenant sur la droite; il avait conservé le reste du bataillon de chasseurs à pied, les fuséens, la batterie de 12 et le 101ᵉ de ligne.

XLV. — Menacée dans le centre de sa ligne, la cavalerie tartare, dont les massifs d'arbres nous dérobaient les mouvements, s'ébranla tout à coup, et s'avança

---

1. Correspondance du général de Montauban au ministre de la guerre, 22 septembre 1860.

résolûment en deux masses compactes, jusqu'à cinquante mètres environ de la ligne des tirailleurs. — Les cavaliers sont armés de lances et d'arcs. — Reçus par un feu très-vif qui abat dès la première décharge un grand nombre d'hommes et de chevaux, ils ne s'arrêtent pas; de nouveaux escadrons accourent se joindre à eux, et cette nuée de cavaliers, pleine d'une confiance redoutable qu'augmente encore la supériorité si considérable du nombre, cherche à écraser la faible avantgarde que commande le général Collineau; mais déjà celui-ci a mis ses pièces en batterie et préparé ses faibles troupes à recevoir fièrement l'ennemi. — Le colonel Pouget est accouru et a rallié aussitôt les deux compagnies de chasseurs détachées en tirailleurs, puis il a rejoint au galop son régiment qui tient la droite.

La situation est grave et le danger imminent. — Cet ouragan humain augmente et se décuple de minute en minute; il déborde en un instant toute notre ligne de bataille avec des cris sauvages. A voir hommes et chevaux s'élancer ainsi, soulevant autour d'eux des nuages de poussière, on eût dit qu'ils vont, sans s'arrêter, passer sur le corps de ces quelques combattants qu'ils menacent d'envelopper de toutes parts; mais l'artillerie tonne, et les boulets tracent de sanglants sillons dans ces masses amoncelées et tumultueuses. — Les balles de carabines renversent les premiers rangs, les baïonnettes étincelantes touchent presque les poitrails des chevaux. Devant cette résistance inattendue, les Tartares s'arrêtent, hésitent, et, se répandant sur leur droite, comme un torrent subitement débordé, vont tourner par la gauche le corps si réduit du général Collineau. Car le vide qui existait entre lui et les Anglais n'est pas comblé, et le général Grant, au lieu de suivre sa marche en avant, s'est jeté entièrement à gauche avec sa cavalerie et son artillerie, nous laissant ainsi entièrement à découvert.

Ce changement au plan combiné entre les généraux alliés faillit être fatal, car le général Collineau ne trouvant plus de point d'appui, pouvait être écrasé.

XLVI. — Un violent feu d'artillerie s'est en même temps ouvert contre notre droite, au moment où le commandant en chef allait soutenir le général Collineau avec le reste de ses troupes; forcé de se défendre aussi, il donne l'ordre au général Jamin de faire, de ce côté, face au canon. — Pendant qu'il déploiera le bataillon de chasseurs et placera les fuséens et le bataillon d'artillerie, le 101ᵉ avancera le plus promptement possible pour renforcer la droite.

Mais le général Collineau est menacé de plus en plus; la cavalerie tartare, qui s'est aperçue des vides qui séparent les deux corps alliés, glissant sur le front de bataille qu'elle voulait d'abord traverser, se développe, par une manœuvre soudaine, sur ses deux ailes et s'élance avec un redoublement d'énergie pour nous entourer de toutes parts. — Enhardis par notre infériorité numérique, les cavaliers poussent des cris sauvages pour s'animer au combat, et brandissent leurs armes, en se courbant sur leurs chevaux dont ils déchirent les flancs avec leurs éperons aigus.

Il ne s'agit plus de s'occuper du canon qui retentit en ce moment sur la droite, tant là le danger est immense, il faut se resserrer pour briser dans son élan cette charge impétueuse. — Le commandant Campenon, de l'état-major général, a porté l'ordre au général Jamin de se rabattre sur la gauche. — Mais, avant même que cet ordre pût être exécuté, la cavalerie tartare s'est jetée à la fois sur le centre, sur la gauche et sur la droite, sans pouvoir parvenir à se frayer un passage. A gauche, le général Collineau a tenu bon avec la petite poignée d'hommes énergiques qu'il commande, et la batterie Jamont froudroie presqu'à bout portant les escadrons ennemis. — Au centre, ce sont les fuséens et les chasseurs à pied, appuyés par la batterie de 12, dont le tir, dirigé avec une grande précision, fait de sanglants ravages. — A droite, le 101ᵉ, disposé en carrés par l'intrépide colonel Pouget, attend l'ennemi avec sang-froid et l'arrête par un feu nourri et meurtrier.

XLVII. — C'est en ce moment qu'apparut enfin la tête de colonne anglaise qui entrait en ligne en reliant notre gauche. En vain les chefs tartares s'élancent de nouveau avec une grande intrépidité, jusque sur les baïonnettes de nos soldats; les escadrons désunis ne continuent plus le combat; immobiles, mais fiers, ils restent sous le feu qui les décime, et se retirent lentement emportant leurs morts et leurs blessés. L'arrivée des Anglais, en ôtant tout espoir aux cavaliers tartares de nous envelopper, a dégagé la position un instant sérieusement compromise.

Rassuré sur son aile gauche, le général de Montauban peut alors continuer rapidement son mouvement sur le pont de Pa-li-kiao, en enlevant Oua-koua-yé, où l'ennemi s'est solidement retranché.

Pendant que le général Collineau marchera devant lui, en appuyant à droite par un mouvement de rotation pour gagner le canal et menacer en même temps la droite du village, le général Jamin abordera ce village de front, et, le traversant, se dirigera en ligne directe sur le pont.

Ainsi la colonne Collineau, tout en opérant son mouvement de conversion, prête, par une simultanéité de mouvement, son appui à l'attaque du général Jamin, que dirige en personne le général en chef.

Nos troupes, électrisées par leur premier succès, en voyant fuir devant elles cette cavalerie si redoutée dans tout l'Empire, se lancent au pas de course dans la direction qui leur est indiquée. L'infanterie ennemie massée aux abords, dedans et derrière le village de Oua-koua-yé, s'apprête à défendre pied à pied cette position. A notre approche, son artillerie commence un feu violent. — Mais, comme toujours, son point de mire est défectueux; les boulets traversent l'espace à une grande hauteur, et vont labourer loin de nous les terrains déserts.

Le cri : *En avant !* retentit sur toute la ligne ; le 101e, que conduit toujours au feu son colonel, entre par la droite, renversant tout ce qui s'oppose à son passage, pendant que les chasseurs à pied envahissent la gauche et prennent ainsi, dans un cercle de feu, les masses éperdues qui se font tuer en essayant encore une défense inutile.

Alors, au milieu de ces colonnes, brisées à la fois par les balles et par les baïonnettes, on vit des chefs tartares s'avancer au milieu du feu, agitant des drapeaux pour rallier leurs combattants et les ramener vers le pont où Sang-ko-lin-sin a déployé sa bannière ; c'est là que ce général a organisé sa principale défense. — C'est là le dernier rempart qu'il faut franchir pour marcher victorieusement sur la capitale.

XLVIII. — De son côté, le général Collineau a rencontré sur sa route un ensemble de bois touffus, remplis de tombeaux. — Les Chinois ont disséminé derrière ces abris naturels un grand nombre de tirailleurs qui tentent de barrer le passage à cette colonne. Le général les a bientôt refoulés, et continue rapidement sa marche pour atteindre le canal. — Les deux brigades marchaient donc à la même hauteur, refoulant les fuyards devant elles.

Déjà toutes deux apercevaient le beau pont de Pa-li-kiao, surmonté d'énormes statues et que l'infanterie, disposée en arrière en masses profondes, s'apprête à défendre vigoureusement. — Tout le long du canal, sur les berges opposées, couvertes de joncs élevés, sont embusqués des tirailleurs armés d'arcs et de gingalls; d'autres se sont logés dans les pagodes et dans les maisons éparpillées sur le bord. — Pendant que notre infanterie s'approche, en s'abritant, elle aussi, derrière les constructions qu'elle rencontre, l'artillerie du général Collineau s'est mise en position et prend le pont d'écharpe; de son côté le colonel de Bentzmann, avec la batterie de 12 et les fuséens, le prend d'enfilade et dirige spécialement son feu sur les pièces de gros calibre qui en protégent les abords.

L'ennemi, déjà repoussé deux fois, ne s'avoue cependant pas encore vaincu et s'apprête à disputer résolûment le passage.

XLIX. — On ne peut réellement expliquer que par l'infériorité de l'armement des Chinois les pertes peu considérables que nous avons subies, malgré la ténacité de leur résistance (1). On eût dit, en effet, que nos soldats étaient protégés par une main invisible qui écartait d'eux les balles et les boulets que l'ennemi lançait avec une profusion sans égale. — Le pont semblait en feu et tremblait dans sa base sous les volées retentissantes des canons tartares. — Ce n'était plus derrière des remparts ou abrités par des ouvrages de campagne que combattaient les Chinois, c'était à poitrine découverte. — Là sont réunis, aux portes mêmes de la capitale, les Tartares de la bannière impériale, l'élite des troupes de l'Em-

---

(1) Rapport du général de Montauban.

pire. A leur tête, au milieu du pont, exposé aux balles et aux boulets qui pleuvent de toutes parts, un de leurs chefs à cheval agite, en signe de défi, une bannière jaune, et pousse des cris gutturaux qui se perdent dans le bruit de la canonnade. — Autour de ce chef intrépide le marbre des parapets vole en éclats, et nos obus abattent des rangs entiers. — La mort qui frappe sans relâche n'épouvante pas ces inhabiles mais hardis combattants ; pas un ne bouge. — Déjà les bords du canal et le pont lui-même sont couverts de morts mutilés par d'affreuses blessures.

« En ce moment (écrit le général de Montauban), le pont de Pa-li-kiao offrait un spectacle qui est certes un des épisodes les plus saisissants de la journée. Tous les cavaliers, si ardents le matin, avaient disparu. — Sur la chaussée du pont, monument grandiose d'une civilisation vieillie, des fantassins richement vêtus agitaient des étendards et répondaient à découvert par un feu heureusement impuissant à celui de nos pièces et à notre mousqueterie. « C'était l'élite de l'armée qui se dévouait pour couvrir la retraite. »

Depuis près d'une demi-heure, le feu ne cessait pas de part et d'autre. Cependant celui de l'ennemi faiblissait sensiblement. Nos boulets avaient tué presque tous les canonniers sur leurs pièces.

Le général Collineau a formé une colonne d'attaque à laquelle se joint la compagnie du 101e du capitaine de Moncets, officier plein de bravoure, qui déjà avait voulu se jeter en avant. — Le général a pris la tête de la colonne et s'élance à cheval vers le pont; derrière lui, guidées par leurs chefs, accourt le reste de ses troupes, aux cris de : *Vive l'Empereur!* — Ils envahissent le pont, qu'encombrent les morts et les blessés, et dont l'entrée est obstruée par des pièces de canon renversées de leurs affûts. — L'ennemi n'essaye plus de résister ; ces masses si compactes tout à l'heure, maintenant confuses, désorganisées, privées de leurs chefs, dont le plus grand nombre a été tué en s'exposant vaillamment à nos coups, se retirent en désordre dans la direction de Pé-King. — Le général Collineau culbute avec son avant-garde quelques groupes de Tartares qui tentent encore un dernier effort, et s'engage sur la droite de la route à la poursuite des fuyards. — Mais des maisons qui bordent la rive opposée à l'armée alliée et des berges couvertes, de hautes herbes, part encore un feu assez suivi de tirailleurs. — Ces derniers défenseurs du pont sont presque tous tués sur place, et le général en chef marche avec la colonne Jamin sur les traces du général Collineau.

L'ennemi avait disparu, laissant le champ de bataille couvert de ses morts. — Il était midi, et depuis sept heures du matin le combat durait. — Le général de Montauban fait sonner la halte, et, deux heures après, toutes les troupes étaient établies dans le camp et sous les tentes mêmes des Tartares.

L. — Mais qu'avaient fait de leur côté nos alliés depuis le matin? quelle marche avaient-ils suivie? quels combats avaient-ils livrés? — Le droit que nous avions eu de choisir notre ordre de marche et notre point d'attaque nous avait donné la plus grosse part dans cette glorieuse journée ; car il était évident que c'était sur le grand pont de Pa-li-kiao que se déciderait le sort de la bataille.

L'extrême gauche de la cavalerie anglaise devait, tout en suivant sa direction, balayer ce qu'elle rencontrerait, de manière à refouler le flanc droit de l'ennemi vers son centre, qui se trouverait alors n'avoir plus d'autre ligne de retraite que le canal ou le petit pont de bateaux contre lesquels marchaient l'artillerie, l'infanterie et la cavalerie. — Arrêtée ainsi d'un côté par les colonnes françaises, de l'autre par les colonnes anglaises, l'armée tartare devait être culbutée et mise dans le plus grand désordre.

LI. — Le corps expéditionnaire anglais, après avoir marché un mille environ, aperçut la cavalerie s'étendant à perte de vue. — Les positions qu'elle occupait indiquaient son intention d'envelopper la gauche de la ligne alliée. — L'infanterie, postée dans les petits bois qui étaient disséminés dans la plaine, pouvait masquer ses mouvements. Elle ouvrit aussitôt un feu de gingalls et de pièces de campagne.

Le général Grant se préoccupa sérieusement de ce grand déploiement de forces sur son extrême gauche. Comme il entendait une vive cannonade du côté des Français, il voulut, de sa personne, s'assurer de la position de ses alliés ; mais il s'égara, et, se trouvant tout à coup en face d'un fort parti tartare, il dut, avec son état-major, rebrousser chemin. L'ennemi s'élança à sa poursuite avec de grands cris; mais, arrivé à deux cent cinquante mètres environ de la ligne, il fut reçu par un feu d'artillerie qui l'arrêta court et le rejeta sur la droite, où l'on sait que déjà les deux brigades françaises avaient aussi devant elles des masses considérables de cavalerie qui voulaient, en les enveloppant, les isoler complétement. — C'est alors que l'apparition des Anglais, retardée par la préoccupation sérieuse que leur donnaient ces masses considérables de cavalerie déployées sur leur gauche, vint apporter un si utile appui au petit corps du général Collineau.

LII. — Le général Grant divisa ses troupes en deux corps. — La droite, sous les ordres du brigadier Sutton, et la gauche, où il se tenait en personne, sous le commandement de sir John Mitchell. — La cavalerie se porta aussitôt en avant sur la cavalerie tartare, qui venait de tenter d'inutiles efforts contre le général Collineau. — En voyant les cavaliers anglais s'avancer, les Tartares se reformèrent rapidement derrière un fossé large et profond.

Les dragons de la garde du roi et les sicks poussèrent aussitôt sur eux avec une grandeur énergique. Par malheur un grand nombre de chevaux des sicks, gênés par leurs martingales, ne purent franchir le fossé et s'abattirent se culbutant en désordre les uns sur les autres et renversant leurs cavaliers, — mais les dragons du roi arrivèrent si rapidement sur les Tartares, qu'ils les rompirent, les débandèrent et les mirent en déroute. — Une portion des sicks se joignit à eux et compléta la déroute de l'ennemi qui se dispersa dans toutes les directions. — La colonne du général Grant, voyant cette cavalerie se répandre confusément sur la gauche, se mit à sa poursuite, pendant que les projectiles des canons armstrong éclataient dans ses rangs et augmentaient le désordre en abattant hommes et chevaux.

LIII. — Dans la direction que suivait cette colonne, les Tartares avaient plusieurs camps, les Anglais trouvèrent les tentes encore debout et les détruisirent. A mesure qu'ils approchaient de ces différents camps par des chemins très-difficiles, ils voyaient l'ennemi les abandonner à la hâte, sans même tenter de s'y défendre. — Il n'essaya de résistance que dans un seul qui était entouré de terrains boisés dans lesquels l'infanterie retranchée ouvrit un feu assez vif, mais elle en fut rapidement délogée. — Cette colonne, après avoir marché pendant quelque temps le long du canal, dans la direction de Pé-king, rejoignit la 2e brigade qui était déjà arrivée au pont de bois, en chassant successivement devant elle quelques groupes d'infanterie et de cavalerie tartare embusqués dans les bois.

Ce pont devant lequel les Anglais se trouvèrent étant infranchissable pour leur artillerie, ils n'allèrent pas plus avant. — D'ailleurs la bataille était gagnée, et déjà le général Collineau avait enlevé de son côté le grand pont de Pa-li-kiao, centre de résistance de l'armée tartare.

Les deux corps expéditionnaires établirent leurs bivacs dans les positions respectives qu'ils occupaient.

Pendant quelque temps encore on entendit çà et là quelques coups de fusil isolés, tirés par l'ennemi dans sa retraite sur les patrouilles envoyées en reconnaissance dans différentes directions au delà du canal; puis la nuit vint, et avec elle un silence profond, étrange contraste avec ce formidable tumulte d'hommes, de chevaux et de canons, qui quelques heures auparavant retentissait dans cette immense plaine où venaient de s'anéantir les dernières espérances et se briser les suprêmes efforts de l'armée tartare.

LIV. — Le lendemain, le pont de Pa-li-kiao et ses abords offraient un lugubre spectacle. Sur les côtés du pont sont entassés pêle-mêle des monceaux de cadavres chinois, quelques-uns sont presque entièrement consumés par le feu. En effet, les fantassins tartares portent sur la poitrine une cartouchière remplie de poudre et ont une mèche enroulée autour du bras, c'est avec cette mèche qu'ils allument l'amorce de leur mousquet. — Les malheureux étaient tombés ayant encore cette mèche allumée qui avait mis le feu à la poudre des cartouchières. Ces corps calcinés ont un aspect affreux. — C'est la mort sous son plus sinistre aspect. D'autres ont la tête emportée par les boulets et sont couchés sur les chevaux éventrés par nos projectiles. — Les prisonniers tartares sont employés à enterrer les morts.

La journée du 21 septembre mettait en notre pouvoir

vingt-sept canons en bronze, une énorme quantité de mousquets à mèche, de gingalls, de lances, d'arcs, de flèches et d'engins de guerre. — Les étendards de toutes couleurs jonchaient la terre au milieu des morts, ainsi qu'une bannière du fameux chef Sang-ko-lin-sin.

D'après tous les renseignements recueillis et en se fondant surtout sur l'assertion du général Ignatieff, ambassadeur de Russie en Chine, qui se trouvait à Pé-king le jour même de la bataille, on peut évaluer les forces tartares dans cette journée à 50 ou 60 000 hommes, sur lesquels il faut compter 30 000 cavaliers environ.

LV. — Les Chinois perdirent près de 3000 hommes (1), tandis que les pertes des alliés étaient presque nulles: les Français eurent 3 hommes tués et 17 blessés, — les Anglais eurent 2 tués et 29 blessés. Ainsi l'armée alliée comptait en tout 51 hommes hors de combat.

Les pertes si considérables du côté des Chinois seraient à peine croyables, si l'on ne s'en rendait compte en examinant les armes primitives dont les Chinois se servent, jointes à l'inhabileté de leur tir; — pas un de leurs boulets n'a porté. Leurs canons étaient pour la plupart du plus gros calibre, et les projectiles qu'ils lançaient dépassaient presque tous la cime des arbres ou brisaient en passant les branches les plus élevées. Cette infério-

---

(1) Ce chiffre est celui que les Chinois accusent eux-mêmes, et on le trouva plus tard relaté dans une lettre saisie sur un courrier expédié de Pé-king et qui fut arrêté le 5 octobre à une des portes de sortie de la ville.

rité d'armement, cette inhabileté de manœuvres et de tir se faisaient bien plus sentir sur un champ de bataille où le lieu du combat était sans cesse déplacé. Les Chinois n'ont pas étudié la guerre, aussi ils ne savent pas combattre : car le soldat, le soldat tartare surtout, est d'une bravoure incontestable, et dans cette guerre comme dans celle de l'année précédente, on avait vu des chefs se donner eux-mêmes la mort pour ne pas survivre à leur défaite.

LVI. — Une bataille est surtout grande par ses résultats ; aussi la bataille de Pa-li-kiao avait une immense portée. — C'était le dernier coup de hache qui renverse et abat le cèdre orgueilleux. C'était l'armée tartare démoralisée, débandée, emportant avec elle dans sa fuite le dernier espoir de l'Empereur, réduit à s'enfuir en Tartarie.

Après la bataille de Pa-li-kiao livrée au cœur même de l'Empire, après la défaite inattendue des troupes impériale et celle de cette cavalerie tartare réputée invincible, un traité de paix était l'unique ressource du gouvernement chinois, s'il ne voulait voir la ville de Pé-king devenir la proie des armées alliées et le gage de sa soumission.

C'était enfin le désastre réel, palpable, de toutes ces illusions de victoires dont le parti de la guerre berçait dans le grand conseil le souverain aveugle.

Que restait-il de cette formidable concentration de forces qui, la veille, couvrait comme un rempart infranchissable les approches de la capitale? — Le souvenir d'une défaite et la route ouverte jusqu'aux portes mêmes de la capitale du Céleste-Empire.

LVII. — Le lendemain, une dépêche du prince Kong, frère puîné de l'Empereur, arriva au camp ; elle était adressée au baron Gros. — Cette dépêche, datée de 21 septembre, semblait, ou plutôt voulait paraître avoir été écrite avant la bataille : car elle ne faisait aucune mention des grands événements militaires qui venaient de se passer et du désastre de l'armée chinoise.

Le prince Kong annonçait que les hauts commissaires Tsaï et Muh, *ayant mal mené les affaires,* avaient été destitués; comme prince de la famille impériale, il avait reçu les pouvoirs les plus étendus pour traiter avec les ambassadeurs et conclure enfin la paix. Il demandait en conséquence de faire cesser les hostilités.

La nomination du frère de l'Empereur comme négociateur plénipotentiaire avec les ambassadeurs des puissances alliées avait évidemment une portée sérieuse et un sens significatif. — Après avoir recouru à la ruse et à la trahison, après avoir tenté fatalement le sort des armes, le gouvernement chinois comprenait enfin que la paix était son seul refuge, et il envoyait comme gage de sa sincérité le frère même du Souverain.

Le même jour, le baron Gros et lord Elgin répondirent au prince Kong que des sujets français et anglais, venus à Tung-chao sous la sauvegarde du drapeau parlementaire, avaient été traîtreusement arrêtés, qu'en vain ils avaient été réclamés au prince Tsaï, et que les hostilités ne seraient pas suspendues, tant qu'ils ne seraient pas revenus à leurs camps respectifs. Alors seulement les négociations de paix pourraient être reprises.

« Le Tao-taï de Tung-chao (ajoutent les ambassadeurs) a été prévenu par les commandants en chef des forces alliées, que si le moindre obstacle était apporté au retour de ces individus, le gouvernement chinois assumerait sur lui la plus grave responsabilité (1). »

Loin d'être satisfaisante et catégorique, la réponse du prince Kong se traîna encore dans les mêmes voies de cette diplomatie tortueuse et ambiguë; elle ne disait rien, ne résolvait rien. — Mais l'heure des atermoiements est passée; les faits qui se sont accomplis donnent aux ambassadeurs le droit de tenir un langage sévère qui précise la question et la met sur son véritable terrain.

LVIII. — Il est intéressant de suivre le fil de ces négociations rompues tant de fois et tant de fois reprises; c'est un des côtés de la campagne de Chine les plus curieux à étudier. On a reproché aux plénipotentiaires anglais et français d'avoir, malgré des délais interminables, continué à négocier avec ce semblant de gouvernement perfide, dont l'astuce et la mauvaise foi étaient palpables à tous les yeux, aussi bien dans ses actes que dans ses communications officielles. Cette étude de l'action diplo-

(1) Dépêche du baron Gros au prince Kong Pa-li-kiao, 22 septembre 1860.

matique, mise en regard de l'action militaire, fera mieux comprendre les faits accomplis et apprécier ceux qui devaient s'accomplir et atteindre enfin le but depuis si longtemps poursuivi.

La dépêche que le baron Gros adressa alors au prince Kong est une pièce diplomatique qu'il est important de connaître en son entier, car elle joint à la loyauté et à la fermeté du langage une éloquence pleine de dignité.

25 septembre 1860.

« Le soussigné a reçu la dépêche que S. A. le prince Kong lui a fait l'honneur de lui écrire le 23 de ce mois, et qui semble devoir aggraver la position du gouvernement chinois, si celui-ci, mû par un de ces sentiments d'honneur et d'équité qui se produisent chez les nations civilisées, eût renvoyé immédiatement dans les camps des alliés les individus qui, en violation du droit des gens et des principes de l'honneur, ont été détenus, alors que, se confiant à la parole des commissaires impériaux, ils revenaient de Tung-chao, où ils avaient été reçus comme parlementaires, la paix aurait été signée dans peu de jours, et le pays n'aurait plus à souffrir des maux que la guerre entraîne nécessairement avec elle.

« Les commandants alliés ont pris, les armes à la main, bien des soldats tartares et leur ont rendu la liberté. Quant aux blessés ennemis relevés sur le champ de bataille, ils sont dans nos hôpitaux, où ils reçoivent les mêmes soins que nous donnons à nos soldats. Que le gouvernement chinois compare sa conduite à la nôtre, peut-être sera-t-il honteux de celle qu'il a tenue.

« Le soussigné croit ne pouvoir mieux faire, pour répondre à la dépêche du prince Kong, que de lui envoyer celle qu'il avait écrite au commissaire impérial, prince Tsaï, et qu'il allait lui faire parvenir, lorsque le prince Kong a adressé au soussigné sa communication du 21 de ce mois. Le soussigné donne aujourd'hui à cette ancienne dépêche toute la valeur qu'elle avait, et il s'adresse au prince Kong, en le priant seulement de vouloir bien substituer son nom à celui du commissaire impérial Tsaï (1).

---

(1) *Communications aux commissaires impériaux Tsaï et Muh, envoyée au prince Kong, le 25 décembre* 1860.

Le soussigné a reçu la lettre que Leurs Excellences lui ont fait remettre par le premier secrétaire de son ambassade qui avait eu l'honneur de les voir à Tung-chao ; mais les graves événements qui se sont passés depuis ce jour-là ont empêché le soussigné d'y répondre.

Lorsque, pour mettre à exécution les arrangements convenus entre Leurs Excellences et le soussigné, et dont la dépêche en question était la pleine confirmation de la part des commissaires impériaux, les troupes alliées de la France et de l'Angleterre se sont avancées, pleines de confiance, vers le terrain sur lequel il avait été convenu qu'elles établiraient leur camp, et elles en étaient encore assez éloignées, lorsque l'armée tartare, violant avec perfidie le droit des gens et les simples notions de l'honneur, a laissé blesser ou tuer des Européens qui revenaient paisiblement de Tung-chao, où ils s'étaient rendus comme parlementaires, et pour y prendre quelques arrangements relatifs à la position que la paix allait créer; dans son orgueil, le commandant en chef tartare a cru pouvoir attaquer l'avant-garde des alliés et a subi une déroute complète.

Les troupes alliées, par suite de cette conduite, se sont trouvées déliées des engagements qu'elles avaient pris, et qu'elles remplissaient avec honneur; elles ont, à leur tour, attaqué le camp de *Pa-li-kiao*,

« Le soussigné ne peut croire que Son Altesse approuve la conduite déloyale tenue par quelques autorités chinoises, qui semblent vouloir pousser la dynastie à sa perte, et il demande à Son Altesse de prévenir les malheurs qui peuvent encore arriver : qu'il relâche immédiatement les Français et les Anglais qui sont détenus contre l'équité et le droit des gens, et qu'il les renvoie

où s'était réfugié le chef tartare, après sa première défaite, et l'ont forcé à fuir une seconde fois, laissant son camp tout entier au pouvoir des alliés, après avoir inutilement sacrifié, les meilleurs de ses soldats.

Leurs Excellences ont écrit plusieurs fois au soussigné que leur parole était sincère, et qu'ils n'agiraient pas comme Kwei-liang, qui avait manqué à la sienne, et le soussigné y croit fermement. Il ne sera pas déçu dans son espoir. La paix peut être encore signée à Tung-chao, comme il en avait été convenu de part et d'autre, il n'y aura de changé dans la position que la double défaite des troupes impériales, et le campement des forces alliées qui se trouvera auprès de Tung-chao, au lieu d'être auprès de Tchang-kia-ouang.

Les conférences peuvent donc être tenues à Tung-chao, comme il en avait été convenu ; et après y avoir signé une convention de paix, le soussigné pourra se rendre à Pé-king, pour y procéder à l'échange des ratifications du traité de 1858. Les troupes françaises campées près de la capitale retourneront alors à Tien-tsin, lorsque tout sera terminé à Pé-king.

Le soussigné attendra pendant deux fois vingt-quatre heures une réponse à cette importante communication, qui donne encore au gouvernement chinois un moyen de conclure la paix.

Le soussigné doit déclarer formellement à Leurs Excellences que S. M. l'empereur des Français désire sincèrement que l'auguste dynastie qui règne aujourd'hui sur l'empire chinois se maintienne sur le trône et s'y raffermisse ; or, dans l'esprit du soussigné, la prise et l'occupation de Pé-king par les troupes alliées pourrait lui faire courir de véritables dangers, et le soussigné veut encore tenter un dernier moyen de conciliation, avant de laisser cette chance se produire; ainsi donc, ou la paix encore à Tung-chao, ou la marche des troupes alliées vers le nord.

Le soussigné profite, etc.

Baron Gros.

aux commandants en chef alliés qui ont rendu à la liberté des prisonniers que le sort des armes a fait tomber loyalement entre nos mains. Que les conférences s'ouvrent à Tung-chao, qu'une convention de paix soit signée et que l'échange des ratifications des traités de 1858 se fasse à Pé-king, comme tout cela a été convenu avant la trahison du 18 de ce mois, et les troupes françaises ne feront plus un pas en avant; elles s'éloigneront au contraire des abords de la capitale dès que tout sera terminé à Pé-king.

« Le soussigné croit devoir déclarer formellement à Son Altesse et aux membres du grand conseil de l'empire, que le gouvernement français veut le maintien de la dynastie actuelle sur le trône impérial, qu'il verrait avec chagrin la ruine de la capitale, qu'il veut que la paix se rétablisse entre les deux empires; mais que si, par des refus qu'un fatal aveuglement pourrait seul expliquer ou que, par un manque de loyauté dont il n'a donné que trop d'exemples, le gouvernement chinois rejetait les justes demandes des deux puissances alliées, le sort des armes en déciderait.

« Le gouvernement chinois doit ne pas oublier que jusqu'à présent, il lui a été bien contraire, et le soussigné croit être bienveillant encore envers lui en lui donnant l'assurance que la guerre serait encore bien plus fatale pour le gouvernement chinois qu'elle ne l'a été jusqu'à présent, si, comme il ne tient qu'à lui, il ne donnait au soussigné la possibilité de faire cesser les hostilités, aujourd'hui en voie d'exécution.

« Le soussigné attendra, pendant les trois jours qui suivront la date de cette dépêche, la réponse que Son Altesse voudra bien lui faire; si le gouvernement chinois accepte les propositions qu'elle contient, dès que tout aura été terminé à Tung-chao et à Pé-king, l'armée française se retirera à Tien-tsin, où elle devra hiverner, parce que la mauvaise foi du gouvernement chinois et les retards qu'elle a fait naître, rendent bien difficile maintenant le départ des troupes alliées avant l'hiver. Le gouvernement chinois doit subir la peine de ses fautes.

« Si, à l'expiration du délai accordé, une réponse satisfaisante n'est pas envoyée au soussigné, les commandants en chef des armées alliées auront à prendre les mesures qu'ils jugeront convenables pour s'établir dans la capitale de l'empire, et pour prouver au gouvernement chinois que le droit des gens ne peut être impunément violé dans la personne des sujets de S. M. l'empereur des Français et des sujets de S. M. la reine de la Grande-Bretagne. »

LIX. — Il n'était certes point possible d'entrer plus nettement au cœur de la question, afin d'amener de la part du nouveau commissaire impérial une réponse catégorique. Mais le prince Kong ne comprend pas ou ne veut pas comprendre ce qu'on attend de lui. Si le négociateur est changé, la pensée qui dirige cette politique à double face est restée la même; ce sont les mêmes idées reproduites sous une autre forme, les mêmes désaveux des actes accomplis, les mêmes assurances de loyauté et de sincérité.

« Si précédemment les affaires ont été mal conduites, (écrit le prince Kong)(1), je ne puis en être responsable, car je n'avais pas à m'en mêler....

« Votre Excellence me dit, dans sa dépêche, que la dynastie court quelques périls; il eût été convenable de ne pas me tenir un tel langage.

« Votre Excellence fixe un délai de *trois* jours pour recevoir une réponse; mais pourquoi les troupes de votre noble empire s'avancent-elles en colonnes? ce n'est pas là le moyen de rétablir la paix, et, au moment de la conclure, ne serait-il pas déplorable de vous voir rompre toutes les négociations?

« Si vos troupes veulent réellement attaquer la capitale, nos soldats, qui sont dans la ville avec leurs familles, se défendront jusqu'à la mort, et cette guerre ne pourra pas être comparée aux précédentes. Nous avons aussi, hors la ville, des milices nombreuses et redoutables, et quand vous attaquerez la ville, non-seulement vos nationaux seront sacrifiés, mais votre armée coupée dans sa retraite, ne pourra l'effectuer peut-être que difficilement.

« Quant aux individus de votre noble empire, qui sont détenus dans Pé-king, ils ont été arrêtés par les commissaires précédents qui ont mal conduit les affaires; mais j'ai reçu de l'Empereur toute l'autorité nécessaire pour traiter cette question, et ces individus n'ont pas été mis

---

(1) *Dépêche du prince Kong à S. Exc. le baron Gros*, 27 septembre 1860.

à mort: nous ne pouvons les rendre en ce moment. Lorsque la convention aura été signée et les ratifications du traité échangées, ils seront certainement mis en liberté ; et alors votre noble empire verra par mes actes que je suis un homme dans lequel on peut avoir toujours une pleine et entière confiance.

« Cette communication est faite à Son Ex. M. le baron Gros, le 27 septembre 1660. »

LX. — Ces deux pièces diplomatiques disent clairement la situation réciproque dans laquelle se trouvaient les parties belligérantes.

Il était évident que l'intervention du prince Kong dans les affaires, intervention succédant à la défaite de Sang-ko-lin-sin, était la dernière ressource du gouvernement chinois réduit à toute extrémité.

L'arrivée du prince montrait-elle la question sous un nouveau jour, et l'élevait-elle à la hauteur de la haute position du nouveau plénipotentiaire placé par sa naissance sur les marches du trône ? — Non ; — elle continuait la politique suivie jusqu'à ce jour et lui donnait ainsi, tout en la condamnant, une tacite approbation.

Il est facile de résumer cette politique et d'en apprécier la pensée secrète et constante, en rappelant les pièces officielles émanées des hauts fontionnaires qui se succédaient les uns aux autres, depuis le commencement de nos différends avec le Céleste-Empire.

LXI. — En 1859, le vice-roi Yeh commence à traiter

avec arrogance et dédain les ouvertures qui lui sont faites par les puissances alliées et entre de plain-pied dans cette voie interminable de dénégations, d'atermoiements et de promesses vagues et obscures.

Les jours, les semaines, les mois mêmes s'écoulent en espérances stériles. — La prise de Canton est la conséquence de cet orgueil aveugle, de ces refus persistants. — Yeh fait prisonnier par les alliés est disgracié, ses actes sont désavoués, les termes de l'édit impérial sont tels que l'on doit espérer un résultat favorable des négociations entamées de nouveau avec le Céleste-Empire. Cependant cet espoir s'évanouit bientôt, et nos navires se dirigent vers le nord dans le golfe de Pet-chi-li. — L'entrée du Peï ho est forcée, et ce fleuve, interdit jusqu'alors aux Européens, est remonté jusqu'à Tien-tsin par nos canonnières. C'est dans cette ville même que le vice-roi de deux Kwang signe enfin un traité de paix dont les ratifications doivent s'échanger à Pé-king dans un délai déterminé.

Sous divers prétextes, les difficultés recommencent, les embarras surgissent et ramènent dans le dédale obscur de cette politique insaisissable la question que l'on croyait nettement terminée. On sait ce qui advint de ce traité de Tien-tsin déchiré par les canons mêmes des forts de Peï ho. — La guerre recommence, mais cette fois avec des moyens plus puissants; car il faut en finir avec ces subtilités d'arguments, avec ces biais échappatoires qui déplacent sans cesse la question pour se dérober à la réalité; il faut que la cause du christianisme et de la civilisation triomphe enfin dans cet extrême Orient sous la sauvegarde des drapeaux de la France et de l'Angleterre.

LXII. — Une seconde fois la victoire vient rabaisser l'orgueil insensé et l'aveugle obstination du gouvernement chinois. Deux hauts commissaires impériaux, Kwei-liang et Heng-fou, font savoir qu'ils sont prêts à ratifier au nom de leur Souverain les clauses du traité de l'année précédente. Les alliés victorieux arrêtent leur marche sur Pé-king ; ils agissent de bonne foi, loyalement ; ils s'aperçoivent encore qu'ils sont la dupe de cette diplomatie dont les armes favorites sont le mensonge et la duplicité. — Ces commissaires ne sont point munis de pleins pouvoirs et voulaient, en signant un traité que le gouvernement eût repoussé plus tard, gagner le temps nécessaire à la concentration de l'armée tartare sous les ordres directs d'un chef renommé. — La ruse est découverte : — alors Kwei-liang et son collègue sont désavoués à leur tour ; car le gouvernement chinois suit sa même tactique et brise un à un les instruments dont il s'est servi.

Les corps expéditionnaires se mettent en marche sur la capitale du Céleste-Empire. — Apparaît alors un nouveau plénipotentiaire, le prince Tsaï de la famille impériale, qui demande instamment aux ambassadeurs que les troupes alliées n'aillent pas plus avant : muni de pleins pouvoirs ainsi que son collègue Muh, ministre de la guerre, il est prêt à traiter sur les bases déjà convenues. *Nous qui différons de Kwei-liang*, dit-il, *nous ne manquerons pas à notre parole.* — Ainsi le gouvernement chinois reconnaissait ouvertement la mauvaise foi des deux hauts mandarins investis par lui des fonctions les plus élevées.

Nous avons raconté dans tous leurs détails les négociations entamées avec le prince Tsaï et les conventions arrêtées entre lui et les ambassadeurs alliés. — Ces conventions devaient aboutir cependant, elles aussi, à une trahison, trahison odieuse, en dehors du droit des gens des peuples civilisés, guet-apens perfide dans lequel on espérait envelopper le petit nombre de troupes qui s'avançait sans défiance vers les points déterminés d'un commun accord. — Mais la trahison n'atteignit pas son but, et l'armée tartare deux fois vaincue s'enfuit en désordre, laissant deux champs de bataille couverts de ses morts.

LXIII. — Le danger est imminent, la capitale est menacée; c'est alors qu'arrive sur la scène un frère même de l'Empereur. — Le prince Tsaï est désavoué, brisé à son tour, comme ont été désavoués et brisés ses prédécesseurs. « Si précédemment les affaires ont été mal conduites (écrit le nouveau plénipotentiaire), je ne puis en être responsable, car je n'avais pas à m'en mêler, » et il termine en protestant de sa bonne foi, comme l'avait fait quelques jours auparavant le prince Tsaï. « Votre noble empire verra par mes actes que je suis un homme dans lequel on peut avoir toujours une pleine et entière confiance. » Toutefois, il refuse de rendre avant la ratification du traité les prisonniers traîtreusement arrêtés à Tung-chao. — Étrange politique d'un gouvernement qui reconnaît la mauvaise foi de ses agents, mais veut profiter du résultat des actes honteux dont il décline toute responsabilité.

Tel est dans son ensemble le résumé rapide des négociations entamées devant Canton et les phases diverses qui avaient amené les corps expéditionnaires alliés à quelques lieues de la capitale du Céleste-Empire.

Tous les faits que nous avons énumérés, appuyés sur des documents officiels, se jugent eux-mêmes sans qu'il soit nécessaire d'y apporter son appréciation personnelle. D'un côté, la loyauté et la modération, signes véritables de la force et du droit; — de l'autre l'aveuglement, l'orgueil et la duplicité, signes précurseurs de la décomposition d'un empire miné par la corruption et qui se débat en vain dans son agonie.

LXIV. — La question des prisonniers de Tung-chao venait, on l'a vu, aggraver une situation déjà bien tendue. Notre honneur nous ordonnait de n'accéder à aucune proposition de paix avant le renvoi de ces prisonniers arrêtés contre les lois de la guerre; les ambassadeurs s'étaient nettement prononcés à cet égard, et, malgré les raisonnements spécieux du prince Kong, ses assurances pacifiques et ses protestations réitérées, le baron Gros et lord Elgin déclaraient ne rien vouloir entendre avant le retour des parlementaires.

Ce retard de quelques jours dans la marche des deux corps expéditionnaires sur Pé-king était du reste nécessaire aux commandants en chef pour attendre les approvisionnements de guerre et les renforts qui avaient reçu l'ordre d'accourir à marche forcée; il ne devait rester à Tien-tsin que les troupes strictement nécessaires à sa garde. — Les démarches du prince Kong, par le retard qu'elles apportaient, ne changeaint donc rien aux dispositions arrêtées. Le délai de trois jours accordé à la réponse du plénipotentiaire chinois, assignait le 1er octobre pour le départ des troupes alliées, en cas de refus du gouvernement chinois.

La position de Pa-li-kiao était très-favorable comme point défensif, en cas de surprise, jusqu'au jour où nous voudrions reprendre l'offensive. Ce village était très-rapproché de la ville de Tung-chao qui assurait, par les canaux qui y aboutissent, nos communications avec Tien-tsin. — Un marché très-abondamment fourni y avait été établi. — Un instant les chefs alliés agitèrent la pensée de détruire par le feu cette ville, théâtre d'une odieuse trahison; mais nous eussions souffert les premiers de cette destruction, nous privant de ressources précieuses, tant pour les approvisionnements de bouche, que pour les moyens de transport qui abondaient dans cette ville et dont l'administration avait grand besoin.

LXV. — Les trois jours accordés par les ambassadeurs s'écoulèrent sans aucune solution favorable; les dépêches se succédaient, plusieurs fois souvent dans la même journée, mais la question principale n'avançait pas.

Le 30 septembre était le dernier jour fixé, et le baron Gros attendait sans grande espérance la réponse définitive du prince Kong ; elle arriva en effet à 8 heures du matin ; elle portait la date du 29 au soir et se terminait ainsi :

« Les troupes de votre noble empire sont si près de la capitale que nous éprouvons quelques craintes sur les intentions de Votre Excellence, et qu'il nous est difficile de signer une convention de paix. Je demande donc à Votre Excellence de faire retirer vos troupes jusqu'à Tchang-kia-ouang et dans un délai de trois jours je ferai transcrire clairement les articles de la convention. J'enverrai un délégué porter cette copie dans un lieu intermédiaire entre Tung-chao et Tchang-kia-ouang, et dès qu'elle sera signée, nous conviendrons d'une seconde entrevue pour consolider et perpétuer la paix.

« Quant aux personnes détenues précédemment, elles n'ont pas été insultées et sont traitées avec bienveillance. Dès que vos troupes se seront retirées et que le traité aura été signé, elles seront reconduites auprès de vous.

« Pour moi, je vous ai fait connaître franchement dans ma dernière dépêche quel homme j'étais, je ne trompe personne et je ne manquerai jamais à ma parole ; que Votre Excellence ait donc confiance en moi et ne conserve aucun sentiment de défiance. »

LXVI.— En réponse à cette communication, le baron Gros, d'accord avec lord Elgin, prévinrent S. A. I. le prince Kong, que les captifs anglais et français n'ayant point été mis en liberté dans la journée du 29, les commandants en chef venaient d'être informés de ce fait, afin qu'ils prissent, en marchant immédiatement sur Pé-king, toutes les mesures nécessaires pour obtenir du gouvernement chinois par la force, ce qui lui avait été vainement demandé par voie de conciliation.

Les affaires furent donc remises de nouveau, le 30 septembre, aux mains des généraux en chef, et un conseil de guerre fut tenu en présence des deux plénipotentiaires au quartier général français pour arrêter le plan des opérations futures.— Marcher sur la capitale du Céleste-Empire avec un effectif de troupes aussi restreint était une entreprise hasardeuse, et devait donner aux généraux de sérieuses préoccupations. Aussi le mérite réel et indiscutable des chefs de cette expédition lointaine, c'est d'avoir audacieusement et résolûment bravé des dangers et des difficultés qui pouvaient tout à coup prendre des proportions formidables.

Nous l'avons dit dans la première partie de ce travail, ce n'était point la guerre avec ses chances ordinaires, ses ressources renouvelées ou augmentées au premier appel, c'était une expédition au milieu d'un empire immense et d'une population de 400 millions d'habitants, avec une poignée d'hommes qui ne pouvaient et ne devaient compter que sur eux seuls.

LXVII. — La conduite du nouveau plénipotentiaire chinois ne devait pas inspirer grande confiance malgré ses protestations de loyauté et son titre de frère de l'Empereur.— Certes, le prince Kong avait un rôle tout tracé ; — il eût pu, il eût dû par un sentiment d'honneur et de dignité personnelle montrer, en renvoyant immédiatement les parlementaires arrêtés à Tung-chao, combien il repoussait toute solidarité avec des actes indignes, et effacer ainsi le souvenir d'une odieuse trahison. Dans les circonstances difficiles où il se trouvait, une semblable détermination eût été un acte de bonne politique; elle eût facilité l'issue des négociations. Mais, loin d'en avoir la pensée, le prince Kong repoussa au contraire les justes demandes qui lui furent adressées à ce sujet.— Il ne pouvait ignorer les affreux traitements auxquels avaient déjà succombé au milieu des plus cruelles tortures quelques-uns des malheureux prisonniers livrés à la merci de leurs bourreaux, et il écrivait cependant : « Les personnes arrêtées par les commissaires précédents qui ont mal conduit les affaires n'ont pas été mises à mort. » Et en certifiant dans une de ses dépêches(1), que ces pri-

---

(1) *Le prince Kong au baron Gros.*

De 3 octobre 1860.

Dans un autre passage de cette dépêche, il disait en outre :
« J'ai pensé que le consul Parkes, étant habile à parler et à écrire

sonniers étaient traités avec égard, il ajoutait : « Il serait à craindre, si la paix ne se rétablissait pas, que vos nationaux ne courussent des dangers réels dans la capitale. »
— C'était une menace de mort que le nouveau négociateur faisait planer sur les prisonniers, dans le cas où les relations diplomatiques seraient de nouveau rompues.

Loin d'accéder à la demande que formulait le prince Kong de faire éloigner les troupes, les ambassadeurs, on l'a vu, ont informé les généraux en chef alliés qu'ils devaient agir militairement. Ceux-ci prirent aussitôt toutes leurs dispositions, mais durent attendre pour se mettre en marche l'arrivée des renforts qu'ils avaient mandés de Tien-tsin.

« Mon convoi attendu vient d'arriver (écrit le général de Montauban au ministre de la guerre, en date du 3 octobre), et après-demain, de concert avec le général Grant, nous nous mettrons en marche sur la capitale. »

Par ces nouveaux renforts les forces françaises étaient

---

le chinois, et que l'un de vos compatriotes, d'Escayrac, le parlant aussi, je devais nommer des délégués qui, dans Pé-king, pourraient s'entendre définitivement avec eux sur le traité de 1858 et sur la convention négociée cette année à Tien-tsin. Dès que tout aura été convenu, Parkes et d'Escayrac adresseront à Votre Excellence une lettre, et j'espère que tout pourra s'arranger.
  « Puisque l'on négocie en ce moment sur cet objet, je ne puis pas vous renvoyer immédiatement les sujets de votre noble empire.
  « Quant à nos troupes, je les ai fait retirer provisoirement; celles de votre noble empire devraient songer à s'éloigner en ce moment. »

portées à 3500 baïonnettes(1) et à trois batteries d'artillerie, — environ 4000 hommes — l'armée anglaise renforcée, présentait le même effectif; nous emportions avec nous 600 fusées incendiaires.

LIVRE III

LIVRE III.

CHAPITRE PREMIER.

I. — Pendant le temps qui s'était écoulé depuis la bataille de Pa-li-kiao en stériles négociations, plusieurs reconnaissances avancées avaient été poussées pour déterminer autant que possible la nature du pays que l'on allait avoir à traverser, et reconnaître les positions de l'ennemi.

La première eut lieu le 24 ; — les Anglais l'effectuèrent. La reconnaissance partie dans la soirée, avança sans rencontrer d'obstacles sérieux jusqu'à quelques centaines de mètres de la porte sud-est de Pé-king. — Le mur d'enceinte était très-élevé et précédé d'un large fossé, on n'aperçut aucune sentinelle. D'après les renseignements recueillis, l'armée tartare s'était concentrée vers Yuen-mun-yuen, palais d'été de l'Empereur, afin de couvrir les approches de cette magnifique résidence.

Deux jours après, 26 septembre, une nouvelle reconnaissance fut ordonnée ; elle était composée de troupes anglaises et françaises. — Les troupes françaises avaient été mises pour cette opération sous les ordres du commandant Campenon, chef d'escadron d'état-major attaché au quartier général du commandant en chef.

Le détachement allié s'approcha très-près de la ville et pénétra même dans un des faubourgs, où la petite troupe rencontra un détachement de cavaliers tartares. — Cette reconnaissance ne fit que confirmer celle du 24, sans apporter d'autres renseignements nouveaux.

II. — Le 5 octobre, l'armée alliée se mit en mouvement vers six heures du matin. — Il avait été convenu entre les commandants en chef, que les deux corps marcheraient réunis, afin d'être prêts à combattre si l'ennemi, apparaissait tout à coup. — Car il ne fallait pas oublier que treize jours s'étaient écoulés déjà depuis la défaite de l'armée tartare à Pa-li-kiao. Cette armée avait donc pu se remettre de sa démoralisation, et, sous l'impulsion de ses chefs, se représenter de nouveau au combat.

Le général de Montauban pour assurer les communications avec le Peï ho, avait laissé au camp de Pa-li kiao, dans une bonne situation de défense, trois compagnies avec l'ambulance et une partie de l'administration. — Le corps expéditionnaire emportait avec lui cinq jours de vivres.

L'armée alliée, se tenant sur la droite de la grande route de Taung-Chou à Pé-king, alla asseoir son camp dans un grand village situé à trois lieues de Pa-li-kiao, dans la direction de Pé-king dont on n'était plus qu'à six kilomètres environ. — Du camp on découvrait vaguement la ville et ses principaux édifices. Quelques cavaliers tartares se montrèrent en vue des avant-postes, mais ils n'approchèrent pas et ne tentèrent aucune attaque.

Le pays que les troupes venaient de traverser était très-couvert, semé d'arbres et de hautes cultures ; il était en outre coupé dans tous les sens par des routes dont le plus grand nombre aboutissait à des impasses. Aussi l'artillerie éprouva-t-elle dans sa marche de grandes difficultés. — L'ambassadeur et tout le personnel de l'ambassade s'établirent en arrière de l'armée.

Il est difficile de rendre l'impression profonde que produisit sur tous les esprits la première vue de cette ville immense que l'on apercevait se dessiner à l'horizon avec ses hauts monuments d'une architecture si bizarre, cité mystérieuse au sein de laquelle bien peu d'Européens avaient pu pénétrer jusqu'alors, et qui devait voir quelques jours après flotter sur ses murailles les drapeaux réunis de la France et de l'Angleterre.

D'abord le regard suit la longue ligne des murailles avec ses corps de garde superposés au-dessus des portes. Ici c'est la montagne artificielle et ses cinq pagodes gigantesques ; plus loin le palais impérial au centre duquel s'élève la grande pagode en marbre blanc ; tout autour viennent se grouper les différents édifices publics, dont les toits en tuiles jaunes resplendissent aux rayons du soleil. On distingue la ligne de démarcation qui sépare la cité chinoise de la cité tartare, c'est-à-dire la ville militaire, la ville impériale de la ville commerciale.

Du haut des énormes fours à briques qui abondent dans le village où sont établis les bivacs, les yeux éblouis ont peine à embrasser cet ensemble prodigieux de maisons, d'édifices et de murailles qui se déploie à l'horizon.

III. — Le lendemain, 6 octobre, les troupes alliées se remettent en marche, formées chacune sur deux colonnes. Presque toutes les habitations que l'on rencontre sont abandonnées.

« Après deux heures d'une marche assez pénible (écrit le général de Montauban), nous arrivâmes à deux mille mètres de l'angle nord-est de Pé-king ; nous fîmes la grande halte et nous lançâmes des reconnaissances dans plusieurs directions autour de la ville : — Ces reconnaissances ne signalèrent pas d'une manière certaine la présence de l'ennemi ; mais des Chinois que l'on rencontra et qui furent interrogés nous apprirent qu'il existait vers la direction ouest de la ville, qui a de ce côté un mur de sept mille mètres, un grand camp tartare de dix mille hommes. On apercevait en effet dans cette direction des parapets en terre. »

Les généraux commandants en chef résolurent aussitôt de marcher sans plus tarder sur ce camp et arrêtèrent leur plan d'attaque.

Anglais et Français devaient s'avancer parallèlement formés sur quatre colonnes. Les Anglais tenaient la droite, les Français la gauche. — Le général Collineau avait mission de tourner l'extrême gauche du camp, pendant qu'une colonne anglaise opérerait le même mouvement sur l'extrême droite de l'ouvrage, la cavalerie était prête à couper la retraite à l'ennemi. — Le général de Montauban prit le commandement de la colonne Jamin qui devait attaquer de front.

Le mouvement en avant se dessina rapidement et ne tarda pas à atteindre les retranchements qui étaient entièrement abandonnés. — Le camp avait été évacué pendant la nuit.

Le général Grant fit alors prévenir le général de Montauban que, d'après les renseignements les plus probables recueillis par ses espions, l'armée tartare s'était retirée à la résidence impériale de Yuen-mun-yuen, située au nord-ouest, à un mille et demi du point où nous étions. Le général anglais proposait à son collègue de marcher immédiatement sur ce palais et de le prendre comme point de rendez-vous des deux armées (1). — La journée était peu avancée, les troupes pleines d'ardeur; le commandant en chef français fit répondre au général Grant qu'il allait se porter sans retard sur le point indiqué.

IV. — La marche fut longue et difficile, par suite de l'ignorance complète où l'on était du pays dans lequel on s'engageait. Si près de la capitale de l'Empire, sur les traces de l'armée ennemie avec un effectif de troupes

---

(1) Rapport du général commandant en chef à S. E. le ministre de la guerre. (Quartier général devant Pé-king, 12 octobre 1860.)

très-inférieur en nombre, il fallait s'avancer avec une extrême prudence, en s'éclairant soigneusement devant soi et sur ses ailes. — Les routes étaient très-encaissées; bientôt les deux corps d'armées se perdirent de vue. — Le général de Montauban fit arrêter quelques paysans qu'il rencontra; l'un d'eux lui proposa de le conduire au palais de Yuen-mun-yuen auprès duquel, disait-il, les Tartares étaient campés la veille, mais qu'ils avaient dû évacuer. — Peu de temps après arrivèrent deux régiments de cavalerie anglaise, commandés par le brigadier Pattle. — Depuis plusieurs heures, ces deux régiments marchaient seuls et ne savaient quelle direction avait prise le général Grant. — Le brigadier anglais demanda au général de Montauban la permission de se joindre à ses troupes, et dès lors les deux régiments firent route de concert avec la colonne française.

Vers le soir, on aperçut d'immenses murs d'enceinte derrière lesquels s'élevaient des bâtiments considérables. — Les coteaux environnants étaient couverts de jardins et de pagodes élégantes dont les tuiles vernies en jaune ne laissaient plus de doute sur le voisinage du palais impérial.

« Nous suivions (écrit le général), une route en dalles de granit, et nous traversâmes un pont magnifique qui conduit au palais impérial, situé à deux cents mètres du pont et dont l'entrée est en face. La route, entre ce pont et le palais, est bordée à gauche de grands arbres; sur la droite s'étend une grande place à laquelle s'appuie une rangée de belles maisons, habitations des principaux mandarins.

« Des chevaux de frise défendaient l'entrée de la place ; ils furent rapidement détruits, et quelques hommes que l'on avait aperçus devant la porte du palais armés d'arcs et de fusils à mèche disparurent aussitôt avec une grande précipitation. — La nuit commençait à se faire. Il était à supposer que les Tartares n'avaient pas abandonné l'intérieur du palais, et tenteraient, avant de l'évacuer complètement, un dernier effort; aussi, le général en chef massa ses troupes, et pendant qu'il établissait ses bivacs définitifs, il résolut de faire fouiller l'entrée du palais qui était fermée par une porte très-solide et par des barrières à droite et à gauche; derrière ces portes il y avait des cours et de grands jardins. — Le commandant Campenon se porta en reconnaissance avec deux compagnies de marins commandées par le lieutenant de vaisseau Kenny, et l'enseigne de vaisseau Vivenot qui formaient ce jour-là l'avant-garde. Le lieutenant de vaisseau de Pina, officier d'ordonnance du général de Montauban, avait reçu l'ordre d'accompagner cette reconnaissance pour être à même de rendre immédiatement compte au général de ses résultats. »

V. — La petite reconnaissance s'avança vers la porte principale qui était la plus rapprochée; à l'endroit où était située cette porte, le mur d'enceinte formait un vaste rentrant planté de grands arbres séculaires; près de là s'étendait une belle pièce d'eau, le mur était très-élevé, la porte haute et massive : elle était fortement barricadée en dedans, mais plusieurs faisceaux de fusils et de sabres symétriquement formés en dehors semblaient indiquer que les gardes du palais avaient renoncé à toute pensée de résistance; à quelque distance à gauche, se trouvait fort heureusement une poterne. M. Butte, aspirant, aidé de quelques matelots, parvint à escalader la muraille qui, sur ce point, était moins élevée, et ouvrit la porte. La même escalade pratiquée sur la droite donna également accès à une autre portion des marins qui s'étaient séparés en deux bandes, quelques gardiens prirent la fuite à notre approche. — La petite troupe avançait avec prudence, le commandant Campenon sur la droite, M. de Pina sur la gauche; de tous côtés régnait un grand silence. Le palais était-il en effet entièrement abandonné, ou ce silence cachait-il quelque embûche ? au milieu de cette magnifique demeure, il avait quelque chose de grave et de solennel. Excepté les quelques gardiens qui avaient pris la fuite aussitôt que la tête de nos marins avait apparu au-dessus des deux petites portes latérales, nul indice ne révélait la vie dans ces vastes enceintes où les pas des marins résonnaient un à un sur les dalles sonores.

VI. — C'est en arrivant dans une petite cour communiquant par un passage très-étroit avec la grande cour du palais sur laquelle donnait la porte principale, que le détachement qui s'avançait sur la gauche aperçut des groupes assez nombreux, ces groupes étaient armés et dans une attitude défensive : le lieutenant de Pina s'avança, son revolver à la main suivi de M. Butte et de quelques marins, pensant bien que les Chinois mettraient bas les armes à son approche. Tout au contraire, les Chinois, dont on pouvait estimer le nombre à une centaine environ, s'avancèrent pour barrer le passage. — La nuit approchait, M. de Pina s'élança aussitôt résolûment vers la grande porte, afin de l'ouvrir et de livrer ainsi passage au reste de l'avant-garde qui n'avait pas encore pénétré dans le palais ; mais les Chinois lui disputèrent le chemin, et à son second coup de revolver, le lieutenant recevait sur la main droite un violent coup de sabre qui le blessait grièvement. D'instants en instants, le nombre des Chinois augmentait et menaçait d'envelopper les quelques marins qui, seuls de ce côté, soutenaient la lutte. — Fort heureusement, des renforts arrivèrent presque immédiatement, et les Chinois jugeant toute résistance inutile, se retirèrent, laissant deux ou trois morts sur les dalles de marbre. — Quelques coups de fusil furent tirés sur les fuyards par les deux détachements de droite et de gauche, et, comme l'obscurité était entièrement venue, cette fusillade dont la direction n'était pas très-certaine, jointe à plusieurs coups de feu ripostés par les Tartares par-dessus les murs, causèrent un moment d'étonnement et même de désordre parmi le détachement d'avant-garde. Cette émotion gagna les premières troupes qui s'apprêtaient à camper, et qui crurent à une attaque subite des Tartares ; — mais cette émotion passagère s'apaisa presque aussitôt à la voix des chefs, et tout rentra dans l'ordre.

Le général de Montauban, qui était accouru au premier bruit de la fusillade, fit venir le général Collineau avec sa brigade et fit occuper fortement la première cour du palais, ne jugeant pas prudent de s'engager plus avant dans l'intérieur du palais, au milieu de l'obscurité. Les diverses issues furent gardées par de forts détachements, dans la crainte d'une surprise; ils avaient ordre de ne laisser entrer personne dans l'intérieur du palais, avant que cette consigne fût levée. — Le général de Montauban remit en effet au lendemain pour parcourir le palais, voulant (ainsi qu'il l'écrit au ministre) que nos alliés absents fussent au moins représentés dans cette première visite. On se souvient qu'un régiment de cavalerie sous les ordres du brigadier Pattle, s'était joint dans la journée au général en chef français.

VII. —Mais qu'étaient devenus les Anglais que le brigadier avait complétement perdus de vue après une heure de marche environ? Au milieu de ce pays traversé par un grand nombre de routes et couverts de bois épais qui interceptaient la vue, ils s'étaient égarés et n'avaient pu atteindre le rendez-vous convenu.

« Le général Grant et moi, nous étions convenus (écrit le général de Montauban), de nous rendre à Yuen-mun-yuen, palais d'été que l'Empereur habite presque toujours. Ce pays est tellement coupé de routes, de bois, etc., que le général Grant s'est égaré avec son armée et que je suis arrivé seul le soir devant le palais (1). »

VIII.—Voici d'après un écrivain anglais (2) ce qui s'était passé du côté de l'armée anglaise :

L'avant-garde avait rencontré un poste de cavalerie ennemie qui paraissait assez nombreux. Les dispositions peu favorables du terrain ne permettaient pas de se former en bataille sans difficulté, et cette avant-garde avançait lentement. L'ennemi se retira en échangeant quelques coups de feu avec les tirailleurs déployés sur le front de la ligne.

En arrivant sur la grande route qui conduit vers la porte de Am-ting, les Anglais se trouvèrent en vue d'un camp considérable de cavalerie et eurent quelques escarmouches dans des villages situés près de la route, quelques Chinois furent tués ; mais la nature couverte du pays au milieu duquel on s'avançait commandait une grande prudence. Se trouvait-on en présence d'une armée ou d'un simple détachement ?

Le corps expéditionnaire anglais était entièrement séparé du corps français. Comme la nuit approchait, sir Hope Grant fit faire halte à cet endroit, et le lendemain matin envoya quelques patrouilles pour s'assurer de la position de la cavalerie anglaise et de celle des alliés. —

(1) Le général de Montauban à S. Exc. le ministre de la guerre, 8 octobre 1860. (*Correspondance.*)

(2) *Narration de la guerre de Chine*, par le lieutenant-colonel G. J. Wolseley.

Au lever du jour, il fit tirer une salve de vingt et un coups de canon afin d'indiquer la direction dans laquelle il était campé.

La régularité de cette décharge d'artillerie entendue du camp français, prouva en effet que ce n'était point un engagement, mais un signal. — Le brigadier Pattle envoya aussitôt un détachement en reconnaissance; l'officier qui la commandait était chargé de prévenir le général en chef anglais que les Français étaient maîtres du palais d'été de l'Empereur, et que son arrivée était impatiemment attendue pour procéder au partage des richesses que contenait cette magnifique résidence.

IX. — En effet, vers huit heures du matin, le général de Montauban, accompagné des généraux Jamin et Collineau et de son chef d'état-major général, le colonel Schmitz se rendit au palais. Le brigadier Pattle, le major Sley des dragons de la Reine et le colonel Foley, attaché à l'état-major du général en chef français avaient été conviés à assister à cette première visite, en l'absence du général Grant. — Une compagnie d'infanterie de marine marchait en avant pour éclairer la route.

En pénétrant dans l'intérieur du palais, les splendeurs les plus merveilleuses frappèrent les regards éblouis. — Les pierreries les plus précieuses étaient entassées à profusion et étincelaient de tous côtés comme des étoiles tombées du ciel; on marchait de splendeurs en splendeurs et d'éblouissements en éblouissements; chaque pas révélait des richesses nouvelles dont la magnificence est indescriptible (1).

Nous n'entreprendrons pas ici le récit de toutes ces magnificences dont le souvenir ne s'effacera jamais de la pensée de ceux qui ont assisté à cette première visite. — Nous ne rechercherons pas non plus, s'il est vrai que des soldats et même des officiers ont transgressé les ordres qu'ils avaient reçus et se soient laissés entraîner sans scrupule par un sentiment de coupable cupi-

---

(1) *Rapport du général de Montauban.* — 12 octobre 1860.

« Il me serait impossible, monsieur le maréchal, de vous dire la magnificence des constructions nombreuses qui se succèdent sur une étendue de quatre lieues, et que l'on appelle le palais d'été de l'empereur; succession de pagodes renfermant toutes des dieux d'or et d'argent ou de bronze d'une dimension gigantesque. Ainsi un seul dieu en bronze, un Bouddha, a une hauteur d'environ soixante-dix pieds, et tout le reste est à l'avenant; jardins, lacs et objets curieux entassés depuis des siècles dans des bâtiments en marbre blanc, couverts de tuiles éblouissantes, vernies et de toutes les couleurs : ajoutez à cela des points de vue d'une campagne admirable, et Votre Excellence n'aura qu'une faible idée de ce que nous avons vu.

« Dans chacune des pagodes il existe, non pas des objets, mais des magasins d'objets de toute espèce. Pour ne vous parler que d'un seul fait, il existe tant de soieries du tissu le plus fin, que nous avons fait emballer avec des pièces de soies tous les objets que je fais expédier à Sa Majesté.

« Ce qui attriste au milieu de toutes ces splendeurs du passé, c'est l'incurie et l'abandon du gouvernement actuel et des deux ou trois gouvernements qui l'ont précédé; rien n'est entretenu, et les plus belles choses, à l'exception de celles qui garnissent le palais que l'empereur habite, sont dans un état déplorable de dégradation.

« Dans l'une des pagodes, celles des voitures, à une demi-lieue du palais habité, nous avons trouvé deux magnifiques voitures anglaises, présent de l'ambassade de lord Macartney; elles étaient, ainsi que leurs harnais dorés, dans la même place où elles avaient été mises il y a quarante-quatre ans, sans qu'un grain de la poussière qui les couvre ait été jamais enlevé. »

dité. — C'est un secret entre eux et leur conscience, et que pour leur honneur, qu'ils soient Anglais ou Français, il ne faut pas chercher à approfondir. Il se passe parfois dans les armées, en temps de guerre, de tristes choses, que les chefs souvent sont impuissants à empêcher et qu'il faut s'empresser d'effacer avec de la gloire.

X. — Le général de Montauban fit placer partout des sentinelles avec les consignes les plus sévères, et désigna deux officiers d'artillerie pour veiller à ce que personne ne pût pénétrer dans l'intérieur du palais jusqu'à l'arrivée du général Grant (1).

Vers le milieu de la journée, le commandant en chef de l'armée anglaise arriva avec l'ambassadeur lord Elgin ; une commission fut aussitôt nommée pour procéder au partage des objets les plus précieux dignes d'être offerts aux souverains de la France et de l'Angleterre.—Les membres de la commission française étaient le lieutenant-colonel Dupin, les capitaines Foerster et de Cools (2).

---

(1) *Rapport du général de Montauban.* — 12 octobre 1860.

(2) *Rapport du général de Montauban.* — 12 octobre 1860.

« Les chefs anglais arrivés, nous nous concertâmes sur ce qu'il convenait de faire de tant de richesses, et nous désignâmes pour chaque nation trois commissaires, chargés de faire mettre à part les objets les plus précieux comme curiosités, afin qu'un partage égal en fût fait; il eût été impossible de songer à emporter la totalité de ce qui existait, nos moyens de transports étant très-bornés.

« Un peu plus tard, de nouvelles fouilles amenèrent la découverte

Une somme de 800 000 francs environ en lingots d'or et d'argent fut partagée entre les soldats des deux armées.

XI. — Mais au milieu de toutes ces splendeurs, de toutes ces richesses, de toutes ces magnificences, un triste spectacle nous était réservé; dans une des maisons qui avoisinent l'habitation même de l'Empereur on trouva es vêtements ensanglantés de plusieurs des malheureux prisonniers. Ces vêtements étaient déchirés en lambeaux, souillés de fange et de boue; la mort de ces infortunés était tracée en caractères sanglants sur ces débris abandonnés. — Tous avaient-ils péri, quelques-uns avaient-ils pu échapper à la mort ?

d'une somme d'environ 800 000 francs en petits lingots d'or et d'argent; la même commission procéda également au partage égal entre les deux armées; ce qui constitua une part de prise d'environ 80 fr. pour chacun de nos soldats; la répartition en a été faite par une commission composée de tous les chefs de corps et de service, présidée par M. le général Jamin; la même commission, réunie et consultée au nom de l'armée, déclara que celle-ci désirait faire un cadeau à titre de souvenir à S. M. l'Impératrice de la totalité des objets curieux enlevés dans le palais, ainsi qu'à S. M. l'Empereur et au Prince impérial.

« L'armée a été unanime pour cette offrande au chef de l'État, qui la considérera comme un souvenir de reconnaissance de ses soldats pour l'expédition la plus lointaine qui ait jamais été entreprise.

« Au moment du partage entre les deux armées, j'ai tenu, au nom de l'Empereur, à ce que lord Elgin fît le premier choix pour S. M. la reine d'Angleterre.

« Lord Elgin a choisi un bâton de commandement de l'empereur de Chine, en jade vert du plus grand prix et monté en or. Un second bâton, semblable en tout à celui-ci, ayant été trouvé, lord Elgin à son tour a voulu qu'il fût pour S. M. l'Empereur; il y a donc eu parité parfaite dans ce premier choix. »

« Parmi ces effets (écrit le général de Montauban, dans sa dépêche au ministre), figuraient ceux du colonel Foullon-Grandchamps, de l'artillerie, un carnet et des effets de sellerie à M. Ader, comptable des hôpitaux, et enfin quinze selles complètes de Sicks et diverses autres choses reconnues par des officiers anglais, comme appartenant à leurs compatriotes pris le 18 septembre. »

Il n'était malheureusement plus possible de douter du sort cruel réservé aux victimes de l'odieuse trahison du 18 septembre. — C'était en vain que le prince Kong avait écrit en date du 3 octobre qu'ils étaient traités avec égards. Cette détermination, en admettant qu'elle fût vraie, avait été bien tardive, et plusieurs de ces malheureux avaient déjà succombé dans d'horribles tortures.

Le général de Montauban, après avoir passé quarante-huit heures dans la résidence impériale se prépara à aller rejoindre l'armée anglaise qui, on le sait, s'était égarée dans sa route et était campée devant Pé-king.

XII. — Le 9 octobre fut fixé pour le jour du départ. Les bivacs offraient l'aspect le plus étrange et le plus curieux; les étoffes lamées d'or, les soies les plus somptueuses, les objets d'art, les bronzes, les coffres les plus merveilleux étaient entassés devant les tentes, les uns déchirés, les autres à demi brisés. Devant ces merveilles, fruit du butin et du partage général, les soldats accroupis promenaient leurs regards étonnés sur ces richesses inconnues; çà et là des groupes nombreux de

Chinois que la misère ou la cupidité attiraient près de nous, venaient offrir leurs services pour transporter, comme de véritables bêtes de somme, ce surcroît de bagages. — Tout autour du palais rôdaient les bandes de pillards qui depuis Tien-tsin marchaient sur nos traces, et après le départ des troupes se répandaient affamées de vols et de destruction sur les villages que traversaient nos colonnes. Quelques exemples sévères faits sur ces misérables déguenillés, qui joignaient souvent au vol le meurtre et l'incendie, ne les empêchaient pas de piller hideusement toutes les habitations qu'ils rencontraient, semblables à ces nuées sinistres de corbeaux que l'odeur du sang et que l'aspect de la mort attirent sur les champs de bataille.

Dans la nuit du 7 au 8 octobre, un incendie consuma en entier un grand village situé entre notre camp et Pé-king; le feu y avait été allumé par les Chinois eux-mêmes.

La nuit suivante, qui précéda le départ, quelques incendies partiels se déclarèrent dans différents endroits du palais. Sans nul doute, ces incendies étaient l'œuvre de misérables qui espéraient à la faveur du désordre se livrer plus impunément à leurs rapines.

Le 9 on leva le camp.

A peine nos colonnes s'étaient-elles remises en marche, qu'un officier anglais vint de la part du général Grant annoncer au général de Montauban que M. d'Escayrac de Lauture et quatre soldats français venaient d'arriver au camp anglais où étaient également parvenus MM. Parkes et Loch, — les quatre soldats français étaient les ordonnances du capitaine Chanoine et du sous-intendant Dubut (1).

XIII. — Le général de Montauban espérait enfin, par ceux qui venaient de nous être rendus, recevoir des nouvelles de ses malheureux compatriotes, mais son espoir fut trompé; les prisonniers avaient été, dès le début, séparés les uns des autres et emmenés dans différentes directions. — Ce qu'il apprit, c'est que garottés avec une barbarie sans exemple, ils avaient été jetés dans des charrettes remplies de clous et conduits d'abord au palais d'été de l'Empereur, puis dans les prisons de Péking. — Sur leur passage, les populations ameutées les accablaient d'injures et leur crachaient au visage. — Des menaces de mort couraient de bouche en bouche, au milieu des vociférations, et bien des fois le glaive des bourreaux fut levé sur leurs têtes. — Si les mandarins suspendirent leur arrêt de mort, ce fut pour promener dans les cours du palais impérial ces sanglants trophées respirant encore, et, en prolongeant la vie des condamnés, prolonger leur supplice. Cependant le prince Kong écrivait, en date du 29 septembre, à notre ambassadeur : « Quant aux personnes détenues elles n'ont point été insultées et sont traitées avec bienveillance. »

M. d'Escayrac de Lauture, dont avait parlé le prince Kong, comme ayant été l'objet plus spécial d'une atten-

---

(1) C'étaient les nommés Roset, Bachet, Ginestet et Petit.

tion bienveillante (1) était défiguré par la souffrance, ses poignets profondément déchirés portaient les traces des plus affreuses mutilations. — Le récit émouvant qu'il a fait de sa captivité est un de ces drames terribles auxquels on se refuserait d'ajouter foi, si le supplicié ne portait pas encore les traces sanglantes de cette sauvage barbarie.

XIV. — M. de Norman, premier attaché de l'ambassade de lord Elgin, avait reçu un coup de sabre sur la tête; lié par les pieds et les mains, il a eu le cerveau mangé par les vers. — Il en a été de même du correspondant du *Times*, M. Bowlby, dont le corps a été jeté devant les autres prisonniers dans une cour, pour être dévoré par des pourceaux. Lorsque ces malheureux privés de nourriture pendant quatre jours demandaient à manger, on les frappait à coups de lance et on leur mettait des excréments humains dans la bouche.

Le témoignage suivant donné par un des prisonniers anglais sur la mort du lieutenant Anderson est horrible.

« Quand nous eûmes été tous liés ainsi, on versa de

---

(1) LE PRINCE KONG AU BARON GROS. — 12 octobre.

« J'ai l'honneur de faire savoir à Votre Excellence que j'avais donné des ordres pour que l'interprète de votre noble empire, d'Escayrac, fut traité avec égard et que mon intention, après avoir réglé à l'amiable avec lui tout ce qui est relatif à la signature de la convention, était de renvoyer de suite et d'une façon convenable vos compatriotes détenus. »

l'eau sur nos cordes, afin de les resserrer, les Chinois nous emportèrent et nous mirent dans une cour où nous restâmes trois jours exposés au froid et à la chaleur du soleil.

« Le second jour, M. Anderson eut le délire par suite du soleil et du manque de nourriture ; nous n'avions rien eu à manger, à la fin on nous donna deux pouces carrés de pain et un peu d'eau. Pendant la journée, la cour restait ouverte, et des centaines de personnes accouraient pour nous regarder.

« Le soir un soldat était mis de faction pour surveiller chacun de nous. Si nous disions un mot, ou si nous demandions de l'eau, ils nous foulaient aux pieds et nous frappaient à coups de pieds sur la tête ; et si nous demandions quelque chose à manger, ils nous remplissaient la bouche d'ordures.

« A la fin du troisième jour, on nous mit des fers au cou, aux poignets et aux pieds.

« Le délire ne quitta pas M. Anderson jusqu'à sa mort, qui eut lieu le neuvième jour de son emprisonnement.— Deux jours avant, ses ongles et ses doigts percèrent à la suite de la tension des cordes. La gangrène s'y mit et les os de ses poignets furent à découvert. Pendant qu'il vivait encore, les vers se mirent à ses blessures, y pénétrèrent et coururent sur tout son corps.

« On laissa le cadavre trois jours après la mort, puis on l'emporta. »

XV. — **De tels tableaux soulèvent le cœur d'indignation**

et nous les eussions repoussés avec horreur, s'ils ne montraient à quelle sauvage barbarie appartiennent encore ce peuple et les chefs indignes qu'un pouvoir dégradé et corrompu met à sa tête.

Les communications avaient continué avec le Gouvernement chinois pendant la marche des deux armées.

La reddition des prisonniers était toujours restée la condition première, et, le 7, Hang-ki un des délégués du haut commissaire impérial avait en outre été prévenu que la conduite déloyale des autorités chinoises empêchant que l'on put avoir en elles aucune confiance, une des portes de la ville serait occupée par une fraction des deux armées, avant que les ambassadeurs ne fissent leur entrée à Pé-king. — Les commandants en chef auraient à décider quelle porte devrait ainsi leur être remise.

Il était évident que le prince Kong, malgré ses protestations, suivant les mêmes errements de cette politique évasive, ne céderait qu'au dernier jour et réduit à toute extrémité. — Cependant les armées alliées sont devant Pé-king et campent à quatre kilomètres environ de la capitale.

Cette position était difficile et pouvait être compromise par bien des événements, et surtout par l'hiver qui avançait à grands pas avec ses désastres redoutables. Il fallait plus que jamais arriver à une solution prompte, et par une attitude menaçante forcer le prince Kong dans ses derniers retranchements. — Aussi le général de Montauban, après s'être préalablement entendu avec son collègue anglais le général Grant, adressa la note suivante au plénipotentiaire chinois. Elle porte la date du 10 octobre 1860 :

XVI. — « Son Altesse Impériale est informée par la présente note que d'après la communication déjà faite (1), les commandants en chef se décident à demander l'occupation de la porte de Am-ting, vers laquelle seront envoyées deux colonnes détachées respectivement des deux armées. Cette occupation aura lieu à midi, le 12 du courant.

« Si la porte est rendue sans opposition, il ne sera permis à aucun soldat d'entrer dans la ville, ni d'inquiéter les habitants. L'escorte d'honneur qui accompagnera toujours les ambassadeurs pénètrera seule dans la ville.

« Si, au contraire, la porte n'est pas rendue, on fera brèche à la muraille. On va dresser immédiatement des épaulements pour y mettre les canons, dans le cas où un refus rendrait l'attaque nécessaire.

« Le soussigné ayant appris par Hang-ki que le prince Kong craignait que son retour à Pé-king ne fût intercepté par les forces alliées, déclare à Son Altesse Impériale que de pareils attentats contre ceux qui ne portent pas les armes sont contraires aux usages des

---

(1) Le 7 du même mois M. Wade, secrétaire chinois de Sa Majesté Britannique, avait eu une conférence avec le mandarin Hang-ki, délégué du prince Kong, et l'avait informé dans une note officielle, ainsi que nous l'avons dit plus haut, des intentions des commandants en chef, relativement à l'occupation d'une des portes de Pé-king.

nations occidentales, et que les mouvements de Son Altesse Impériale ne seront nullement gênés par les forces qu'il commande en chef. »

Les termes fermes et précis de cette lettre ne purent manquer de peser puissamment dans les décisions du frère de l'Empereur.

XVII. — Les deux généraux en chef, accompagnés des chefs de l'artillerie et du génie, vinrent en effet le jour même reconnaître l'emplacement des batteries de brèche, et les travaux commencèrent immédiatement sous les yeux mêmes des Chinois à soixante mètres des murailles, afin de bien prouver au prince Kong que ce n'était point une vaine menace, mais une résolution définitivement arrêtée. — Les Français mettaient en batterie quatre pièces de douze et les Anglais quatre pièces de siége. Le tracé des batteries est en avant du temple de Lhama, un des grands temples qui s'élèvent aux environs de Pé-king. L'ennemi n'essaya pas de troubler un seul instant ces travaux, dont il semblait au contraire du haut des remparts suivre le développement avec curiosité.

Le prince Kong dans une dépêche adressée au baron Gros et entourée comme toujours de raisonnements évasifs, consentit en principe à l'occupation d'une porte de Pé-king par l'armée alliée.

« Les portes de la capitale (disait-il) sont sous la garde d'un fonctionnaire, si aujourd'hui je les faisais ouvrir, il serait à craindre que les bandits ne profitassent de cette circonstance pour causer des désordres ; il y a donc des mesures à prendre, les troupes françaises doivent occuper la porte Am-Ting, est-il dit dans une dépêche de votre noble empire. J'y consens, puisque les deux empires sont en paix. — Seulement, il faut me faire connaître les conditions de cette occupation. »

Le prince terminait sa lettre ainsi : « J'ai, il est vrai, reçu une dépêche de votre général en chef, mais comme la paix est conclue, c'est à Votre Excellence que j'adresse nécessairement cette communication. »

XVIII. — Une conférence eut lieu dans la matinée du 13, entre le mandarin Hang-Ki, envoyé par le prince Kong, les commandants Campenon, Stevenson et M. Parkes. Cette conférence se tint dans un yamoun du faubourg ouest de la ville, et il y fut décidé que la porte Am-ting serait ouverte aux alliés le même jour à midi.

Quatre cents hommes, dont deux cents pris dans chacun des deux corps expéditionnaires devaient former les détachements destinés à occuper cette position. — Les commandants Campenon et Stevenson, après être convenus entre eux que le rendez-vous serait devant la porte Am-ting et que là, les deux détachements alliés réunis feraient simultanément leur entrée dans la capitale, se rendirent en toute hâte à leur camp respectif. Les bivacs français étaient plus éloignés de ce point, que ceux des Anglais et il restait fort peu de temps avant l'heure indiquée.

Le général de Montauban désigna tout aussitôt son chef d'état-major général, le colonel Schmitz, pour se rendre au rendez-vous avec un bataillon du 101e, commandé par le colonel Pouget et prendre possession de la partie des remparts que devaient occuper les Français. Mais malgré toute la promptitude que put mettre ce détachement, l'heure était passée de quelques minutes lorsqu'il arriva devant la porte Am-ting. Les Anglais qui avaient une distance moins grande à parcourir, nous y avaient précédés et avaient déjà pris possession de cette porte.

Quelques récits publiés sur cette campagne ont donné à ce petit incident une importance sérieuse qui n'existe que dans leur appréciation, car le général de Montauban, gardien sévère de toutes les prérogatives de l'armée qu'il avait l'honneur de commander, n'a pas cru devoir en faire mention, même dans sa correspondance particulière avec le ministre.

Il est vrai pourtant que les Anglais si susceptibles sur les questions d'étiquette et de droit eussent pu attendre l'arrivée du détachement français pour cette opération toute pacifique. — Le canon ne grondait pas et il ne s'agissait point de combattre.

XIX. — Les alliés prirent donc sur les remparts les positions convenues; elles comprenaient l'espace d'un kilomètre à droite et à gauche de la porte Am-ting. Les postes alliés s'établirent sur une grande place en avant de la porte. Une corde fut tendue pour empêcher la population chinoise d'approcher les factionnaires, et pendant toute la journée les agents de la police chinoise eurent grand'peine à maintenir la foule qui se pressait avec curiosité aux abords de l'espace qui nous était dévolu. Toutes les mesures de guerre nécessaires furent prises contre les éventualités d'une trahison, et des bouches de canon braquées contre la ville étaient prêtes à jeter l'incendie et la mort dans la capitale au moindre signe de mauvaise foi.

Dans la journée, le général de Montauban se rendit sur les remparts. Ces murailles formidables, armées de pièces d'un très-fort calibre, ont quatorze mètres quarante de hauteur du côté de la campagne, et treize mètres cinquante du côté de la ville. Le terre-plein a treize mètres de hauteur et dix-neuf mètres vingt de largeur entre les deux revêtements. Leur épaisseur totale, en y comprenant ces revêtements est donc de vingt mètres cinquante au sommet, et de vingt-six à la base.

Les deux généraux en chef durent s'applaudir grandement de l'occupation pacifique de cette porte, car il eut été bien difficile de faire brèche dans de semblables murailles avec les faibles moyens de siége et les munitions limitées dont ils disposaient ; mais les fusées et les bombes incendiaires eussent du moins ravagé les quartiers populeux de cette capitale et détruit sans aucun doute le palais impérial de Pé-king.

XX. — Le lendemain de l'occupation de la porte Amting, le prince Kong exprimait au baron Gros toute sa satisfaction de l'attitude prise par les troupes du commandant en chef français. — Ces diverses correspondances, dont nous tenons à citer le texte pour donner à ce travail un caractère indiscutable de vérité historique, n'ont peut-être pas aujourd'hui une grande importance, mais peuvent en acquérir dans l'avenir, si des appréciations erronées se produisaient. — Pendant toute la campagne de Chine, les négociations diplomatiques furent la base sur laquelle s'appuyait l'action militaire ; il est donc utile, selon nous, d'en suivre les détails multiples pour bien en apprécier la portée et les résultats.

« Je viens d'apprendre (écrivait le prince Kong, le 14 octobre), que les soldats de l'escorte de Votre Excellence sont entrés dans la ville. La sage discipline qu'ils ont soin d'observer a ramené la tranquillité parmi la population et dissipé son inquiétude et ses craintes. Il est démontré que les intentions pacifiques de Votre Excellence sont sincères ; je suis heureux de le savoir, et de mon côté, je dois agir avec la même sincérité. J'ai donc donné l'ordre à Heng-hi, directeur de l'arsenal, de s'entendre avec le délégué que Votre Excellence désignera, pour régler tout ce qui est relatif à la signature de la convention préparée à Tien-tsin et pour fixer le jour de l'échange des ratifications du traité de 1858, afin que je puisse tout faire préparer en conséquence. »

XXI. — L'armée française a quitté les bivacs qu'elle occupait pour camper dans le faubourg qui précède la porte Am-ting ; des détachements ont été envoyés dans les casernes abandonnées par les Tartares. — La situation militaire, on le voit, avait fait un grand pas, et il était impérieux que la question politique eût une solution prompte et radicale, car les signes précurseurs de l'hiver se faisaient déjà sentir. — Les montagnes qui avoisinent Pé-king étaient déjà couvertes de neige et le vent du nord soufflait parfois avec une grande violence.

Aussi le général de Montauban, par une lettre adressée au général Grant, le 15 octobre, lui faisait part de la résolution qu'il avait prise de partir le 1er novembre pour Tien-tsin, si les affaires traînaient encore en longueur, sans amener de résultats définitifs.

« Après avoir réfléchi à la position actuelle de mes troupes (disait le général à son collègue), j'ai dû conférer avec le baron Gros sur la nécessité dans laquelle je me trouverais de faire rentrer mon armée à Tien-tsin, dans le cas où les négociations diplomatiques n'auraient amené aucune solution pacifique avant le 1er novembre.

— Il me paraît évident que si, avant cette époque, le gouvernement chinois n'a pas signé le traité dont il a accepté toutes les conditions, c'est qu'il y aura de sa part un nouvel acte de mauvaise foi ayant pour but d'obtenir un délai, jusqu'à ce que le mauvais temps et les froids, si intenses dans ce pays, viennent compromettre le salut des armées alliées. Nous aurions à nous entendre sur ce qui resterait à faire. Dans tous les cas, ma détermination bien arrêtée est de partir pour Tien-tsin le 1er novembre prochain. »

XXII. — Ainsi c'était un point très-arrêté dans la pensée du général en chef, auquel étaient confiées les destinées de la petite armée française, de ne pas s'exposer aux désastres que pouvait apporter l'hiver dans ce pays lointain et inconnu, sans communication possible, par suite des glaces, avec Tien-tsin, sa seule base d'opérations. Cette sage détermination n'était pas, en ce moment, entièrement conforme à la pensée de nos alliés qui avaient agité la question d'hiverner dans ces parages.

Il était donc impérieux de fixer un dernier délai après lequel l'armée alliée, avant de se retirer, laisserait, par la destruction du palais impérial, un de ces souvenirs terribles qui saignent longtemps au cœur d'une capitale.

Mais la dépêche du prince Kong que nous avons citée, et par laquelle il consentait à la reddition d'une des portes de la ville, contenait des reproches amers sur la continuation des hostilités et sur les faits qui s'étaient passés au palais d'été de l'Empereur.

« Pourquoi (écrivait-il) les soldats français ont-ils pillé le palais d'été de l'Empereur? La France est un empire civilisé; les soldats sont soumis à la discipline, comment donc ont-ils de leur propre autorité brûlé le palais impérial? — Les généraux et Votre Excellence paraissent l'ignorer. Il est nécessaire que Votre Excellence m'informe en me répondant, comment elle entend vider le différend actuel.

XXIII. — Cette dépêche coïncidant avec le retour de M. d'Escayrac de Lauture, brisé par d'odieux traitements, et avec la découverte des vêtements ensanglantés appartenant à plusieurs des malheureux prisonniers, irrita au plus haut degré le baron Gros qui avait jusque-là montré beaucoup plus de modération que son collègue d'Angleterre; et en envoyant le projet de la note qu'il adressait à ce sujet au prince Kong dans les termes les plus nets et les plus justement indignés, il écrivait à lord Elgin :

Mon cher lord,

« Il me semble impossible de laisser sans réponse la singulière dépêche du prince Kong dont je vous envoie traduction. Voici également le projet de note que je me propose de lui faire parvenir et que je vous soumets. Cette note rétablit la vérité dénaturée par le prince et fait des réserves pour obtenir satisfaction du meurtre de quelques-uns de nos malheureux compatriotes, dont malheureusement il ne nous est plus permis de douter. En outre la force des armes ayant mis entre nos mains des propriétés françaises confisquées dans Pé-king, c'est-à-dire des églises et des cimetières que l'empereur Tao Kouang avait promis par un édit impérial de rendre aux chrétiens, je voudrais régulariser pour l'avenir une conquête que la force des armes me donne aujourd'hui. Vous avez repris à Ta-kou les canons que les Chinois vous avait enlevés en 1859, je reprends dans Pé-king les propriétés françaises que les gouvernements précédents nous avaient confisquées, et la dernière fois en 1830. Le rétablissement du culte chrétien dans la capitale et la permanence des légations européennes auprès de l'Empereur me semblent être les deux battants de la porte à ouvrir, pour que la civilisation moderne puisse entrer dans l'empire.

« Si vous avez quelques observations à me faire, vous savez que mon désir le plus vif est de marcher autant que possible toujours parallèlement à vous. »

Cette communication de notre ambassadeur au plénipotentiaire chinois reçut l'entière approbation de son collègue qui envoyait, de son côté, une dépêche qui contenait les mêmes protestations.

XXIV. — Il était bien difficile d'échapper plus longtemps à la logique implacable des faits.

Le baron Gros après avoir résumé tous les événements qui s'étaient passés depuis la prise des forts de Ta-kou et rectifié les appréciations erronées du prince Kong, ajoutait:

« Le prince en refusant de rendre les détenus a forcé les alliés à marcher sur la capitale.

« C'est pendant cette marche et par conséquent pendant la guerre, que les troupes alliées ont pris le palais d'été de l'Empereur; elles ne l'ont point pillé comme le dit Son Altesse Impériale, elles n'ont fait que partager entre elles, conformément au droit de la guerre, une conquête que le sort des armes avait fait tomber entre leurs mains, et le prince doit savoir que si le palais a été ensuite saccagé et incendié, c'est par les bandes de brigands chinois qui se trouvent partout, et sur lesquelles, à Kho-seyou, par exemple, les alliés ont été obligés de tirer, lorsqu'elles sont venues pour piller et ravager dans ce village les habitations de leurs propres compatriotes.

« Ceci étant bien établi, et Son Altesse Impériale étant un prince trop éclairé pour en méconnaître la justesse, le soussigné consent encore à saisir l'occasion qui se présente de conclure la paix, si le gouvernement chinois, abandonnant le système de fourberie et de déloyauté qui lui a si mal réussi jusqu'à présent, veut enfin traiter les affaires avec droiture et ne pas oublier que chaque fois qu'il a manqué à sa parole, il a délié le soussigné des engagements contractés par lui, et lui a rendu tous les droits que lui donnent les victoires successives remportées sur les armées de l'empire.

« Il serait bien difficile au soussigné d'avoir maintenant confiance dans un gouvernement qui ne se fait aucun scrupule de manquer à sa parole, et qui pousse l'oubli des lois de l'honneur et de sa propre dignité jusqu'à faire arrêter et sacrifier de la manière la plus barbare des gens sans armes, qui, sous la protection du drapeau parlementaire, étaient venus se confier à lui. Le soussigné ne peut plus entrer dans Pé-king avec une simple escorte d'honneur, il lui faut une garde qui puisse le préserver de quelque trahison, et lorsqu'il se trouvera dans l'une des habitations de la ville que l'on aura fait disposer pour lui et pour sa garde, des conférences pourront s'ouvrir.

« La persistance que le prince Kong a mise à ne jamais vouloir rendre, avant la signature de la paix, les infortunés sujets de la France et de l'Angleterre que le gouvernement chinois a fait arrêter et retenir contre toutes les lois de l'honneur, n'avait que trop fait craindre au soussigné que les autorités chinoises, coupables de ce crime, n'eussent poussé leur sauvage brutalité jusqu'à faire périr quelques-uns de ces individus, qui n'avaient pas disparu dans un combat, comme semble le croire le prince Kong, mais qui avaient été victimes d'un abominable guet-apens. La lettre si embarrassée du prince Kong, et les rapports trop malheureusement vraisemblables que le soussigné a reçus au sujet de la conduite de quelques autorités chinoises envers les détenus, qui, à la honte éternelle du gouvernement chinois, ont été sacrifiés dans le palais même d'Yuen-mun-yuen, confirment les appréhensions du soussigné, et il exige aujourd'hui, au nom de son gouvernement, une indemnité de 200 000 taëls, qui sera répartie par le gouvernement français entre ses sujets victimes de l'attentat du 18 septembre dernier et les familles de ceux dont on a si lâchement causé la mort.

« Le soussigné demande à Son Altesse de vouloir bien faire préparer l'habitation dite Sou-ang-fou, pour qu'il puisse s'y établir avec la garde préposée à sa sûreté.

« La convention projetée à Tien-tsin pourra alors être rédigée par les secrétaires respectifs, en y ajoutant deux clauses que la conduite du gouvernement chinois autorise le soussigné à exiger. Par la première, le gouvernement chinois s'engagera à payer une indemnité de 200 000 taëls aux victimes françaises de l'attentat du

18 septembre dernier, et à verser immédiatement cette somme entre les mains du trésorier de l'armée française en Chine.

« Par la seconde, le gouvernement chinois s'engagera à faire rendre au ministre de France en Chine les églises, les cimetières et les autres propriétés qui en dépendaient et dont parle le décret de l'empereur Tao-ouang. »

Les ambassadeurs donnaient pour dernier délai, jusqu'au 23 à midi.

CHAPITRE II.

XXV. — Tel était l'état des choses, lorsque des événements nouveaux vinrent encore compliquer la situation.

Après le retour des premiers prisonniers dont nous avons parlé plus haut, les alliés espéraient toujours que les autres, sur le sort desquels on était sans nouvelle, auraient eu au moins la vie sauve. — Il est facile de comprendre combien fut grande l'indignation qui s'empara de tous les cœurs, lorsque des cadavres mutilés furent seuls rapportés aux camps alliés; funèbres retours qui ajoutaient chaque jour de nouveaux noms aux victimes. Au lieu de prisonniers, des cercueils nous étaient rendus. On ouvrait ces cercueils, et c'est ainsi que l'on constatait l'identité des cadavres que les Chinois nous renvoyaient (1).

Sur treize prisonniers français, sept étaient morts et six avaient été rendus vivants. — Les Anglais sur vingt-six prisonniers comptaient treize morts.

Voilà donc le résultat des assurances du prince Kong. — Ce n'était plus seulement d'un acte de déloyauté dont on avait à demander compte, mais de la plus sauvage barbarie. L'exaspération des Anglais surtout ne connaissait point de bornes.

XXVI. — Lord Elgin, sous la pression de l'indignation publique qui ne pouvait manquer de se manifester en Angleterre avec une extrême violence, voulait une vengeance éclatante que ne pouvait satisfaire l'indemnité de 200 000 taëls déjà demandée, et il communiqua, le 15 octobre, un projet de note au prince Kong, dans laquelle il exigeait que des officiers chinois fussent envoyés de Pé-king pour accompagner à Tien-tsin les restes des victimes de cette odieuse trahison, et que l'on élevât dans cette ville, aux frais du gouvernement chinois, un monument expiatoire ; il voulait en outre que l'on s'emparât du palais impérial à Pé-king, avant l'époque fixée

---

(1) Ces morts étaient, pour les Français, le colonel Foullon Grandchamps, le sous-intendant Dubut, le comptable Ader, les soldats Gadichot, Blanquet et le chasseur à pied Ousouf. Quant à l'abbé Duluc, dont on ne retrouvait aucune trace, il paraît certain qu'il avait été décapité avec un Anglais, le jour même de la bataille de Pa-li-kiao: leurs corps avaient été jetés dans le canal.

par la communication au prince Kong et que l'on détruisît de fond en comble le palais de Yuen-mun-yuen où avait péri le plus grand nombre de victimes.

« Mon cher lord (lui répondit le baron Gros, en lui accusant réception de cette dépêche), votre lettre exprime assurément dans les termes les plus nobles la plus vive indignation, mais elle exige du gouvernement chinois, ce que dans mon intime conviction il ne pourra ni ne voudra jamais donner; il aimera mieux mille fois tout abandonner, tout perdre que de consacrer par un monument expiatoire sa félonie, sa honte et sa faiblesse. Quant à la destruction du palais d'été, site de campagne sans défense, elle aurait, à mon avis du moins, un tel caractère de vengeance inutile, puisque malheureusement elle ne pourrait remédier à aucune des cruelles infortunes que nous déplorons, que nous devrions ne pas y songer. Il me semble qu'aux yeux de l'Europe comme pour les peuples de la Chine, la destruction du palais de Pé-king, après en avoir enlevé les archives, palais qui, dans la capitale, est le siége de la puissance souveraine, serait un acte expiatoire plus saisissant que l'incendie d'une maison de plaisance. Ce serait là ce que je conseillerais aux commandants en chef de faire immédiatement si j'étais consulté par eux, et si contre toute probabilité maintenant nous devions quitter Pé-king sans atteindre le but qui nous a été signalé par nos gouvernements. Je suis convaincu que nous pouvons finir en peu de jours. Si vous ne parlez pas dans votre lettre à

Kong de la destruction de Yuen-mun-yuen et d'actes expiatoires, toutes les autres conditions, les vôtres comme les miennes, seront acceptées.

« Je ne vois pas de meilleure solution que celle que je vous propose, les moyens dont nous pouvons disposer, la saison avancée qui, d'un instant à l'autre, peut rendre les routes impraticables, la manière dont les commandants en chef parlent de la situation, et la crainte surtout que nous devons avoir de faire fuir le prince Kong, notre seule planche de salut, me confirment dans mon opinion. »

XXVII. — Cette lettre pleine de dignité et de sens modifia dans certaines limites les intentions de lord Elgin, mais ne le fit pas renoncer entièrement à son projet de vengeance qu'il regardait au contraire, dans ces contrées lointaines, comme un sévère et juste enseignement pour un peuple en dehors de la civilisation européenne.

Il répondit donc au baron Gros le lendemain.

« Je consens à omettre la clause relative à l'accompagnement par des officiers chinois des restes des malheureuses victimes jusqu'à Tien-tsin et à l'érection d'un monument expiatoire aux frais du gouvernement chinois dans cette ville, mais je n'abandonne pas la clause relative à la destruction de Yuen-mun-yuen.

« Je demanderai 300 000 taëls pour indemniser les Anglais qui ont souffert et les familles de ceux qui ont été sacrifiés. — Je dirai à Kong que si je ne reçois pas, le 20 avant midi, une lettre de lui qui m'assure que cette somme sera payée le 22, et qu'il sera prêt à signer la convention et à échanger les ratifications de Tien-tsin, le 23, je demanderai au général en chef de détruire le palais impérial de Pé-king.

« Sans doute ces mesures peuvent vous paraître barbares, mais nous avons à traiter avec un misérable despote et nous devons lui faire sentir que la responsabilité des actes qu'il a commis ou qu'il a sanctionnés doit retomber sur lui. »

Ces deux lettres que nous avons cru utiles de reproduire en leur entier, dessinaient nettement la position que voulait prendre en cette circonstance chacun des ambassadeurs.

XXVIII. — Le baron Gros ne fit pas attendre sa réponse et il répondit immédiatement à son collègue anglais, « que la destruction du palais de Pé-king, dans le cas où rien n'aurait été terminé dans le délai fixé, rentrait entièrement dans ses idées, ainsi qu'il l'avait dit, mais que la démolition de Yuen-mun-yuen lui répugnait. » Il ajoutait : « Toutefois si le général de Montauban veut y prendre part, je n'aurai aucune observation à lui faire. » — Et en même temps il envoyait copie au général de Montauban de sa correspondance avec lord Elgin.

Le commandant en chef français fut plus explicite peut-être encore que notre ambassadeur :

« Je partage complétement votre manière de voir, lui

répondit-il, sur toutes les questions que vous traitez avec le prince Kong ou avec l'ambassadeur d'Angleterre ; *je refuse nettement* de participer à une nouvelle attaque contre Yuen-mun-yuen pour deux raisons.

« La première, parce que j'ai le cœur soulevé de voir la destruction inutile des plus belles choses et que cet acte ne pourrait être attribué qu'à une vengeance très-insignifiante, puisqu'elle ne s'exercerait que sur des murs déjà à moitié détruits. — La seconde, c'est qu'une semblable action tendrait à détruire les rapports nouveaux qui viennent de s'établir entre le prince Kong et les ambassadeurs. »

Cette destruction était cependant une idée arrêtée chez lord Elgin et rien ne put l'en dissuader, pas même la pensée de se trouver séparé de ses alliés pour l'accomplissement d'un acte de cette nature que l'avenir pourrait juger sévèrement. — L'assentiment complet qu'il avait trouvé pour ses projets chez le général Grant qui subissait entièrement son influence, lui fit ne pas désespérer d'amener le général de Montauban à concourir à cette destruction, sachant surtout que le baron Gros laissait toute liberté d'action au commandant en chef des forces militaires.

Le 17, dans la matinée, le général Grant vint en personne sonder le général en chef français et lui demander sa participation à ce qu'il regardait comme un acte de justes représailles. — Le général de Montauban refusa et le général Grant se retira en lui disant : « J'espère qu'après avoir réfléchi, vous comprendrez les raisons majeures qui motivent cette détermination et ne me refuserez pas, en cette occasion, un concours que j'ai toujours trouvé jusqu'alors si empressé.

XXIX. — Il s'engagea alors, à la suite de cette visite, une correspondance officielle entre les deux commandants en chef, semblable à celle échangée, deux jours auparavant, entre les ambassadeurs.

Tout ce qui concerne cet épisode dont on s'est si grandement préoccupé est important à constater, plus encore pour l'avenir que pour le présent. Nous qui nous sommes donnés pour cette expédition lointaine, comme pour celles de Crimée et d'Italie, la tâche de chroniqueur, nous racontons ces faits sans vouloir les apprécier.

Deux politiques bien différentes étaient représentées en Chine, la politique de la France et celle de l'Angleterre. — Le refus du baron Gros et celui du général de Montauban, la volonté persistante de lord Elgin et du général Grant caractérisent bien ces deux politiques qui marchant côte à côte, s'inspiraient cependant de sentiments si divers.

Le soir du même jour où le général anglais était venu proposer au général de Montauban la destruction du palais d'été de l'Empereur, le commandant en chef français lui répondit par écrit :

« J'ai mûrement réfléchi depuis ce matin à la proposition que vous m'avez faite d'aller, de concert avec vous, incendier le palais impérial de Yuen-mun-yuen, aux trois quarts détruit dans les journées des 7 et 8 octobre courant, tant par mes troupes que par les Chinois. — Je crois devoir, pour satisfaire aux instructions que j'ai reçues, vous expliquer les motifs de mon refus à coopérer à une semblable expédition. — Elle me paraît d'abord dirigée par un esprit de vengeance de l'acte de barbare perfidie commis sur nos malheureux compatriotes, sans que cette vengeance atteigne le but que l'on se propose.

« D'un autre côté, n'est-il pas probable que l'incendie allumé de nouveau dans le palais impérial jettera la terreur dans l'esprit déjà peu rassuré du prince de Kong et lui fera abandonner les négociations entamées? Dans ce cas, l'attaque du palais impérial de Pé-king deviendra une nécessité, et la perte de la dynastie actuelle la conséquence, ce qui serait diamétralement opposé aux instructions que nous avons reçues.

« Par tous ces motifs, je crois devoir, monsieur le général en chef, ne m'associer en aucune façon à l'œuvre que vous allez accomplir, la considérant comme nuisible aux intérêts du gouvernement français. »

« DE MONTAUBAN. »

XXX. — Le lendemain 18, le général Grant lui exposait catégoriquement les raisons qui lui faisaient, disait-il, persister dans sa volonté de détruire complétement le palais de Yuen-mun-yuen.

« 1º C'est dans ce palais que les prisonniers ont été

traités avec une barbarie atroce, c'est là qu'ils sont restés pieds et poings liés pendant trois jours, privés entièrement de nourriture.

« 2° La nation anglaise ne sera pas satisfaite, si nous n'infligeons pas au gouvernement chinois un châtiment sévère, marque du ressentiment que nous avons éprouvé de la manière barbare avec laquelle ils ont violé le droit des gens.

« Si nous nous bornions à faire la paix, à signer le traité et à nous retirer, le gouvernement chinois croirait qu'il peut impunément saisir et assassiner nos compatriotes, il est nécessaire de le détromper sur ce point.

« Il est vrai que le palais d'été de l'Empereur a été pillé ; mais le dommage infligé peut être réparé en un mois. Le jour même où l'armée française a quitté Yuen-mun-yuen, le palais a été réoccupé par les autorités chinoises et cinq Chinois qui ont été pris pillant ont été exécutés par les ordres de ces autorités.

« Mes patrouilles ont trouvé depuis ce jour l'enceinte constamment fermée et les habitations non détruites.

« Il nous a été bien démontré que le palais de Yuen-mun-yuen est considéré comme une place fort importante, sa destruction est un coup dirigé entièrement non contre le peuple, mais contre le gouvernement chinois qui est le seul auteur des atrocités commises(1). C'est un coup qui sera parfaitement senti par ce gouvernement

---

(1) Lettre du général Hope Grant, commandant en chef les forces anglaises en Chine, au général de Montauban, commandant en chef les forces françaises. Quartier général de Pé-king, 18 octobre 1860.

et, d'autre part, on ne peut arguer contre cette opération d'aucune raison fondée sur des sentiments d'humanité. »

XXXI. — On le voit par cette lettre, la crainte de l'opinion publique en Angleterre, entraînait, poussait, pour ainsi dire, les deux chefs anglais à agir, ainsi qu'ils le faisaient ; c'était là la base première, la base fondamentale sur laquelle ils échafaudaient les autres considérations.

« La nation anglaise ne sera pas satisfaite si nous n'infligeons pas au gouvernement chinois un châtiment sévère, marque durable de notre ressentiment. »

En effet, le 18 dans la matinée, un détachement anglais se dirigea vers le palais d'été avec ordre de l'incendier dans toutes ses parties. Bientôt les magnifiques pagodes, ces merveilles d'élégance et de richesse, devinrent la proie des flammes. On vit s'élever à l'horizon une grande lueur rougeâtre, et monter vers le ciel des nuages d'une épaisse fumée ; c'était le palais de Yuen-mun-yuen que l'incendie dévorait, et le soir ce ne fut plus qu'un amas calciné de débris fumants, autour desquels rôdaient des bandes de pillards.

Les Anglais avaient accompli leur vengeance et infligé ce qu'ils appelaient un châtiment sévère, marque durable de leur ressentiment. — Il ne restait plus rien de cette magnifique et merveilleuse habitation que plusieurs siècles avaient respectée.

Le général de Montauban en fut douloureusement impressionné, et il écrivait le jour même au commandant en chef anglais :

« Je n'ai pas l'intention d'élever une polémique au sujet de l'acte qui vient d'être commis, contrairement à l'opinion de l'ambassadeur de France et à la mienne.

« Nos gouvernements respectifs sont seuls appelés à juger nos actions, et j'ai l'espoir que le gouvernement français donnera une entière approbation à ma conduite en cette circonstance, quels que soient les regrets qu'il éprouvera comme moi de l'acte déloyal qui nous a enlevé nos malheureux compatriotes. »

XXXII. — Bien que le dernier délai accordé au prince Kong soit de quelques jours seulement, les chefs anglais poursuivis par la pensée qu'ils peuvent encore ajouter une page terrible au drame de leur vengeance, rêvent une attaque contre Pé-king même. Ils ne cachent pas le but politique qui les pousse. — Entraîner la chute de la dynastie tartare. — Ce but n'était pas le nôtre, — le renversement de la dynastie régnante amènerait avec lui les plus sanglants désordres et livrerait l'empire à une anarchie complète. — Les instructions données à notre ambassadeur sont dans un sens contraire, et le baron Gros l'avait clairement exposé au prince Kong, dans sa dépêche du 25 septembre (1).

« Le soussigné, disait-il, croit devoir déclarer formellement à Son Altesse Impériale et aux membres du con-

---

(1) Voir même volume, page 241.

seil de l'Empire, que le gouvernement français veut le maintien de la dynastie actuelle sur le trône impérial, et qu'il verrait avec chagrin la ruine de la capitale. »

La situation semblait donc se compliquer chaque jour davantage. — Il est évident que le prince Kong, acculé dans ses derniers retranchements, ne peut se refuser plus longtemps aux conditions de paix proposées : — nous sommes sous les murs de la capitale abandonnée par l'Empereur qui s'est enfui en Tartarie ; les chefs de l'armée sont vaincus, démoralisés et incapables de comprendre quels dangers ils pourraient encore nous faire courir aux approches de l'hiver, s'ils réunissaient les tronçons épars de leur armée et, en les répandant entre Pé-king, Tien-tsin et la mer, nous coupaient ainsi notre principale base d'opération. — La paix si problématique, il y a quelques jours, est évidente aujourd'hui. Le parti de la guerre, dans le grand conseil, n'a enregistré que des trahisons ou des défaites.

XXXIII. — Le 19, le général Grant venait de nouveau chez le général en chef français pour lui proposer d'attaquer le lendemain même la ville, malgré le délai accordé par le baron Gros jusqu'au 23. Le commandant en chef français refusa formellement. En outre, il déclara à son collègue que jusqu'au 23, il s'opposera à toute attaque. On attendra donc jusqu'au 23.

Mais déjà dès le 20 octobre, il n'est plus possible de conserver aucun doute sur la conclusion de la paix. — Le prince Kong fait savoir aux ambassadeurs que l'indemnité réclamée pour les victimes du 18 septembre, sera prête à être payée le 22, à une heure de l'après-midi (1).

Le 22, M. de Bastard premier secrétaire d'ambassade, part, accompagné de M. de Keroulée attaché à l'ambassade, afin de procéder à la discussion définitive de la convention et de régler tous les détails relatifs à la signature du traité et à l'échange des ratifications. — Il doit aussi recevoir au nom de l'ambassadeur, les 200 000 taëls d'indemnité.

Le comte de Bastard se rend dans l'intérieur de la ville, avec une escorte de cavalerie et d'infanterie, et se dirige vers le yamoun du mandarin Hang-ki, chargé par le prince Kong des pouvoirs nécessaires.

Dans les rues, la foule est immense, elle afflue de tous côtés sur le passage des envoyés étrangers avec une telle intensité, qu'il semble que bientôt il deviendra impossible de marcher au milieu de ces flots humains tumultueusement agités. — Le drame si récent de Tung-chao, donne un caractère solennel à cette entrée dans Pé-king. La trahison d'hier ne pouvait-elle pas se renouveler aujourd'hui.

(1) *Le baron Gros au général de Montauban.*

22 octobre, 8 h. du matin.

« Les engagements pris par le prince Kong, frère de l'Empereur et commissaire impérial, reçoivent aujourd'hui un commencement d'exécution, une somme de 200 000 taëls, représentant à peu près 1 million 500 000 francs, sera prête à m'être remise aujourd'hui, 22 octobre, à une heure après midi, dans Pé-king, comme indemnité allouée par le gouvernement chinois aux sujets français arrêtés le 18 septembre, comme aussi à la famille de ceux qui ont succombé pendant leur captivité. »

Des agents de la police chinoise, armés de longs fouets frappent sans aucun ménagement sur cette multitude plus curieuse qu'hostile, et permettent ainsi aux chevaux d'avancer. Les envoyés français pénètrent dans le yamoun ; des sentinelles sont aussitôt placées à toutes les portes, ainsi que devant la salle où le comte de Bastard entre aussitôt en conférence avec le mandarin Hang-ki.

Cette conférence devait enfin être la dernière.

XXXIV. — Après une assez longue discussion dans laquelle l'astucieux diplomate chinois, que nous avons déjà vu plusieurs fois à l'œuvre, discuta longuement les moindres détails, moins dans l'espérance d'obtenir quelque concession que par habitude, tout fut définitivement réglé et convenu. — Les pouvoirs concédés au prince Kong furent exhibés ; ils étaient de la nature la plus étendue, l'Empereur avait, par avance, envoyé ses ratifications.

Le prince Kong n'est pas sans inquiétude ; il craint que les alliés n'usant de représailles ne veuillent en le chargeant de chaînes, venger sur lui la trahison du 18 septembre et offrir le frère de l'Empereur en holaucauste aux victimes, dont les corps mutilés ont été renvoyés dans de funèbres cercueils. — Un certain nombre de hauts mandarins lui conseillaient même de ne pas s'exposer à notre vengeance, et le confirmaient dans une appréhension que lui dictait sa propre conscience. — Fort heureusement, le général Ignatieff, ambassadeur de Russie, fit comprendre au prince Kong que les nations européennes, quels que fussent leurs griefs, n'agissaient jamais par trahison et que, chez elles, la foi jurée était chose sacrée et inviolable.

Il fut arrêté: que le 24, le baron Gros viendrait prendre possession du palais qui est destiné à lui et aux membres de son ambassade.—Le même jour, lord Elgin signera le traité de l'Angleterre avec le prince Kong.—Le lendemain 26, ce sera le baron Gros pour l'Empereur des Français.

Les deux ambassadeurs sont d'accord avec les commandants en chef pour donner le plus grand éclat militaire aux cérémonies relatives à la signature du traité. Les Chinois attachent un grand prix à tout ce qui frappe leurs yeux; la pompe et l'éclat leur représentent la puissance.

XXXV. — Le 24, à neuf heures du matin, l'ambassadeur de France, accompagné de tout le personnel de son ambassade, fit son entrée dans la capitale du Céleste-Empire.

L'ambassadeur et le premier secrétaire sont en chaises portées chacune par huit coolies revêtus de costumes brillants avec la cocarde française, — les autres membres de l'ambassade sont à cheval, et se tiennent près des portières des deux chaises.

Un bataillon du 101e, que commande en personne le colonel ouvre le cortége, et la musique de ce régiment joue des marches guerrières, dont les sons éclatants produisent une impression profonde sur la multitude qui est accourue de toutes parts.

Des deux côtés des palanquins, s'avancent trente spahis, leurs manteaux rouges flottent au vent ; après les spahis, c'est un peloton de marins. — Le deuxième bataillon du 101ᵉ ferme la marche.

A la porte Am-ting par laquelle notre ambassadeur doit pénétrer dans la capitale, les deux détachements anglais et français préposés à la garde de cette porte, sont sous les armes et rendent au haut plénipotentiaire de la France les honneurs militaires. — Dans le même moment l'artillerie alliée, placée sur les remparts, salue son arrivée d'une salve de dix-neuf coups de canon.

A peine l'ambassadeur a-t-il franchi la porte, qu'un cortége de mandarins, en tête duquel marche Hang-ki, le délégué du prince Kong, vient complimenter le baron Gros.—Tous ces dignitaires chinois de différents degrés ont revêtu leur costume de cérémonie ; sur la longue robe de satin violet qu'ils portent sont brodées des plaques, insignes de leur rang ; sur ces plaques, un oiseau indique les mandarins civils, un tigre ou un lion, les mandarins militaires, le globule ou bouton qui surmonte leur toque indique à quelle classe ils appartiennent (1).

---

(1) Les mandarins se divisent en quatre classes :
Le bouton rouge est affecté à la première, qui comprend trois catégories : la plus élevée a la nuance du corail, celle qui vient ensuite le vermillon, la dernière le ponceau.
La deuxième classe a les globules bleus qui, eux aussi, se partagent en deux catégories : la première porte le bouton bleu opaque (lapis lazuli) ; la seconde, bleu transparent (cristal bleu).
A la troisième classe appartiennent les boutons blancs, distingués

Les agents de la police chinoise ont peine à contenir la foule qui se glisse au milieu des chevaux et des soldats de l'escorte, avide de contempler ce spectacle si nouveau pour elle.—A l'entrée du palais que doit habiter l'ambassadeur, attendent les mandarins que le prince Kong a attachés à sa personne ; le pavillon national est aussitôt planté à la porte principale devant laquelle veillent des sentinelles l'arme au bras.

XXXVI. — Le même jour, lord Elgin, accompagné du général Grant, signait solennellement au Li-Pou (tribunal des rites) le traité de paix de l'Angleterre avec le Céleste-Empire.

Les troupes qui formaient le cortége anglais étaient fort belles, les dragons de la reine et les sicks attiraient principalement les regards par leur brillante tenue. L'infanterie se composait de 2 régiments anglais, la chaise de lord Elgin était entourée de seize coolies fort élégamment vêtus et portant les couleurs de l'Angleterre.

Quelques difficultés d'étiquette se sont élevées pour le cérémonial à observer au moment où l'ambassadeur, en grande tenue de pair d'Angleterre est entré dans la salle où devait se signer le traité. — Lord Elgin a exigé que le prince Kong vînt au-devant de lui, ce que celui-ci a fait avec une certaine répugnance.

---

eux aussi par le blanc porcelaine pour la première catégorie ; le blanc transparent pour la seconde.

La quatrième classe porte le bouton de cuivre doré.

Le frère de l'Empereur de la Chine et l'ambassadeur se sont salués très-froidement. — Les mêmes difficultés se renouvelèrent, quelques instants après, pour savoir lequel s'assierait le premier, du prince ou du haut plénipotentiaire de Sa Majesté Britannique. Après d'assez longs pourparlers pour le règlement de ce nouveau cérémonial, il fut convenu que le prince et l'ambassadeur s'assieraient en même temps.

XXXVII. — Le traité fut signé et les ratifications échangées, sans que la glace se rompît un seul instant entre ces deux hommes. Dans la plume qui signait le traité de paix, lord Elgin avait voulu faire peser de tout son poids l'épée du vainqueur. On a beaucoup critiqué le diplomate anglais de sa dureté visible à un moment où devaient être oubliés les anciens dissentiments et effacés les plus douloureux souvenirs. — Les Anglais sont trop positifs pour rien faire au hasard et se livrer à leurs impressions, sans en avoir auparavant calculé la portée et les résultats. Dans la manière d'agir de lord Elgin envers le prince Kong, il y avait toute une pensée politique : faire sentir à la Chine que l'Angleterre ne signait pas un traité de paix, mais un traité de conquête. — En 1860, le représentant de la Grande-Bretagne se rappelait les démarches infructueuses et si orgueilleusement repoussées de lord Macartney, en 1790, ainsi que l'ambassade avortée de lord Amherst, en 1816 (1).

(1) Voir le premier volume des Expéditions de Chine et de Cochinchine, page 15 et suiv.

XXXVIII. — L'entrevue du baron Gros et du prince Kong eut un tout autre caractère, la France n'avait ni les mêmes griefs anciens, ni les mêmes vues d'avenir : elle avait demandé sans arrière-pensée ce qu'elle voulait obtenir ; elle désirait franchement le maintien de la dynastie régnante, et voyait avec une réelle satisfaction l'ère de la paix remplacer les hostilités, après de rapides et brillants succès qui avaient établi incontestablement aux yeux des Chinois la puissance de ses armes.

Il faut aussi ajouter à toutes ces considérations puisées au cœur même de la question l'individualité propre des deux nations que représentait chacun des ambassadeurs, et l'on comprendra la différence d'attitude des deux plénipotentiaires dans cette cérémonie importante et solennelle.

Le 25, à huit heures du matin, le baron Gros, suivi de toute son ambassade en grand uniforme, quittait le palais de l'ambassade dans le même ordre et avec le même cérémonial que la veille, et sortait de la ville par la porte du Nord pour se rendre au quartier général du commandant en chef français.

A onze heures, les troupes qui doivent composer le cortége, quittent leur cantonnement pour se former, selon l'ordre indiqué sur la route de Tartarie en avant de la porte du Nord.

La cavalerie forme l'avant-garde, suivie par une musique et un peloton de chacune des différentes armes composant le corps expéditionnaire : — génie, matelots, chasseurs à pied, infanterie de ligne, infanterie de marine et fuséens.

Viennent ensuite le bataillon de chasseurs à pied avec sa fanfare, deux pelotons d'artillerie à cheval, les officiers sans troupes à cheval, le chef d'état-major général, les officiers de l'état-major général et les officiers d'état-major de l'artillerie.

Puis le général en chef en grand uniforme, accompagné de ses deux généraux de brigade que suivent les chefs de service et les chefs du corps, l'état-major particulier du général en chef, les spahis et les chasseurs d'Afrique.

La musique du 101ᵉ termine le cortége militaire, précédant les trois drapeaux déployés du 101ᵉ, du 102ᵉ et de l'infanterie de marine.

Immédiatement après, et comme sous la garde inviolable de ces trois drapeaux réunis, quatre sous-officiers décorés de l'armée de terre portent dans un coffre aux armes de l'Empereur des Français, le traité de 1858, muni du sceau impérial.

Vient ensuite le cortége de l'ambassadeur, derrière lequel marchent deux pelotons d'artillerie à cheval et deux bataillons du 101ᵉ.

Depuis la porte du Nord jusqu'au tribunal des rites où doit être signé le traité de paix, la haie est formée par le 102ᵉ de ligne et par le régiment d'infanterie de marine.

XXXIX. — Certes, ces troupes en campagne, à cinq

mille lieues de la France, n'ont pas l'éclat resplendissant des troupes passées en revue au Champ-de-Mars, mais elles portent sur leur visage bronzé par le soleil le noble cachet du soldat qui a bravé les rudes épreuves et les fatigues incessantes de la vie des camps ; leur allure a cet air martial qui sent la poudre et respire le combat, et le soleil reluit en rayons étincelants sur les canons des fusils et sur les bayonnettes. Ce sont bien des soldats, tels qu'ils doivent entrer dans une ville, dont les portes fermées depuis des siècles aux nations européennes, se sont ouvertes sous la pression de leurs canons et au bruit retentissant de leurs armes victorieuses.

Au moment où l'ambassadeur franchit la porte Amting, une salve d'artillerie salue son arrivée, et la voix guerrière annonce à la population de la capitale du Céleste-Empire, que la France pénètre dans ses murs, drapeaux au vent.

Devant la porte, se tient le haut mandarin Hang-ki à la tête d'une véritable cohorte de mandarins de tous grades. Les harangues et les félicitations commencent et la haie des soldats ne contient qu'à grand'peine la foule qui se presse de tous les côtés. Nous avons déjà eu l'occasion de le dire et d'en citer des preuves, le patriotisme est nul chez le peuple chinois, et pas un seul des nobles sentiments qui font battre le cœur des nations européennes, ne vibre dans ces existences atrophiées, où vit seulement la cupidité des intérêts matériels.

XL. — Après un long parcours sous un soleil accablant, le cortége atteint enfin le tribunal des rites. Devant la porte principale de ce palais, l'ambassadeur, le commandant en chef et les principaux officiers de l'armée mettent pied à terre, puis le baron Gros ayant à ses côtés le général en chef de Montauban, s'avance dans la cour qui précède l'entrée de la salle destinée à la signature des traités ; — derrière eux sont groupés les membres de l'ambassade et les états-majors militaires.

Cette cour est encombrée de prétoriens chinois, garde personnelle des mandarins et exécuteurs de leur justice ; ils sont revêtus d'une sorte de casaque en cotonnade bleue à bordure rouge ou verte et portent sur la tête une toque à laquelle pend une queue de renard (1).

Sur le seuil de la salle se présente le prince Kong, entouré des plus illustres mandarins de la Chine ; mais aucun d'eux n'appartient à la noblesse militaire, et sur leurs plastrons aux couleurs étincelantes, on ne voit que des cigognes, des faisans, des paons et autres oiseaux, signes distinctifs des mandarins civils.

Le prince porte une robe semblable à celle des autres mandarins, à cette exception, toutefois qu'au lieu des plastrons brodés, comme membre de la famille impériale, il a sur les épaules, sur le dos et sur la poitrine quatre blasons où se trouve le dragon aux cinq griffes,

---

(1) Nous empruntons quelques-uns des détails de cette cérémonie à l'intéressant récit de M. G. de Keroulée, attaché à l'ambassade extraordinaire de France en Chine.

armoiries de la dynastie régnante ; sa toque garnie de velours est surmontée d'une grosse émeraude, pierre distinctive de prince du sang. (L'empereur seul porte l'œil de chat et l'impératrice une perle). Son collier, composé de corail et d'ambre gris descend jusque la ceinture, c'est l'ornement des jours de grande cérémonie, tous les mandarins le portent. Les grains de ces colliers varient depuis l'ambre, le corail, le lapis lazuli et la laque rouge jusqu'au verre de couleur. — En ajoutant à la description que nous venons de faire, le pantalon de soie écrue et les bottes de satin noir montant jusqu'au genou, on aura une idée exacte du costume du prince Kong.

XLI. — C'est sur ce personnage important que se concentrent tous les regards.

Le prince est jeune, il semble avoir vingt-quatre ans au plus, s'il est vrai que l'on puisse donner un âge à ce visage sur lequel la fatigue des jouissances de la vie a déjà laissé sa visible empreinte; l'œil noir et profond s'abrite sous d'épais sourcils, le regard a parfois des éclairs passagers qui révèlent une énergie épuisée par l'oisiveté de la vie chinoise, le teint d'une pâleur mate donne un cachet de grande distinction, à son nez légèrement busqué, appartenant à la race tartare et à ses lèvres dont la forme et le coloris respirent la sensualité; mais cet aspect de lassitude qui forme un si étrange contraste avec la jeunesse excessive du prince, n'a point altéré en lui l'air souverainement aristocratique et le cachet de noble race qui se lit sur sa personne et surtout sur ses mains d'un dessin élégant et pur; leur blancheur est si exagérée que le sang ne semble pas y circuler. « On sent à le regarder (écrivait un témoin oculaire), que c'est le rejeton d'une haute race dans laquelle le luxe, la vie oisive et l'excès des jouissances sont héréditaires. »

XLII. — Après les félicitations échangées par l'ambassadeur de France et le commandant en chef du corps expéditionnaire avec le haut plénipotentiaire chinois, M. de Méritens, interprète de l'ambassade, dit au prince que S. Exc. le baron Gros, ministre plénipotentiaire de S. M. l'Empereur des Français le prie d'agréer ses sentiments de respect pour l'Empereur, son auguste frère et pour lui-même, ainsi que l'assurance des sentiments de paix et de conciliation qui animent son Souverain. — Le prince Kong, sourit fort gracieusement, et, perdant l'expression de contrainte pénible qui par moment contractait son visage, il ne cherche pas à cacher combien il est sensible aux paroles qu'il vient d'entendre. Son Altesse répond : « que ce désir de bon accord que le traité de paix va sceller aujourd'hui, est au fond de son cœur et de sa pensée la plus intime. »

Le baron Gros, entouré de ses secrétaires, est allé ainsi que le général de Montauban, prendre place sur une estrade réservée. Devant de longues tables dressées pour la cérémonie, sont assis d'un côté dix à douze mandarins à boutons de corail, personnages élevés du gouvernement chinois, de l'autre, les deux généraux de brigade, Jamin et Collineau, et les chefs de service du corps expéditionnaire. Le thé est servi aux deux plénipotentiaires et aux grands personnages de chaque nation, puis commencent les formalités diplomatiques.

Les exemplaires du traité de paix sont échangés pour la vérification des sceaux.—Le traité français est transcrit sur très-beau parchemin, le traité chinois sur des tablettes de bois doré, puis, le prince Kong et le baron Gros, apposent tous deux leur signature et leur seing.

XLIII. — A ce moment, un coup de canon tiré près le tribunal des rites, donne le signal à la batterie placée sur les remparts de la porte du Nord, et une salve de vingt et un coups de canons salue ce solennel événement. Le prince Kong, après avoir reçu les félicitations du baron Gros et les portraits de l'Empereur et de l'Impératrice, ainsi qu'une série des monnaies françaises, remercie l'ambassadeur, et adresse au général de Montauban les paroles les plus flatteuses sur les hauts talents militaires qu'il a déployés ; il annonce ensuite au baron Gros qu'il ira très-prochainement lui rendre visite, non en prince, mais en ami. Les mandarins élevés qui entourent le haut plénipotentiaire chinois, graves et préoccupés pendant toute la cérémonie, ne cachent pas la satisfaction qu'ils éprouvent.

Les journées du 24 et du 25 octobre terminaient réellement tous les différends entre les nations alliées et le

Céleste-Empire; elles établissaient la paix sur des bases plus solides qu'elles ne l'eussent été l'année précédente. A cette époque, il serait resté dans l'esprit du gouvernement chinois, aveugle et insensé dans son orgueilleux mépris pour les nations européennes, la pensée qu'il pouvait nous opposer en rase campagne des forces invincibles. — Le traité signé en 1858 se serait toujours ressenti de cette conviction intime, et les populations de ce vaste empire l'auraient regardé comme une faveur inespérée du Fils du ciel envers les Barbares.

Aujourd'hui il ne peut plus en être ainsi; ces populations sont convaincues malgré elles de notre force et de notre supériorité. La prise des forts de Ta-kou si puissamment armés, le combat de Tchang-kia-ouang et la bataille de Pa-li-kiao ont démontré au gouvernement chinois son impuissance et grandi le prestige de nos armes; ils ouvraient à jamais les portes de Pé-king et jetaient la lumière sur les mystérieuses obscurités du Céleste-Empire.

CHAPITRE III.

XLIV. — L'expédition de Chine si glorieusement accomplie et si heureusement terminée, ne doit point être appréciée sous le même point de vue que les autres campagnes qui ont illustré en Crimée et en Italie le règne de Napoléon III.

C'est, pour nous servir de l'expression même de l'Empereur « une entreprise sans exemple. » Une poignée de combattants perdus pour ainsi dire dans les contrées lointaines de l'extrême Orient s'est audacieusement lancée jusqu'au cœur même de la Chine, bravant tous les dangers qui naissaient sous chacun de ses pas ; — livrée à elle-même, elle affronte les hasards si redoutables de l'inconnu, fantôme insaisissable qui peut grandir tout à coup et l'envelopper comme dans un linceul. Une nombreuse armée et une cavalerie réputée formidable couvrent les approches de la capitale ; — les têtes des ambassadeurs et des commandants en chef sont mises à prix dans cette contrée sauvage où la barbarie et la trahison dressaient chaque jour de sourdes et lâches embuches. Rien n'arrête ces quelques milliers d'hommes, jusqu'à ce qu'ils aient victorieusement planté le drapeau national sur les remparts même de Pé-king.

Ce n'est pas par le nombre des morts laissés sur les champs de bataille que peut et doit se juger une pareille entreprise ; c'est par les périls affrontés, c'est par l'énergie déployée, c'est par les résultats obtenus. — Le sang versé n'est pas souvent le dernier mot des batailles ; les plus sanglantes sont les plus douloureuses, mais ne sont pas souvent les plus mémorables.

Un grand acte a été accompli qui restera comme un des faits les plus surprenants de ce siècle si fécond en grandes choses. Les barrières de la Chine ont été brisées et les drapeaux de la France et de l'Angleterre ont flotté sur ces murailles mystérieuses qui abritaient les ennemis les plus implacables des nations européennes ; — la civilisation venait se greffer sur la barbarie, et la croix du Christ reparaissait sur les églises relevées. — Ces deux grands buts poursuivis avec une noble persévérance avaient été atteints; les ambassadeurs rapportaient des traités de paix, les généraux en chef rapportaient des victoires.

XLV. — Avant que l'armée française quittât la capitale du Céleste-Empire pour aller prendre ses quartiers d'hiver à Tien-tsin il restait encore deux devoirs sacrés à accomplir : — rendre dans le cimetière catholique de Pé-king les derniers devoirs aux victimes de la trahison du 18 septembre, — restaurer et consacrer l'Église catholique au sein même de la capitale, où la religion chrétienne avait été outragée et persécutée dans ses ministres.

Déjà le général de Montauban connaissant le profond respect des Chinois pour les morts avait, même avant la signature du traité de paix, fait savoir au prince Kong qu'il demandait que les restes mortels de ses compatriotes morts pendant leur captivité à Pé-king, fussent enterrés dans l'ancien cimetière français qu'un empereur de la Chine avait autrefois concédé aux missionnaires catholiques, et qui était dans l'intérieur de la ville. Sa demande avait été aussitôt accueillie.

Le 28 octobre fut le jour fixé pour cette triste cérémonie à laquelle assistaient tous les prêtres catholiques français, anglais et chinois et les généraux et officiers des armées alliées en très-grand nombre. — Douloureux spectacle qui raviva dans tous les cœurs la douleur profonde de ce cruel souvenir.

Les six cercueils étaient portés, chacun sur un chariot d'artillerie recouvert d'une longue draperie noire avec une croix blanche; — des détachements de tous les corps, les armes renversées, suivaient les cercueils. — Ce triste cortége bien différent de celui qui trois jours auparavant avait traversé Pé-king entra dans la ville par la porte Teou-tching-men, et suivant le vaste faubourg qui s'étend vers la droite arriva au cimetière, où s'étaient déjà rendus de leur côté le baron Gros et toute son ambassade, ainsi que le général Ignatieff et le personnel de l'ambassade russe en grande tenue. Mgr Mouly, évêque de Pé-king, officia assisté par les aumôniers français; puis la terre recouvrit ces restes mortels auxquels le général en chef adressa d'une voix émue un dernier adieu, en flétrissant avec une amère indignation les traîtres qui s'étaient rendus coupables d'un si odieux forfait. — Ce cimetière, préservé de la dévastation, contient les tombes des premiers évêques catholiques de Pé-king.

XLVI. — Le lendemain 29 devait avoir lieu la réouverture de l'Église catholique et la cérémonie de sa nouvelle consécration.

Depuis plusieurs jours des soldats de l'infanterie et du

génie travaillaient sous les ordres du capitaine de génie Beziat à restaurer cette église interdite depuis trente-cinq ans au culte catholique; les plantes parasites, ces hôtes inséparables de l'oubli, avaient enlacé leurs puissantes racines dans les pierres disjointes et couvraient presque entièrement les murs dégradés, cachant, pour ainsi dire, la dévastation du lieu saint sous leur épais manteau de verdure.

Lorsque la pioche et la hache eurent déblayé l'entrée, et que l'on put pénétrer dans l'intérieur de l'église, un triste spectacle s'offrit aux regards. Le long des murs qui pendaient eux-mêmes en lambeaux dans plusieurs parties, étaient accrochés des débris de cadres dorés dont les Chinois avaient arraché les peintures saintes. — Les vitraux brisés laissaient entrer la pluie et le vent par les fenêtres ogivales. Quoique le dôme fût en partie effondré, on y voyait encore des restes de peintures à fresques. L'herbe croissait à l'intérieur comme dans un champ désert; mais la parole de Dieu allait de nouveau retentir dans la nef sainte, et la religion du Christ délivrée de ses bourreaux y retrouvait un asile inviolable.—La croix de fer qui surmontait autrefois le portique de l'église, et que les Chinois avaient abattue, a repris la place qu'elle occupait, pour dire à tous que le temps des persécutions est passé.

Des tentures ont été dressées le long des murailles, afin d'en cacher la nudité et les dégradations. Ce fut une imposante cérémonie que cette réédification du temple saint au milieu de la terre païenne; elle était le prix des rudes épreuves supportées par une poignée de soldats héroïques auxquels la France avait donné cette noble et glorieuse mission.

XLVII. — Une pluie glaciale mêlée de neige qui tomba pendant toute la journée, indiquait que le moment était venu pour les troupes d'aller prendre leur quartier d'hiver à Tien-tsin, et le général de Montauban se prépara à quitter Pé-king sans retard, car il craignait que les mauvais temps ne rendissent le retour très-pénible.

Officiellement informé par l'ambassadeur de France de la cessation complète des hostilités (1) conformément aux ordres de l'Empereur, le commandant en chef français ne jugea pas à propos de prolonger plus longtemps son séjour dans la capitale de l'empire chinois et, ainsi qu'il l'avait annoncé déjà pendant le cours des négocia-

---

(1) *Le baron Gros au général de Montauban.*

26 octobre 1860.

Un procès-verbal constate l'échange des ratifications. La paix étant ainsi heureusement rétablie entre la France et la Chine, je dois, pour me conformer aux ordres de l'Empereur, vous demander, au nom du gouvernement, de faire cesser immédiatement tout acte d'hostilité contre la Chine qui n'aurait pas un caractère essentiellement définitif. La convention de paix, identique quant au fond, à celle que S. Exc. l'ambassadeur d'Angleterre a signé le 24 de ce mois avec le prince de Kong, vous fera connaître, général, les engagements qui sont obligatoires pour les deux puissances contractantes et je réclamerais votre concours pour en assurer loyalement l'exécution, si, contre toute probabilité, il y avait lieu de le faire.

Permettez-moi, général, de me féliciter des rapports de confiance qui ont existé entre nous et de vous complimenter de la part active et brillante qui vous revient à si juste titre dans le succès de notre mission commune. Baron Gros.

tions, il quittait le 1er novembre son quartier général de Pé-king avec toutes les troupes sous son commandement, et se dirigeait vers Tien-tsin, où il arrivait après cinq jours d'une marche très-fatigante. Il avait traversé un pays dévasté par les pillards chinois dont les bandes hideuses avaient suivi pas à pas les armées alliées, ravageant les campagnes et les villages derrière elles.

XLVIII. — Lord Elgin avait voulu rester quelques jours encore, malgré l'opinion du général Grant, qui appréhendait aussi avec raison d'être pris par les mauvais temps avant l'arrivée de ses troupes aux points fixés pour leur hivernage ; mais le haut plénipotentiaire de S. M. Britannique tenait à prolonger son séjour jusqu'au moment où la paix serait promulguée par l'empereur de la Chine. Selon lui rien jusque-là n'était réellement terminé, et le traité signé à Pé-king pouvait devenir illusoire comme celui de Tien-tsin. — Était-ce bien là le véritable motif de son séjour ? le baron Gros ne pensait pas qu'il fût nécessaire d'attendre cette promulgation ; mais il crut ne pas devoir quitter un terrain que n'abandonnait pas encore son collègue ; il resta donc, et en informant le général en chef français de ce retard imprévu, il le pria de lui laisser un bataillon, ce que s'empressa de faire le général de Montauban, qui joignit à ce bataillon deux pièces d'artillerie.

XLIX. — Quelques jours après l'arrivée du corps expéditionnaire français à Tien-tsin, deux officiers et un sous-officier s'embarquaient pour la France, chargés de porter à l'Empereur, au nom de la petite armée de Chine, les objets d'art trouvés dans le palais impérial de Yuen-mun-yuen et qui étaient destinés à Sa Majesté. Ces trois délégués étaient le chef d'escadron d'état-major Campenon, le lieutenant d'infanterie Bourcart, du 101e, et le maréchal des logis de Braux d'Anglure, du 8e chasseurs. Le général de Montauban, dans la lettre qu'il adressait à ce sujet au ministre de la guerre, priait Son Excellence de vouloir bien présenter à Sa Majesté les trois personnes qui avaient été l'objet d'un choix si honorable.

Le même jour, le lieutenant de vaisseau de Pina, officier d'ordonnance du général en chef, s'embarquait aussi sur le même bâtiment, chargé de remettre au ministre de la guerre une cassette trouvée également au palais d'Été, et qui contenait les différents traités conclus avec l'empereur de Chine, papiers qui pouvaient être pour la diplomatie européenne du plus haut intérêt, car ils établissaient nettement quels étaient les rapports commerciaux et politiques de la Chine avec les autres nations.

M. de Pina, que le commandant en chef avait désigné pour cette mission, avait été gravement blessé en franchissant, le premier, les murs du palais impérial.

L. — Le 22 novembre, le général de Montauban quittait Tien-tsin, laissant le commandement supérieur des troupes dans cette ville au général Collineau, officier du plus haut mérite, qui joignait à une bravoure éclatante une haute intelligence militaire. — Hélas ! l'armée devait bientôt perdre ce brillant et énergique soldat si miraculeusement échappé aux boulets de Sébastopol. — Et ce n'était pas sur un champ de bataille qu'il devait mourir en combattant les ennemis de la France! Envoyé, quelques mois plus tard, en Cochinchine, il succombait frappé par ce climat si fatal à nous autres Européens. — Grande perte pour l'armée qui avait su si justement apprécier les nobles qualités du chef qu'elle perdait (1).

Le général de Montauban se rendit à Tché-ou, et visita le petit camp qu'il y avait laissé, lorsque le corps expéditionnaire s'était dirigé vers le nord. Toutes les montagnes étaient déjà couvertes de neige et le froid très-intense. Mais le général de Montauban regardait Tché-ou comme une station trop importante pour l'abandonner entièrement; il y maintint donc 250 hommes, formant ainsi un poste intermédiaire suffisant entre Shang-hai et Tien-tsin, avec lequel, sous peu, la congélation des eaux du Peï ho ne permettrait plus de communication que par la voie de terre.

LI. — Avant de se rendre à Shang-hai, le général en chef français se trouvant à quarante-huit heures de

---

(1) Le général Collineau restait à Tien-tsin avec le 101e régiment de ligne, un bataillon du 102e; deux batteries d'artillerie et une compagnie du génie, près de trois mille hommes.

Le reste des troupes s'embarqua pour Shang-hai qu'elles atteignaient le 12 décembre.

Nankasaki, résolut d'aller visiter ce port japonais, où il entra sur *le Forbin,* après avoir traversé un bosphore aussi splendide que celui de Constantinople.

Ne pouvant se rendre à Yeddo, le général de Montauban tenta d'aller à Ozakia, dans la mer intérieure.

« On navigue (écrivait-il à cette époque), dans une succession de cinq à six lacs bordés de montagnes du plus riant aspect et couvertes d'arbustes auxquels le temps a donné une grandeur et une grosseur prodigieuses, portant, ceux-ci un feuillage vert, ceux-là des fleurs de toute sorte. — Au pied de ces montagnes, des villes et des villages se succèdent sans interruption; dans les ports se pressent des jonques de toutes formes et de toutes couleurs; la mer intérieure est, du reste, remplie de jonques de commerce et de bateaux de pêcheurs, le poisson étant la principale nourriture des habitants. — Les maisons sont entourées de jardins; ces jardins regorgent d'orangers chargés de fruits, de bananiers et présentent cette végétation luxuriante qui appartient à ces riches et fertiles contrées. »

Après trois jours de marche à travers ces bassins successifs, *le Forbin* arriva devant Ozakia, mais seulement en grande rade, les bâtiments d'un fort tirant d'eau ne pouvant approcher de terre.

Vainement le général, qui tenait à conserver son incognito, demanda l'autorisation de visiter la ville. Après vingt-quatre heures d'attente et de réponses ambiguës, comprenant que cette autorisation ne lui serait pas accordée, il donna l'ordre de retourner à Nangasaki, après avoir, à l'aide de la longue-vue, jeté un regard attentif sur cette ville d'un très-grand développement et qu'aucun Européen n'a pu encore visiter jusqu'à ce jour.

LII. — A Nangazaki, le général de Montauban trouva l'amiral Page.

L'amiral se rendait à Yeddo avec deux bâtiments de guerre, sur la demande du consul de France, M. de Bellecourt, qui n'avait pu obtenir du gouvernement japonais satisfaction d'un attentat commis contre un de ses agents, à la porte même du consulat. — Le lendemain, le contre-amiral anglais Jones arrivait, de son côté, avec trois bâtiments de guerre, pour montrer aussi dans les mers du Japon le drapeau de l'Angleterre. — Bientôt l'amiral Protet vint les rejoindre avec deux autres bâtiments, ce qui portait, y compris *le Forbin*, au nombre de cinq, les bâtiments de guerre français qui se trouvaient ainsi réunis dans le port de Nangasaki.

Le 16, au soir, le général de Montauban était de retour à Shang-haï. — Les troupes qui devaient hiverner dans cette ville étaient arrivées du Peï ho le 12 du même mois, mais le débarquement, contrarié par l'état de la mer, n'était pas terminé.

Le retour du corps expéditionnaire à Shang-haï n'était pas sans importance, car les rebelles, rendus chaque jour plus audacieux par la crainte qu'ils inspiraient au gouvernement chinois et par son impuissance à les combattre, menaçaient toujours d'envahir les établissements européens.

LIII. — A tort ou à raison, car il ne nous appartient pas de discuter cette question, on croyait généralement à Shang-hai que les Anglais eussent vu sans regret le renversement de la dynastie actuelle et, par suite peut-être, le partage de l'empire et la création d'un royaume du Sud sous leur patronage. On donnait pour preuve de cette assertion la résistance que les chefs anglais avaient toujours opposée lorsqu'il s'était agi de marcher sérieusement contre ces bandes dévastatrices, toutes les fois qu'il en avait été question, pour la sécurité des intérêts européens à Shang-hai; et cependant, les Anglais étaient les plus intéressés à la reprise des affaires et du commerce entièrement ruiné dans le Yang-tse-kiang par la juste terreur que la rébellion croissante inspire aux populations paisibles.

Si nous enregistrons ces bruits, qu'avait accrédités l'attitude de lord Elgin en diverses circonstances, nous ne voulons pas entrer dans le vif de cette question, qui nous entraînerait sur un terrain d'appréciation politique en dehors du cadre de ce travail. — L'Angleterre, la nation la plus avide de l'extension de son commerce extérieur, comprenait bien ce qu'elle pourrait gagner à une révolution dont les résultats immédiats pour elle seraient d'importantes concessions. La politique des nations a des profondeurs secrètes qu'il ne faut pas fouiller; elle sème dans le présent pour récolter dans l'avenir, et marche vers un but que l'on peut pressentir; ce but est placé, pour les uns, dans les régions élevées d'un grand intérêt général, pour les autres dans le domaine étroit mais plus lucratif de l'intérêt personnel.

LIV. — « Aujourd'hui (écrivait le général de Montauban au ministre de la guerre), la question me paraît complétement vidée pour nous, mais malheureusement elle ne l'est pas pour le gouvernement chinois, et je crains bien que nous ayons traité avec l'ombre d'un pouvoir qui se débat sous les étreintes de l'agonie. — Plus on voit de près les rouages qui dirigent cette triste administration, plus on est convaincu qu'il faut une grande secousse pour faire sortir de son sommeil léthargique cet immense corps que l'on appelle l'empire chinois. La cupidité des mandarins, la vénalité des emplois, l'extrême misère du peuple, dont plusieurs petits rois tartares s'arrachent les dépouilles, sont autant de causes de la dissolution qui marche à grands pas vers la ruine entière de la domination tartare; mais, d'un autre côté, l'ignorance dans laquelle reste plongé ce peuple, son amour du travail et son respect profond de l'autorité souveraine, qu'il considère comme la puissance paternelle, sont autant de causes qui pourront retarder pendant quelque temps encore la catastrophe. »

Du reste, le gouvernement chinois comprenait bien que, de toutes les nations qui avaient traité avec lui, la plus désintéressée était la France. — Avant le départ du général de Montauban, Mgr Mouly, évêque de Pé-king, avait reçu du prince Kong diverses ouvertures tendant à savoir si le général consentirait à lui prêter le secours de ses troupes pour reprendre aux rebelles *Young-Cheou* et Nan-kin. — Le général avait répondu que cette décision était du ressort de la politique, et que le baron Gros, chargé des instructions de l'Empereur, pouvait seul se prononcer sur la possibilité d'une semblable intervention.

L'avenir dira ce qui doit advenir de cet immense empire livré au désordre et à l'anarchie, et que cherche à relever de ses ruines par des mesures énergiques le nouveau souverain qui vient de monter sur le trône de la Chine.

COCHINCHINE

LIVRE IV.

COCHINCHINE.

I. — Si nos différends avec la Chine étaient enfin terminés, il n'en était pas de même pour le royaume annamite avec lequel toutes les tentatives de conciliation étaient restées infructueuses.

Il était difficile d'assigner un terme à l'action militaire dirigée dans ces parages lointains, cet état de choses préoccupait vivement le gouvernement de l'Empereur; le général de Montauban, à peine arrivé à Shang-hai avait reçu à ce sujet deux lettres confidentielles du ministre de la guerre.

La question pendante avec le gouvernement annamite regardant spécialement la marine, S. Exc. le ministre engageait le général de Montauban à s'entendre avec le vice-amiral Charner pour seconder ses projets d'expédition, autant qu'il lui serait possible.

Le général s'empressa de demander à l'amiral Charner quels seraient les renforts que l'armée de terre pourrait être appelée à lui fournir pour les opérations, que sans nul doute, il méditait contre les Cochinchinois. Déjà le 3ᵉ régiment de marine placé momentanément sous les ordres du général de Montauban pendant l'expédition de Chine, était rentré sous les ordres de l'amiral.

Sur sa demande, mille hommes d'infanterie, 4 pièces de 12, une 1/2 batterie de 4, ainsi qu'une 1/2 batterie de montagne, 1 section du génie, 1 section d'ambulance et quelques carabiniers furent mis à sa disposition. Le but de l'amiral était de consolider nos points d'occupation en Cochinchine en faisant attaquer vigoureusement les bandes anamites, chaque fois qu'elles se présentaient à portée de ses campements ou même dans les pays environnants.

Le général de Montauban, d'un autre côté, organisait ses campements d'hiver à Shang-hai, il prenait des mesures pour garantir contre toutes les éventualités les possessions européennes dans cette province.

En Chine, l'hiver s'écoula tranquillement, et les troupes hivernées à Shang-hai n'eurent à repousser aucune tentative sérieuse des rebelles. Quelques coups de fusil étaient seulement échangés de temps à autre avec les rôdeurs et les pillards de profession.

Il n'en était pas de même en Cochinchine, — et si le petit corps expéditionnaire n'avait pas d'engagement sérieux avec les Annamites, les influences fatales du climat faisaient de nombreuses victimes. Chaque mois enregistrait des pertes sensibles rendues plus douloureuses encore par la difficulté de combler les vides produits dans les effectifs. Parmi les plus cruelles, il faut placer celle du général Collineau.

Le 21 avril 1861, le général de Mautauban se dirigeait sur Saïgon, où il devait s'entendre avec l'amiral Charner pour l'occupation définitive de la Cochinchine. Avant de partir, il remettait au général Jamin le commandement des troupes; ce général devait en recevoir le commandement en chef, si l'état de guerre qui subsistait toujours avec le royaume annamite permettait au général de Montauban de retourner en France. — Celui-ci pensait, ainsi que l'amiral Charner, que les succès partiels de nos armes en Cochinchine ne pourraient pas amener de résultats réels tant que nous ne serions pas maîtres de la capitale ; et il était impossible, avec les moyens restreints dont on disposait, de tenter une expédition sérieuse contre Hué.

Déjà, dans la première partie de ce travail, nous nous sommes étendus sur les difficultés qu'avait rencontrées l'amiral R. de Genouilly dans sa première expédition en Cochinchine en 1858. Nous avons suivi pas à pas nos navires de Canton à Tourane, et de Tourane à Saïgon où notre flotte, après s'être emparée de tous les forts qui défendaient la rivière détruisait cette citadelle importante. — La position était encore à peu près la même. — Seulement, à Saïgon, l'amiral Charner avait élargi le cercle de notre occupation; mais sous la pression des agents secrets des hautes autorités annamites, le vide se faisait toujours autour de nous, et partout où nous paraissions, les populations s'enfuyaient, nous lais-

sant des habitations abandonnées et des villages déserts.
— Après chaque revers nouveau, l'armée ennemie, évitant tout combat sérieux, se montrait par bandes séparées qui fatiguaient nos troupes par des courses perpétuelles et disparaissaient ensuite comme des fantômes, à l'heure du combat. — Cet état de choses devait durer longtemps encore.

Le général de Montauban s'embarqua pour retourner en France.—Une partie des troupes qui avaient été placées sous son commandement avaient reçu l'ordre de rappel.

Nous n'entreprendrons pas ici de raconter les faits d'armes éclatants qui illustrèrent notre marine de Cochinchine, sous le commandement du vice-amiral Charner et ensuite sous celui du contre-amiral Bonnard, que l'Empereur, juste appréciateur des services rendus au pays vient d'élever au grade de vice-amiral.

Faire un résumé rapide et succinct de ces opérations importantes, ce serait en méconnaître la haute portée.

Les sanglantes affaires de Ki-hou et de Mitho méritent d'être retracées dans tous leurs détails et de prendre rang parmi les faits glorieux qui enrichissent nos annales maritimes. — Les résultats en ont été grands et riches.

Aujourd'hui, l'armée régulière annamite du nord est détruite, — les forces de ce pays sont dispersées. La France continue et organise sa conquête, et elle fera sentir aux Cochinchinois le poids de ses armes jusqu'au jour où ce gouvernement aveugle et insensé comme le fut celui de la Chine, ne se refusera plus aux justes demandes qui lui sont adressées et au traité de paix qui lui est offert.

Nous marchons vers une solution prochaine. Cette longue expédition si vigoureusement et si victorieusement poursuivie, est digne par la pensée qui l'a inspirée et par les résultats obtenus d'une histoire séparée : cette histoire, nous allons l'écrire, heureux d'enregistrer une fois de plus la part brillante que la marine conquiert si noblement chaque jour dans nos fastes militaires.

FIN DE LA DEUXIÈME ET DERNIÈRE PARTIE.

PIÈCES JUSTIFICATIVES

PIÈCES JUSTIFICATIVES.

I

Composition du Corps Expéditionnaire français en Chine.

1° ARMÉE DE TERRE.

Commandant en chef les forces de terre et de mer de l'expédition............	Cousin de Montauban, général de division.
Aides de camp et officiers d'ordonnance du général commandant en chef......	Deschiens, chef d'escadron d'état-major. De Bouillé, capitaine d'état-major. De Pina, lieutenant de vaisseau. Cousin de Montauban, capitaine de cavalerie.

ÉTAT-MAJOR GÉNÉRAL.

Chef d'état-major gén.	Schmitz, lieutenant-colonel d'état-major.
Command. de l'artill..	De Bentzmann, colonel d'artillerie.
Id. du génie...	Dupré-Deroulède, lieutenant-colonel du génie.

Chef des services adm.	Dubut, sous-intendant militaire de 1re classe.
Prévôt............	Janisset, capitaine de gendarmerie.
Officiers attachés à l'état-major général...	Dupin, lieutenant-colonel chef du service topographique. Campenon, chef d'escadron adjoint au chef d'état-major général. Foerster, capitaine adjoint au lieutenant-colonel Dupin. De Cools, capitaine attaché à l'état-major général. Chanoine, capitaine attaché à l'état-major général. Dabry, capitaine d'infanterie attaché à l'état-major général.
Officiers d'artillerie attachés à l'état-major général..........	Foullon-Grandchamps, lieutenant-colonel commandant les batteries montées. Gary, chef d'escadron, chef d'état-major. Petitpied, chef d'escadron, commandant la 2e batterie. Crouzat, chef d'escadron, commandant la 2e batterie. Dorn, chef d'escadron, directeur du parc. Renould, capitaine, attaché à l'état-major. Desmarquais, — — De Brives, — — Tardif de Moidrey, — — Charon, — — Cattoir, — — Schœlcher, — — Gaillant, — — Martimor, — — Gusman, — —
Officiers du génie attachés à l'état-major général..........	Dupouet, chef de bataillon. Allizé de Matignicourt, capitaine. Béziat, —
Intendance militaire..	Blondeau, sous-intendant militaire de 2e classe. Rodet, adjoint à l'intendance militaire de 2e classe. Bonnamy, adjoint à l'intendance militaire de 2e classe.

Service religieux.....	L'abbé Trégaro, aumônier supérieur.
	L'abbé de Serré, aumônier adjoint.
Service de la prévôté.	Faure, lieutenant, attaché à la force publique.

1ʳᵉ BRIGADE D'INFANTERIE.

Commandant.......	Jamin, général de brigade, commandant en second le corps expéditionnaire.
Aide de camp.......	Laveuve, capitaine d'état-major.
2ᵉ bataillon de chasseurs à pied.......	Guillot de la Poterie, chef de bataillon.
101ᵉ régiment de ligne.	Pouget, colonel.
	Olurer, lieutenant-colonel.
7ᵉ compagnie du 1ᵉʳ bataillon du 1ᵉʳ régiment du génie.....	Thomas, capitaine en 1ᵉʳ.
4ᵉ compagnie du 1ᵉʳ bataillon du 3ᵉ régiment du génie.....	Bovet, capitaine en 1ᵉʳ.

2ᵉ BRIGADE D'INFANTERIE.

Commandant........	Collineau, général de brigade.
Aide de camp........	D'Hendecourt, capitaine d'état-major.
102ᵉ régiment d'infanterie de ligne......	O'Malley, colonel.
Régiment d'infanterie de marine.........	De Vassoigne, colonel.
Détachement d'artillerie.............	Schnéegans, capitaine à la 11ᵉ compagnie du 6ᵉ régiment.
	Bernadet, capitaine à la 10ᵉ compagnie du 7ᵉ régiment.
	Dispot, capitaine à la 7ᵉ compagnie du 8ᵉ régiment.
	Marie, capitaine à la 1ʳᵉ compagnie du 9ᵉ régiment.
	Maugère, capitaine à la 3ᵉ compagnie du 10ᵉ régiment.

ARTILLERIE.

Commandant........	De Bentzmann, colonel.
Adjoints à l'état-major.	Schnéegans, chef d'escadron, chef d'état-major.
	Lagardène, chef d'escadron.
	De Brives, capitaine en 1er.
	Cattoir, capitaine en 2e.
	Schœlder, —
	Gusman, —
	Fuzier, médecin.
	Schreiner, —
	Raveret, vétérinaire.
	Chaumont, —
	Kittstein, garde d'artillerie.
	Pichat, —
9e comp. du 14e rég...	Dispot, capitaine commandant.
10e comp. du 14e rég.	Amandrie du Chauffant, capitaine commandant.
9e comp. du 16e rég...	Bernardet, capitaine commandant.
10e comp. du 15e rég.	Coatpont le Bescond, capitaine commandant.

PARC D'ARTILLERIE.

Directeur du parc....	Dorn, lieutenant-colonel.
Chef d'état-major....	Desmarquais, chef d'escadron.
Sous-directeur.......	Gaillar de Blairville, —
Adjoints au parc.....	Guérin, capitaine en 2e.
	Morvan, —
	Donop, —
	De Geoffre de Chabrignac.
	Mathieu, sous-lieutenant.
	Cerf, —
	Arnold, garde d'artillerie.
	Grauxprin, —
	Hameaux, gardien de batterie.
	Vonaux, chef actif.
	Marcadé, —
	François, chef ouvrier d'État.
	Schaaf, ouvrier d'État.
	Souplet, —
	Chrétien, —
	Ringeisen, —
	Tardif de Moidrey, capitaine en 1er
	Chorin, lieutenant en 1er.

Détachements de pontonniers.........	Clairac, lieutenant en 1er, commandant.
Armuriers..........	Ganier, capitaine en 2e, commandant.
Ouvriers..........	Vien, lieutenant en 2e, commandant.
12e comp. du 6e pontonniers..........	Ploton, dit Berton, capitaine en 2e, commandant. Fichaux, sous-lieutenant, commandant.
9e batterie du 2e régiment fuséens......	Delaroze, capitaine en 2e, commandant. Carrier, sous-lieutenant, commandant.
Adjoint au parc......	Pouget, ouvrier d'État.

CAVALERIE.

Reboul, chef d'escadron hors cadres, attaché à l'état-major de l'armée anglaise en Chine ;
Cousin de Montauban, capitaine au 5e de lanciers, officier d'ordonnance du général en chef ;
Mocquard, capitaine au 3e de spahis, commandant la cavalerie ;
De Damas, lieutenant au 2e de chasseurs d'Afrique ;
Destremont, sous-lieutenant au 7e de chasseurs ;
De Néverlée, sous-lieutenant au 1er de cuirassiers ;
Mohamed-Ould-Caïd-Osman, sous-lieutenant au 2e de spahis.

INTENDANCE ET SERVICES ADMINISTRATIFS.

Dubut, intendant militaire de 1re classe ;
Blondeau, sous-intendant de 1re classe, chef des services administratifs ;
Rodet, sous-intendant de 2e classe ;
Bonnamy, adjoint de 1re classe ;
Perrier, — —
Galler, sous-intendant de 2e classe, attaché au dépôt de convalescents à l'île de la Réunion.

BUREAUX DE L'INTENDANCE.

Lejeune, officier d'administration de 2e classe ;
Pascot de Latouche, officier d'administration de 2e classe ;
Policard, adjudant d'administration de 1re classe ;
Michelin, — —
Bovier, — 2e
Vacherie, — —
Tutrice, — —
Bielle, — —

DÉPOT DE CONVALESCENTS A LA RÉUNION.

Scheube, adjudant d'administration de 1re classe ;
Topart, — 2e

SERVICE DES SUBSISTANCES MILITAIRES.

Gagey, officier d'administration, principal ;
Mongenot, officier comptable ;
Robert, — —
Caren, — —
Lapeyre, — —
Huguet, — —
Daurelle, — —

Laussu, adjudant d'adminis. ;
Guerriéri, — —
Bréart, — —
Marcilèse, — —
Bré, — —
Landeau, — —
Grosbonnet, — —
Bain, — —

SERVICE D'HABILLEMENT.

Demange, offic. d'adm. en 1er ;
Montalti, — —
La Crampe, — —
Klüber, — —
Barate, — 2e
Michel, — —

Richard, offic. d'adm. en 2e ;
Laillault, — —
Masson, — —
Holler, — —
Mégès, sous-officier stagiaire ;
Gérard, — —

SERVICE DU CAMPEMENT.

Ader, officier comptable de 1re classe.
Rousselot, officier comptable de 2e classe.
Malaret, officier comptable de 2e classe.

Laforest de Minotty, adjudant en 1er ;
Marguet, adjudant en 1er ;
Clément, — —
Barthélemy, — —

SERVICE MÉDICAL DE L'ARMÉE.

Guiliano dit Castano, médecin en chef du corps expéditionnaire ;
Guerrier, médecin principal de 2e classe ;

Didiot, méd. princ. de 2e cl. ;
Strauss, méd. major 1re
Larivière, — —
France, — —
Armand, — —

PIÈCES JUSTIFICATIVES.

Champenois, — —
Béchade, — —
Labouysse, — —
Dufour, — 2ᵉ
Dexpers dit Faudoas, —
Mouret, — —
Lespiau, — —
Grounier. — —
Dezon, — —
Viscaro, — —
Hattute, — —
Lasnier, — —
Alezais, — —
Fouquet, méd. aide-maj. 1ʳᵉ cl.
Azaïs, — —
Maître — —
Frilley, — —

Libermann, — —
Girard, — 2ᵉ
Mathis, — —
Bourot, — —
Tardy, — —
Fée, — —
Jean, — —
Lapeyre, pharmacien en chef du corps expéditionnaire.
Ollivier, pharmacien major de 2ᵉ classe;
Fetsch, phar. aide-maj. 1ʳᵉ cl.;
Debeaux, — —
Strohl, — —
Berquier, — —
Judicis, — 2ᵉ
Tête-Doux, — —

SERVICE DE LA TRÉSORERIE ET DES POSTES.

Lelibon, inspect. des finances.
Laffage, payeur en chef.
Carré, payeur principal.
Dudillot, payeur particulier.
Pochon, —
Béchu, payeur-adjoint.
Bruzard, —
Maignan-Champromain,
Goubeaux, —
Saillard, —

De Vaissière, payeur-adjoint.
Brincourt, —
Camproger, —
Laporte, —
Étienne.
Vallette Lagavinie, —
Jannet, —
De Courcy, —
Vallin, —

2° MARINE.

ÉTAT-MAJOR GÉNÉRAL.

Commandant en chef.. Charner, vice-amiral.
Chef d'état-major..... Laffon-Ladébat, capitaine de vaisseau.
Aides de camp....... { Duquilio, capitaine de vaisseau.
{ Jaurès, lieutenant de vaisseau.
Officier d'ordonnance.. Danyean, lieutenant de vaisseau.
Chirurgien principal.. Laure.

Aumônier supérieur de l'escadre............ } L'abbé Riccardy.

Secrétaire de l'amiral. Legrix, aide-commissaire.

Attachés à l'état-major. { Garnier, aspirant de 1re classe.
Piquet, aspirant de 2e classe.
Frostin, —

Secrétaire du chef d'état-major........ { Duchesne de Bellecourt, commis de marine.

Impératrice-Eugénie... { De Lapelin, capitaine de vaisseau, commandant.
De Surville, capitaine de vaisseau, second.
Harel, lieutenant de vaisseau de 1re classe.
Senez, lieutenant de vaisseau de 2e classe.
De Geoffroy du Rouret, lieutenant de vaisseau de 2e classe.
Pallu, lieutenant de vaisseau de 2e classe.

Renommée........... { Page, contre-amiral.
Favin-Lévêque, capitaine de vaisseau, commandant.
Regreny, lieutenant de vaisseau, second.
Ducrest de Villeneuve, lieutenant de vaisseau.
Lebreton de Rauregat, lieutenant de vaisseau.
Faton, lieutenant de vaisseau.
Dehan de Staplande, lieutenant de vaisseau.

Dryade............. { Protet, contre-amiral.
Bouchet-Rivière, lieutenant de vaisseau, aide de camp.
Allain Dupré, enseigne de vaisseau, aide de camp.
Béval de Sédaignes, capitaine de frégate, commandant.
Panon du Haziès, lieutenant de vaisseau, second.

Dordogne........... { Faucon, capitaine de vaisseau, commandant.
Peiret, lieutenant de vaisseau, second.

Duchayla............	Tricaut, capitaine de vaisseau, commandant. Amét, lieutenant de vaisseau de 1re classe, second. Clavecie, lieutenant de vaisseau de 2e classe.
Duperré.............	De Ksanson, capitaine de frégate, commandant. Coutelleng, lieutenant de vaisseau, second. D'André, — Carrade, — O'Neill, —
Durance.............	Coupvent-Desbois, capitaine de vaisseau, commandant. De Tanouarn, capitaine de frégate. Roquebert, lieutenant de vaisseau. Bouvier, —
Gironde.............	Thoyon, capitaine de vaisseau, commandant. Nielly, lieutenant de vaisseau, second. Olivier, —
Kien-chan..........	Bourgeois, capitaine de vaisseau, commandant. Neveu d'Aiguebelle, lieutenant de vaisseau, second.
Meurthe............	Jauréguiberry, capitaine de vaisseau, commandant. Keraval, lieutenant de vaisseau, second.
Calvados...........	Riche, capitaine de frégate, commandant. Boyer-Resses, lieutenant de vaisseau, second.
Entreprenante......	Devaux, capitaine de frégate, commandant. Vergne, lieutenant de vaisseau, second.
European...........	Lefrapper, capitaine de frégate commandant. Lejeune, lieutenant de vaisseau.
Forbin..............	Morier, capitaine de frégate, commandant. Baron, lieutenant de vaisseau, second.

Garonne............	Protet, capitaine de frégate, commandant. Delassaux, lieutenant de vaisseau, second. Galache, lieutenant de vaisseaux, second.
Japon..............	Libandière, capitaine de frégate, commandant. Reveillière, lieutenant de vaisseau.
Jura...............	Leps, capitaine de frégate, commandant. Begrand, lieutenant de vaisseau, second.
Loire..............	De Jouslard, capitaine de frégate, commandant. Bernard, lieutenant de vaisseau, second.
Marne..............	De Freycinet, capitaine de frégate, commandant. Lefort, lieutenant de vaisseau, second.
Némésis............	Barry, capitaine de frégate commandant. Villers, lieutenant de vaisseau second.
Nièvre.............	Durand, capitaine de frégate, commandant. Rebel, lieutenant de vaisseau, second.
Persévérante.......	Comte d'Harcourt, capitaine de frégate, commandant. Jonnard, lieutenant de vaisseau, second.
Phlégéton..........	Picard, capitaine de frégate, commandant. X..., lieutenant de vaisseau, second.
Rhin...............	Aiguier, capitaine de frégate, commandant. Guys, lieutenant de vaisseau, second.
Rhône..............	Picard (Esp.), capitaine de frégate, commandant. Prouhet, lieutenant de vaisseau, second.
Vengeance..........	Massillon, capitaine de frégate, commandant. Fournier-Leroy, lieutenant de vaisseau, second, Lamothe-Tenet, — Sanglier. —
Weser..............	Cleret-Langavant, capitaine de frégate. Roux, lieutenant de vaisseau, second.

Saône..............	Liscoat, capitaine de frégate, commandant. Fournier, lieutenant de vaisseau, second.
Alarme.............	Sauze, lieutenant de vaisseau, commandant. Tourneur, enseigne de vaisseau, second.
Andromaque.........	Garagnon, lieutenant de vaisseau, commandant.
Avalanche..........	Hulot d'Ozery, lieutenant de vaisseau, commandant.
Dragonne...........	Galey, lieutenant de vaisseau, commandant.
Forte..............	Butel, lieutenant de vaisseau, commandant. Mac-Dermott, lieutenant de vaisseau. Obry. —
Fusée..............	Bailly, lieutenant de vaisseau, commandant.
Mitraille..........	Duval, lieutenant de vaisseau, commandant.
Prégent............	Aubaret, lieutenant de vaisseau, commandant.
Écho...............	De Vautré, lieutenant de vaisseau, commandant.
CANONNIÈRE 12.....	De Saisset, lieut. de vaisseau, comm.
— 13.....	Des Varannes — —
— 15.....	Kenny, — —
— 16.....	Béhie, — —
— 18.....	Peron, — —
— 22.....	Salmon, — —
— 26.....	Turin, — —
— 27.....	Dol, — —
— 31.....	Monduit-Duplessis, — —
Norzagaraye........	Lespès, lieutenant de vaisseau, commandant.
Lily...............	Franquet, lieutenant de vaisseau, commandant.
Peï-ho.............	Riennier, lieutenant de vaisseau, commandant.
Saïgon.............	De Vautré, lieutenant de vaisseau, commandant.

Tien-shau............	Nielly, lieutenant de vaisseau, commandant.
Allom-Prah..........	Noël, enseigne de vaisseau, commandant.
Deroulède........ ...	Baux, lieutenant de vaisseau, commandant.
Ondine	De la Motte-Rouge, enseigne de vaisseau, commandant.
La Rose.............	De la Motte-Rouge, enseigne de vaisseau, commandant.
Shang-haï..........	Carvès, enseigne de vaisseau, commandant.
Contest.............	X..., enseigne de vaisseau, commandant.
Feilon..............	De Montebello, enseigne de vaisseau, commandant.
Hong-Kong..........	De Montpézat, enseigne de vaisseau, commandant.

II

Rapport du général de Montauban, commandant en chef les troupes françaises en Chine, à S. Exc. le Ministre de la guerre.

Quartier général de Sin-ho, 18 août 1860.

Monsieur le maréchal,

J'ai l'honneur de vous adresser le compte rendu suivant des opérations de la journée du 14 août :

L'armée alliée, sortie de Peh-tang le 12, après avoir repoussé devant elle la cavalerie de l'ennemi et chassé son infanterie des positions retranchées qu'elle occupait autour de Sin-ho, s'était installée le même soir autour de ce village situé en amont de toutes les défenses de la rive gauche du Peï-ho.

Le même jour, une reconnaissance faite sur une chaussée qui partait de Sin-ho, m'avait appris l'existence, à environ 5 kilomètres en aval, d'un camp retranché considérable, situé autour du village de Tang-kou, et défendu d'une façon sérieuse tant par des obstacles naturels que par des forces d'infanterie et d'artillerie.

Ce camp, qui s'appuyait au Peï-ho, n'était accessible pour nous que par deux débouchés : l'un d'eux était cette chaussée suivie le 12, et dont les deux côtés, noyés par des lagunes, ne permettaient aucun déploiement d'artillerie ou d'infanterie ; l'autre débouché, qui fut adopté par le général en chef anglais et par moi pour notre ligne principale et commune d'opérations, était la rive gauche même du Peï-ho. Ce terrain était coupé par de nombreux canaux présentant à notre marche des difficultés qui furent vaincues, grâce au concours toujours zélé et intelligent du génie, de l'artillerie et des pontonniers.

Il devenait ainsi possible de se rapprocher assez des retranchements pour développer les batteries des deux armées, ouvrir un feu efficace, détruire en grande partie les défenses de l'ennemi et lancer ensuite des colonnes d'assaut qui, soutenues par le gros de nos forces, devaient enlever les ouvrages.

Tel fut le plan adopté, et, le 14 au matin, les deux armées s'ébranlaient dans l'ordre suivant :

L'armée anglaise, appuyant sa droite au Peï-ho, descendait parallèlement au fleuve, tandis que les deux brigades Jamin et Collineau, en colonnes serrées à demi-distance de déploiement, marchaient à sa gauche et à la même hauteur. Toute la ligne d'infanterie était précédée par l'artillerie, qui avait dans cette journée à entrer la première en action ; celle-ci était elle-même couverte et appuyée, surtout à gauche, par une avant-garde d'infanterie ainsi composée : une compagnie de génie, 200 hommes des marins de débarquement, deux compagnies de chasseurs à pied.

Le terrain que nous avions à parcourir était moins

ferme que celui qui était assigné à nos alliés; la marche de l'armée n'en éprouva néanmoins aucun retard. Vers huit heures, les deux batteries de 4 et la section de fuséens, se déployant à la gauche des pièces anglaises, ouvrirent le feu avec elles, à environ 1500 mètres des retranchements. La précision de leur tir, malgré la riposte très-vive mais heureusement mal dirigée de l'ennemi, eut bientôt pour effet de permettre au colonel Bentzman de rapprocher sa ligne par un mouvement de feu en avant par demi-batteries. La batterie d'obusiers de montagne entra en ligne dès que la distance diminuée rendit son feu efficace.

Pendant ce temps, nos masses d'infanterie étaient tenues à distance, et je faisais exécuter à notre extrême gauche, sur la chaussée indiquée plus haut, une diversion par deux pièces de 4, soutenues par le 2ᵉ bataillon d'infanterie de marine. Ces deux pièces devaient se maintenir à hauteur de la gauche de l'armée et détruire les défenses situées à l'extrémité de la chaussée qu'elle suivait, ce point ayant été reconnu comme celui sur lequel devait se diriger la colonne d'assaut.

L'artillerie se rapprocha jusqu'à 400 mètres, sous un feu qui diminuait par degrés. La plupart des projectiles ennemis passaient au-dessus d'elle et tombaient dans l'espace vide, en avant de notre infanterie déployée alors par bataillons en masse.

Vers neuf heures, le feu des Chinois était presque éteint, sauf celui de quelques embrasures à leur extrême droite, qui tiraient sur notre gauche.

Le moment était venu; après m'être entendu avec le général Grant, rapprochant toute mon infanterie par un mouvement en avant, je donnai l'ordre au lieutenant-colonel Schmitz, mon chef d'état-major général, de former les troupes d'avant-garde en colonnes d'assaut et d'enlever à leur tête les retranchements ennemis.

Cet officier supérieur, quoiqu'il fût alors assez gravement malade, s'acquitta de sa mission avec une rare énergie. La compagnie du génie, suivie de coulis portant les échelles, les deux compagnies de débarquement, commandant Jauréguiberry, les 7ᵉ et 8ᵉ compagnies du 2ᵉ bataillon de chasseurs, commandant de la Poterie, arrivèrent à la suite sur les bords de la contrescarpe, après avoir subi un feu de mousqueterie assez vif.

Le lieutenant-colonel Schmitz se précipita dans le fossé plein d'eau, suivi par les capitaines Chanoine et Guerrier, de l'état-major général, et les capitaines Paillot et Étienne, du 2ᵉ bataillon de chasseurs à pied. Il arriva le premier sur le haut du parapet et y planta le drapeau national à la vue de toute l'armée. Il appela à lui les troupes ; elles s'élancèrent de là dans l'intérieur de l'ouvrage à la poursuite des défenseurs qui s'enfuyaient en désordre.

Au même moment, une colonne anglaise avait pénétré sur un autre point ; le camp retranché était à nous. Un pont établi sur le fossé permit bientôt au reste de nos troupes d'en achever l'occupation, et la poursuite, quoique ralentie par les nombreux canaux qui coupent dans tous les sens l'intérieur du camp retranché, continua jusqu'au delà de la face opposée. A ce moment, et à la suite d'une conférence que je tins avec le général Grant, nous résolûmes de nous arrêter.

Bon nombre de cadavres abandonnés sur le point où ils avaient été atteints, environ cent autres trouvés dans les maisons abandonnées du village, les corps de quelques mandarins d'un rang élevé qui s'étaient ouvert la gorge au moment de la fuite de leurs troupes, attestaient que les pertes de l'ennemi avaient été sensibles, et témoignaient des ravages produits par notre artillerie rayée. Quant aux nôtres, l'état joint à ce rapport fera voir à Votre Excellence que, grâce à la supériorité de notre feu et à l'élan de nos troupes, ce succès important n'a pas été acheté trop cher.

Quinze pièces en bronze, sans compter un assez grand nombre de bouches à feu d'un très-petit calibre, sont tombées entre nos mains. L'ennemi, dans sa fuite, a abandonné aussi un nombre si considérable de drapeaux, que je me suis contenté de les faire abattre sans croire devoir les rapporter à mon camp. J'ai l'honneur de vous adresser par ce courrier une copie de l'ordre général n° 85. Votre Excellence y verra le nom des officiers et soldats qui se sont distingués sous mes yeux dans cette action brillante, et que j'ai cru devoir citer à l'ordre de l'armée. Le colonel de Bentzman, commandant l'artillerie, secondé par le colonel Foullon-Granchamp, a dirigé ses batteries avec une vigueur et une précision au-dessus de tout éloge.

Veuillez agréer, monsieur le maréchal, etc.

Le général commandant en chef l'expédition de Chine,

C. DE MONTAUBAN.

III

Rapport du vice-amiral Charner, commandant en chef les forces navales françaises en Chine, à M. le Ministre de la marine.

A bord de *l'Alarme*, dans le Peï-ho, 23 août 1860.

Monsieur le ministre,

Ainsi que j'ai eu l'honneur de le faire connaître à Votre Excellence, dans un rapport précédent, la marche de l'expédition partie le 12 des bords du Pétang n'a été qu'une suite de succès. Après avoir repoussé partout l'ennemi, elle arrivait le 18 sous les murs des forts établis sur la rive nord du Peï-ho ; je reçus alors l'avis que les armées alliées attaqueraient, dans la matinée du 21 août, ces positions formidables, où les Chinois avaient depuis longtemps réuni tous les moyens de défense.

Certain que la marine, au moment décisif, pourrait concourir efficacement à cette attaque, j'avais depuis plusieurs jours recherché sur les lieux la meilleure position à donner à nos canonnières pour battre les forts, sans inquiéter dans leurs mouvements les colonnes assaillantes. Le point qui me parut le mieux satisfaire à ces conditions se trouvait situé sur la rive gauche du Peï-ho; mais il n'était accessible qu'aux bâtiments d'un faible tirant d'eau, tel que nos petites canonnières en fer.

J'avais alors quatre de ces bâtiments à ma disposition ; et, le 20 août, à deux heures de l'après-midi, je leur donnai l'ordre d'aller mouiller sur les bancs de vase molle situés au point que j'avais été reconnaître les jours précédents et que j'avais fait baliser. Le contre-amiral Page prit le commandement de ce groupe. Je fis route à la même heure vers l'embouchure du Peï-ho avec les grandes canonnières qui mouillèrent à six heures du soir en dedans de la barre du fleuve, à environ 1 mille des forts du sud.

Nous n'avons point été inquiétés dans ces divers mouvements par les batteries des forts; mais dans la soirée, vers neuf heures et demie, les Chinois lancèrent sur nos bâtiments des machines incendiaires qui firent explosion à une petite distance sans les atteindre.

Le lendemain, 21 août, à cinq heures du matin, les armées alliées commençant leur mouvement vers le fort intérieur du nord, les canonnières sous les ordres de l'amiral Page ouvrirent leur feu contre le fort du littoral et le dirigèrent avec succès pendant toute l'action, qui dura près de six heures ; au moment de la marée basse, elles furent complétement à sec, et leur tir, loin d'être désavantageux, gagna alors beaucoup en précision. Le feu de leur artillerie contribua au succès de la journée, non-seulement par une attaque directe des forts, mais en rendant libres plusieurs points de la plaine dans laquelle s'avançaient les armées.

Leurs pièces rayées causaient de terribles ravages dans

les ouvrages de fortifications des Chinois. Quatre canonnières anglaises, de leur côté, joignaient leur feu au nôtre.

A sept heures, une forte explosion se fit entendre, et l'épaisse fumée qui la suivit indiqua qu'un des principaux forts du côté de la plaine venait de sauter. Cette explosion fut suivie d'une autre, qui eut lieu vers neuf heures et qui amena la destruction d'un des points fortifiés de la côte; elle était causée par un des boulets rayés partis de nos canonnières.

Épouvanté par ces deux explosions successives, pressé du côté de la terre par les armées alliées qui entouraient toutes les positions, placé enfin sous le feu incessant de l'artillerie des canonnières, l'ennemi ne chercha pas plus longtemps à prolonger sa défense. Le pavillon parlementaire fut arboré vers onze heures sur tous les forts, où quelques instants auparavant flottaient de nombreux étendards, et les Chinois demandaient à capituler, offrant de remettre leurs positions entre les mains des commandants en chef.

Dans cette journée, nos troupes et nos équipages ont été pleins d'ardeur et d'entrain; celles de nos dignes alliés et leur marine ont rivalisé avec les nôtres, et l'accord le plus parfait n'a cessé de régner entre les forces de deux nations unies pour la même cause.

Dans la soirée du même jour, on a commencé à détruire les estacades et tous les obstacles qui s'opposaient à la navigation, et le lendemain, 22 août, à neuf heures du matin, une passe assez large était pratiquée pour permettre aux petits bâtiments de le remonter. La canonnière n° 27, commandée par M. Dol, y entra la première, et alla se mettre en communication avec le quartier général de Sin-Kho.

Les estacades construites par les Chinois à l'embouchure du Peï-ho méritent d'être décrites. On en comptait six : c'était d'abord une rangée de forts pieux en bois alignés à l'extérieur des forts, puis un double barrage de piquets en fer, dont chaque pièce d'un poids énorme, profondément enfoncée dans le sol, ne laissait paraître que sa pointe aiguë au moment de la basse mer; quelques-unes de ces pièces, de la grosseur d'une forte tige d'ancre, sont estimées être d'un poids de 15 à 20 tonneaux; une troisième estacade était formée de cylindres flottants reliés entre eux et fixés aux rives par de fortes chaînes; la quatrième était en tous points semblable, pour la forme, à la seconde, mais composée de pièces moins fortes; enfin, les deux dernières étaient composées d'un assemblage de bateaux ou de madriers rattachés par des chaînes ou des câbles aboutissant aux deux bords du fleuve, où les extrémités étaient solidement établies.

Veuillez agréer, etc.

Le vice-amiral commandant en chef les forces navales françaises dans les mers de Chine,

CHARNER.

IV

Rapport du général de Montauban au Ministre de la guerre.

Camp de Sin-ho, le 24 août 1860.

Monsieur le maréchal,

J'ai l'honneur d'adresser à Votre Excellence le rapport sur l'occupation de la rive droite du Peï-ho, effectuée le 18 août par les troupes de la 1re brigade (2e bataillon de chasseurs à pied et 1er bataillon du 101e de ligne).

Le 20, le général Jamin fit, par mes ordres, une reconnaissance destinée à éclairer les débouchés en avant de son front. Il rencontra bientôt des ouvrages occupés fortement et dut s'arrêter devant un feu d'artillerie de gros calibre. Il me fut alors démontré que, sur cette rive comme sur la rive gauche, il était impossible d'aborder les forts sans avoir enlevé un grand camp retranché semblable à celui de Tang-kou, pris par nous le 14.

Dès ce moment, la disposition de l'ensemble des ouvrages chinois m'était clairement connue.

Sur chaque rive à l'embouchure du Peï-ho, un fort énorme battant la mer et les approches des estacades, en amont, un autre fort couvrant de feux les premiers et enfilant le fleuve; enfin, pour protéger tout le système du côté de la terre, un vaste camp retranché situé à la limite de la terre ferme et des lagunes.

La position de la brigade Jamin couvrait mon point de passage et avait pour effet de menacer la seule ligne qui restât à l'ennemi.

D'accord avec le général en chef sir Hope Grant j'ordonnai de pousser aussi rapidement que possible les travaux du pont que nous reconstruisions en commun. Mais, en raison de la largeur du fleuve qui est en ce point de 260 mètres, quelques jours étaient nécessaires à l'achèvement du pont, et il fut décidé qu'on profiterait de ce délai pour attaquer le fort le plus rapproché de Tang-kou sur la rive gauche.

Les canonnières des deux flottes devaient en même temps couvrir de feux, avec leurs pièces à longue portée, le fort de la rive gauche situé en aval de celui que nous attaquions.

La brigade anglaise de sir Robert Napier et la brigade du général Collineau furent désignées pour cette opération qui fut fixée au 21.

Le général Collineau alla bivaquer au camp de Tangkou, le 20 au soir, avec une compagnie du génie; le 1er bataillon du 102e de ligne et deux bataillons d'infanterie de marine. Une batterie de 12 rayée, un détachement de pontonniers sous le commandement du colonel Grandchamp et une section d'ambulance devaient le rejoindre au point du jour.

Cet officier général se mit immédiatement en rapport avec le général Napier qui avait pris position en avant de Tang-kou, et avait abrité derrière un épaulement son matériel de siége.

Il fut décidé entre eux que, dans l'attaque du lendemain, les troupes françaises occuperaient la droite des troupes anglaises.

Le 21 au matin, la brigade Collineau déboucha sur le terrain des opérations par deux chaussées qui traversent les terrains noyés s'étendant en avant de Tang-kou. La compagnie de génie avait préparé cette marche en comblant pendant la nuit une coupure située sur la chaussée de droite.

Dès le point du jour, les forts ennemis avaient ouvert le feu contre l'artillerie anglaise.

Le général Collineau prit les dispositions suivantes : 2 pièces, joignant leur feu à celui des pièces de siége anglaises, furent dirigées contre le fort attaqué ; les 4 autres pièces, placées sur la rive même du fleuve, commencèrent à contre-battre les batteries du fort de la rive droite dont les feux nous prenaient d'écharpe.

Le 1er bataillon du 102e (colonel O'Malley), le 1er bataillon d'infanterie de marine (colonel de Vassoigne) étaient déployés en arrière et abrités par un pli de terrain. Le 2e bataillon d'infanterie de marine (commandant Domenech-Diégo) était resté en réserve à Tang-kou.

Vers sept heures, une explosion formidable se produisit dans le fort que nous attaquions ; le général Collineau fit avancer immédiatement trois compagnies du 102e, qui prirent position derrière un petit épaulement à environ 300 mètres de la contrescarpe. Le feu de notre artillerie redoubla de force.

Vers sept heures et demie, une explosion plus terrible que la première bouleversa le deuxième fort de la rive gauche. Cependant le feu des forts de droite nous gênait beaucoup ; deux pièces de 12 et deux obusiers anglais furent amenés sur l'alignement des troupes les plus avancées et dirigées contre eux.

Le moment décisif approchait. Le capitaine Lesergeant d'Hendecourt, aide de camp du général Collineau, fut envoyé par lui pour reconnaître les obstacles : ils consistaient en trois fossés pleins d'eau traversant un terrain fangeux, et abordables par deux chaussées glissantes ayant à peine 2 mètres de largeur. L'intervalle entre les deux derniers fossés et le pied des remparts où le feu de notre artillerie n'avait pu parvenir à faire brèche était couvert de défenses accessoires de toute nature.

D'un commun accord, les généraux Collineau et Napier lancèrent leurs colonnes d'assaut.

La compagnie de voltigeurs du 102° fut jetée en avant, tandis que les coulis porteurs d'échelles, sous la direction d'une section du génie commandée par le capitaine Bovet, marchaient vers la contrescarpe.

La 4° compagnie du 1er bataillon du 102° suivit de près les voltigeurs, et le colonel O'Malley prit le commandement de cette colonne. Cependant le feu de la mousqueterie nous faisait éprouver des pertes sensibles : les coulis, dont plusieurs avaient été frappés, hésitaient, et une nouvelle section du génie dut porter en avant les échelles abandonnées.

Grâce à l'intelligence et à l'activité du génie, grâce à l'intrépidité de nos soldats, les obstacles furent enfin franchis, quelques échelles s'appliquèrent au rempart. Aussitôt le général Collineau lança une colonne de soutien composée de trois compagnies d'infanterie de marine. Alors s'engagea une de ces luttes mémorables qu'il est bien difficile de décrire. D'un côté, quelques hommes du 102° et de l'infanterie de marine montant, un par un, sur les échelles, la baïonnette en avant; de l'autre, un ennemi acharné luttant avec la mousqueterie, les piques, les flèches, et roulant des boulets du rempart.

Le drapeau français est planté sur la crête par le tambour Fachard, de la 4° compagnie du 1er bataillon du 102°, arrivé l'un des premiers et qui soutient une lutte héroïque. Le colonel O'Malley, le chef de bataillon Testard, de l'infanterie de marine, le chef d'escadron Campenon, envoyé par le général Collineau, peu après le début de l'action, pour activer le mouvement, le lieutenant de vaisseau Rouvier, commandant les coulis, le lieutenant-colonel d'état-major Dupin, qui avait revendiqué l'honneur de marcher avec la colonne d'assaut, entraînent nos soldats à leur suite. L'énergie de nos troupes l'emporte, elles pénètrent dans l'ouvrage, et là un nouveau combat recommence sur ce terrain que l'ennemi défend pied à pied avec un acharnement indicible.

Enfin le fort est conquis, les Anglais y pénètrent également de leur côté ; l'ennemi se précipite par toutes les issues, se jetant par les embrasures dans les fossés, et fuit dans la direction du deuxième fort, sous une grêle de balles qui jonche le terrain de ses morts et de ses blessés.

Mais nos pertes étaient sérieuses et cruelles. Le lieutenant Grandperrier, des voltigeurs du 102e, le maréchal des logis Blanquet du Chayla, attaché au corps des coulis, ont été frappés mortellement; les lieutenants Balme et Porte, l'adjudant sous-officier Lunet, du 102e, sont grièvement blessés. Sur 8 officiers des deux compagnies du 102e, 2 seulement ont été épargnés par le feu; la seule compagnie de voltigeurs compte 62 hommes tués ou blessés. Le commandant Testard n'est parvenu à entrer dans le fort que couvert de coups de lance et de contusions, et après avoir été renversé par un boulet qui lui a été jeté sur la tête.

Tout en laissant au général Collineau le commandement que je lui avais confié, j'avais assisté à l'affaire et j'avais pu en suivre tous les détails.

La seule prise de ce premier fort était une victoire complète, mais il était à peine neuf heures du matin, et je dus me préoccuper de savoir s'il n'y aurait pas de grandes conséquences à tirer du succès que nous avions obtenu.

J'entrai donc dans le fort pour me concerter avec le général Grant. En ce moment, le feu de la rive droite qui nous avait tant inquiétés dans la matinée avait cessé complétement, et des pavillons blancs étaient arborés sur tous les ouvrages ennemis.

Des parlementaires se présentèrent, demandèrent à communiquer avec les ambassadeurs. Le général Grant et moi leur répondîmes qu'à deux heures précises, à moins d'une soumission complète, les hostilités recommenceraient. Je profitai de ce délai pour donner du repos à nos troupes.

J'avais donné l'ordre au colonel de Bentzman de faire venir de suite les deux batteries de 4, la seconde batterie de 12 et la section de fuséens.

Le 4 devait être dirigé sur le second fort de la rive gauche qui devenait le nouveau but de nos attaques; le 12 et les fuséens déployés sur les bords du Peï-ho, de façon à contre-battre le grand fort de la rive droite, dont les batteries pouvaient prendre en flanc nos colonnes.

A deux reprises, le général Collineau se dirigea sur le second fort, laissant en réserve les troupes engagées le matin, pendant que l'artillerie déployée se tenait prête à ouvrir son feu. Il arriva avec sa troupe jusque sur le bord du fossé, sans recevoir un seul coup de feu; les obstacles sont franchis sur des échelles, le rempart escaladé; l'infanterie de marine pénètre par une poterne située sur la rive même du fleuve, et nos deux colonnes se rencontrent dans l'intérieur du fort, enserrant entre elles une garnison de 3000 hommes, qui avait jeté ses armes et semblait frappée de stupeur.

Ce second fort, comme le premier, était armé d'une artillerie formidable, et avait sur ses cavaliers des pièces d'un calibre énorme.

Ce nouveau succès donna la mesure de la démoralisation de l'ennemi.

Le chef d'escadron Campenon et le capitaine de Cools étaient en ce moment occupés à réunir les moyens de passage, et s'étaient emparés d'une jonque. Je leur donnai l'ordre de passer sur la rive droite avec des officiers anglais, chargés d'une mission semblable par le général sir Hope Grant, et d'aller sommer le vice-roi du Pé-tchi-li d'abandonner immédiatement toutes les défenses du Peï-ho.

Arrivés sur l'autre rive, ces officiers tentèrent de pénétrer dans le premier fort; mais ils en furent écartés par un mandarin militaire qui fit lever devant eux le pont-levis. En ce moment, un autre mandarin, porteur de dépêches pour les généraux alliés, se présentait à eux. Ces dépêches, ouvertes sur-le-champ et traduites par M. Parkes, de l'armée anglaise, offraient l'abandon aux alliés des forts conquis le matin, et l'ouverture du Peï-ho aux escadres, mais réservant aux Chinois les forts et les ouvrages de la rive droite.

Ces propositions furent repoussées, et les officiers français et anglais résolurent d'aller trouver le vice-roi dans son yamoun de Takou.

Ils furent bien accueillis par lui, et une conférence très-longue s'engagea avec le vice-roi, qui se montra d'abord inébranlable.

Vers huit heures du soir seulement, le vice-roi céda et remit entre les mains des officiers une pièce adressée par lui aux commandants en chef de terre et de mer des armées alliées, dans laquelle il leur faisait l'abandon de tous les forts et camps retranchés situés sur les deux rives du Peï-ho avec tout leur matériel de guerre, et laissait libre l'accès du fleuve. Le lendemain, au point du jour, ce document était remis entre mes mains; mais, dès la veille au soir, des compagnies d'infanterie de marine et des compagnies anglaises avaient pris pied sur la rive droite, dont les ouvrages venaient d'être évacués dans le plus grand désordre par les troupes tartares.

En résumé, la journée du 21 nous a valu la prise de cinq forts, deux immenses camps retranchés, une quantité énorme d'armes de toute sorte, de munitions de guerre et de 518 pièces de canon de gros calibre.

En terminant ce rapport, je crois devoir signaler d'une façon toute spéciale à Votre Excellence le général Collineau, qui, dans la lutte sanglante du 21 août, a déployé la bravoure et l'énergie que vous lui connaissez. Je ne saurais trop rendre hommage au calme et à l'intelligence de la guerre avec lesquels il a dirigé l'opération. Cet officier général a eu, pendant l'assaut, son épaulette droite traversée par une balle.

Du reste, depuis le commencement de cette campagne et au milieu de difficultés qui n'ont guère d'analogue en Europe, les troupes ont toujours rivalisé de constance et d'entrain. L'artillerie, dont le rôle était si important, a été ce qu'elle s'est montrée partout. Le génie a accompli, avec son zèle habituel, la tâche difficile qui lui était imposée. Le service des ambulances a été au-dessus de tout éloge, tant pour les soins donnés aux malades dans nos hôpitaux, que pour les premiers secours apportés aux blessés sur le champ de bataille.

Je joins à ce rapport les états des tués et des blessés, l'état des pièces de canon prises dans les forts, l'ordre général n° 91 relatif à l'affaire du 21, et j'adresse en même temps à Votre Excellence des mémoires de propositions sur lesquels je la prie de vouloir bien appeler toute la bienveillance de S. M. l'Empereur.

Veuillez agréer, monsieur le maréchal, etc.

Le général de division, commandant en chef l'expédition de Chine,

DE MONTAUBAN.

V

Rapport de l'amiral Charner au Ministre de la marine.

A bord de *l'Alarme*, Tien-tsin, 25 août.

Le 23 août, vers dix heures du matin, au moment où la marée était favorable, j'entrai dans le Peï-ho avec les canonnières *l'Alarme*, sur laquelle j'avais placé mon pavillon, *la Mitraille* et les petites canonnières en fer n°s 12 et 27, précédé de quelques heures par l'amiral Hope, parti également avec quatre ou cinq de ses bâtiments légers.

Le fleuve, très-étroit en beaucoup d'endroits, ses sinuosités brusques et d'un passage difficile pour les bâtiments d'une certaine force et du tirant d'eau de nos grandes canonnières, retardèrent ma marche par des échouages fréquents, et, malgré mes efforts, je ne parvins à mouiller que le lendemain matin de mon départ dans les eaux qui coulent au pied de Tien-tsin.

Les mandarins et les notables de la ville, à l'approche des premiers bâtiments, vinrent au-devant d'eux, déclarant que la population faisait son entière soumission, et demandèrent en même temps que les habitants et les propriétés fussent placés sous la protection des alliés, qui prirent possession de la ville au nom de la France et de l'Angleterre, et arborèrent leur pavillon sur son principal édifice.

Une proclamation de chacun des amiraux fut de plus affichée sur les murs de la ville, engageant la population à la tranquillité, et lui assurant le respect des personnes et de leurs biens.

D'après les renseignements que j'ai pu obtenir, l'esprit de la population de Tien-tsin ne paraît pas nous être hostile.

Un corps de 1800 hommes, composé mi-partie de troupes françaises et anglaises, suffit pour assurer sa sécurité et mettre notre position à l'abri de toute tentative inquiétante, dans le cas où le gouvernement chinois en viendrait de nouveau aux hostilités.

Veuillez agréer, etc.

Le vice-amiral commandant en chef les forces navales françaises dans les mers de Chine,

CHARNER.

VI

Rapport du général de Montauban au Ministre de la guerre.

Bivac de Ko-at-sun, 19 septembre.

Monsieur le maréchal,

J'ai fait part à Votre Excellence des singulières circonstances politiques qui avaient déterminé la marche d'une partie de l'armée alliée sur Pé-king. Le 10 septembre, je me mis en route avec la brigade Jamin et deux batteries d'artillerie pour appuyer les ambassadeurs, qui avaient résolu de ne plus traiter qu'à Tung-Chaou, à quatre lieues de la capitale. A peine avions-nous fait une marche en avant, que le prince Tsaï, membre de la famille impériale, et le ministre de la guerre de l'empire Mou, écrivirent aux ambassadeurs qu'ils avaient les pleins pouvoirs de l'empereur pour traiter suivant les bases arrêtées à Tien-tsin, et qu'ils se rendaient au-devant des armées alliées pour conclure la paix définitivement.

Malgré ces nouvelles protestations, les ambassadeurs et les alliés s'avancèrent jusqu'à Ho-se-wou, ville située à environ trente kilomètres de Tung-Chaou.

Des communications diplomatiques ayant été de nouveau échangées, les ambassadeurs firent savoir aux commandants en chef alliés que tout était terminé; que, par suite d'une convention définitive, les forces militaires s'arrêteraient à environ deux lieues de Tung-Chaou; que les entrevues avec les commissaires impériaux auraient lieu dans cette ville; et qu'enfin une escorte d'honneur accompagnerait les ambassadeurs à Pé-king, pour y échanger les ratifications.

La conduite du gouvernement chinois à Tien-tsin ne m'avait pas donné lieu de croire, d'une manière absolue, à ces nouvelles protestations. Cependant, après les assurances qui m'avaient été données de toutes parts, je me décidai à envoyer à Tung-Chaou le sous-intendant Dubut, le colonel de Grandchamp, le capitaine Chanoine et les officiers d'administration Ader et Gagey; ils étaient accompagnés par le missionnaire Duluc et avaient pour mission de rassembler les approvisionnements nécessaires aux besoins de l'armée pendant le séjour qu'elle allait faire à Tung-Chaou. Ces officiers se mirent en route avec l'interprète anglais M. Parkes et d'autres officiers anglais chargés par le général sir Hope Grant de la même mission.

Le même jour, 17 septembre, je partis de Ho-se-wou avec 600 chasseurs à pied du 2ᵉ bataillon, une compagnie du génie, une compagnie d'élite du 101ᵉ et du 102ᵉ, une batterie de quatre, en tout 1100 hommes; et j'avais appelé de Tien-tsin le général Collineau, qui devait me rejoindre, avec les troupes choisies dans sa brigade, pour aller en députation d'honneur à Pé-king. Je laissai à Ho-se-wou le reste de la brigade Jamin, avec une batterie de douze, pour y garder les approvisionnements que j'attendais de Tientsin.

Depuis quelques jours, au milieu de ce pays si fertile que nous traversions, le vide se faisait autour de nous, et toutes les habitations étaient fermées dans les villes et villages. J'espérais qu'après Ho-se-wou il en serait autrement, puisque les chefs du gouvernement chinois nous attendaient pour conclure la paix. Mon attente a été trompée : le 17 septembre, je bivaquais en dehors du village de Ma-tou, abandonné comme les autres. Le 18 au matin, la colonne anglaise, prenant son tour de marche, nous précéda ; nous nous rendions au bivac définitif arrêté par les conventions, où devait nous avoir précédés une partie des officiers envoyés à Tung-Chaou.

Nous avions à peine fait huit kilomètres, que le général en chef, sir Hope Grant, me fit connaître qu'il avait devant lui une grande force tartare ; je me rendis immédiatement auprès de lui. Un mandarin de haut rang arriva au point où s'était arrêtée la colonne anglaise, nous assura que c'était un malentendu, et nous pria de nous arrêter. M. Parkes retourna à Tung-Chaou pour demander des explications au prince Tsaï, et l'éloignement des troupes chinoises.

Pendant ce temps, j'étais rejoint par le capitaine d'état-major Chanoine, qui me donna l'assurance qu'il venait de traverser toute l'armée tartare établie entre nous et Tung-Chaou. Les troupes avaient voulu s'opposer à son passage, mais il fit comprendre aux mandarins militaires qu'il avait été la veille en ville pour une mission toute pacifique et qu'il rentrait dans les mêmes conditions.

Quelques instants après, l'officier d'administration Gagey arrivait auprès de moi et m'annonçait que nous avions devant nous plus de 15 000 cavaliers et une grande quantité de fantassins dont la mèche du mousquet était allumée. De tous côtés on apercevait la poussière soulevée par les pieds des chevaux ; nous étions évidemment en présence d'une situation des plus sérieuses avec des forces minimes ; nous convînmes avec le général Grant qu'on attendrait le retour de M. Parkes avant de se mettre en marche pour se frayer un passage. Je pris immédiatement des dispositions militaires ; je plaçai le petit corps que j'avais à ma disposition en potence, à la droite des forces anglaises ; les troupes étaient déployées, couvertes par des tirailleurs, séparées entre elles par la batterie de quatre faisant face au village boisé de Yatson, occupé par l'extrême gauche de l'armée tartare. Nos chasseurs et spahis étaient à quelques pas de l'ennemi. Le général sir Hope Grant avait mis à ma disposition un escadron de cavaliers sicks.

J'attendais les événements dans cette situation. Vers dix heures, ayant entendu trois coups de canon vers le centre de la colonne anglaise, je commençai à exécuter le mouvement dont j'étais convenu avec le général Grant : il consistait à m'emparer de ce premier village, en le tournant par ma droite en même temps qu'il serait attaqué de front, et à ramener, une fois ce village dépassé, toute l'armée tartare vers le centre de la ligne anglaise.

Ce mouvement s'exécuta sans la moindre hésitation ; le village fut enlevé et tourné avec une vigueur remarquable : chacun comprenait qu'il n'y avait pas un pas à faire en arrière en présence de forces si nombreuses. Pendant que je dirigeais avec le général Jamin le mouvement tournant, mon chef d'état-major, le colonel Schmitz, traversait le village par la gauche et plaçait l'artillerie sur une position dominante, d'où le colonel de Bentzmann, appuyé par les chasseurs à pied, ouvrit immédiatement un feu des plus vifs contre les masses ennemies, que je continuais à tourner par la droite et dont une partie occupait un second village, boisé comme le premier (Le-Ossou).

Je lançai, à ce moment, l'escadron de sicks et le détachement de chasseurs et de spahis ; j'avais donné le commandement de cette cavalerie au colonel Foley, commissaire anglais. Ces cavaliers furent accueillis au détour de ce second village par un feu très-violent. Le lieutenant de

Damas tomba frappé mortellement d'une balle; le sous-lieutenant d'Estremont fut blessé au même instant; mais les sicks et notre cavalerie n'en continuèrent pas moins leur charge, et jonchèrent le terrain de cadavres.

Le détachement de cavalerie française s'empara, dans ce mouvement, de cinq pièces d'artillerie. La compagnie de grenadiers du 101º, celle du 102º et celle du génie, conduites sur la trace de la cavalerie, enlevaient le village; le colonel Pouget les entraînait avec une vigueur que je suis heureux de vous signaler. Dix-huit drapeaux, deux pièces de canon, une grande quantité de gingoles restèrent au pouvoir de cette troupe. L'artillerie suivait le mouvement au centre, toujours appuyée à gauche par les chasseurs à pied. Ce deuxième village fut franchi, et, à partir de ce moment, je dirigeai mes troupes de manière à refouler l'ennemi sous le canon des Anglais.

Les masses que nous poussions devant nous étaient énormes. L'artillerie, les chasseurs et les autres troupes d'infanterie rivalisaient d'ardeur et les écrasaient de leurs feux. Je suivis, pendant plus de trois kilomètres, une digue sur le bord d'un canal, sur laquelle nous pûmes compter environ soixante pièces de bronze mises en position derrière la digue et que notre artillerie enfilait successivement; enfin, je rejoignis, de cette manière, le centre des forces anglaises, et les Tartares disparurent de la plaine. L'infanterie était en route depuis cinq heures du matin, avec six jours de vivres dans le sac, sous un soleil ardent; il était près de deux heures; je la fis arrêter et je pris position à Ko-at-sun, à sept kilomètres de Tung-Chaou.

Les pertes de l'ennemi ont été considérables; les nôtres seraient de peu d'importance sans la mort du brave lieutenant de Damas. Le colonel Foley, commissaire anglais auprès de ma personne, a eu son cheval percé de trois balles. Il a été d'une bravoure éclatante dans la charge fournie par les sicks.

Je ne veux pas terminer ce rapport sans vous dire, monsieur le maréchal, toute la glorieuse satisfaction que j'ai éprouvée à diriger cette poignée de braves contre ces hordes conduites au combat par des chefs perfides. Un immense succès pour nos armes a été la conséquence de la trahison et de la félonie du gouvernement chinois, qui nous avait attirés, avec des assurances de paix, auprès de sa capitale avec des forces qu'il croyait insignifiantes.

J'adresse à Votre Excellence l'ordre général de l'armée que j'ai donné aux troupes à la suite de l'affaire du 18. Le général Jamin m'a secondé avec l'énergie que vous lui connaissez.

Nous avons pris quatre-vingts pièces de canon, dont une partie en fonte et une partie en bronze; nous avons aussi enlevé quantité de bannières des différents corps des troupes impériales.

Le courrier anglais part, et je suis tellement pressé, monsieur le maréchal, que je n'ai que le temps de vous adresser ce rapport; par le prochain courrier français, j'aurai l'honneur de vous envoyer un état de propositions et un rapport particulier.

Recevez, etc.

Le général commandant en chef le corps expéditionnaire en Chine,

DE MONTAUBAN.

VII

Rapport du général de Montauban au Ministre de la guerre.

Bivac de Pa-li-kiao, 12 kilomètres de Pé-king,
21 septembre 1860.

Monsieur le maréchal,

La victoire du Chang-Kia nous avait vengés de la félonie du gouvernement chinois. Je devais donc m'attendre à recevoir à mon bivac des explications sur les causes qui avaient pu amener la lutte du 18. Aucune communication n'eut lieu cependant, et des renseignements recueillis pendant les journées du 19 et du 20 m'apprirent que l'armée tartare occupait des camps préparés de longue main et situés à cheval sur la grande route de Pé-king, à deux lieues seulement en avant de nous. Ces dispositions nouvelles révélaient une direction énergique et habile. Elle était due au prince San-Koli-Tsin, qui défendit l'année dernière les forts du Peï-ho, et qui, sous le titre de sen-wang commande les forces de l'empire. Pendant la première phase de nos opérations, à l'embouchure du Peï-ho, nous n'avions pas acquis de preuves certaines de sa présence. Mais la résistance inattendue qui s'était produite et les rapports des espions ne permettaient plus de douter que le sen-wang, chef du parti de la guerre, ne voulût couvrir en personne, jusqu'à la fin, les approches de la capitale.

Dans la journée du 20, nous résolûmes, le général en chef anglais et moi, d'attaquer l'ennemi le lendemain. Je fis étudier par le capitaine d'état-major de Cools, de concert avec les officiers d'état-major anglais, les positions qu'occupait l'armée tartare.

En avant de nos bivacs de Chang-Kia-Wang, nous avions, à cinq kilomètres environ, la grande ville de Tung-Tchou (400 000 âmes), qui est reliée à Pé-king par une voie de granit de 12 kilomètres, ouvrage des anciennes dynasties. Cette route traverse, au village de Pa-li-kiao et sur un grand pont de pierre, le canal qui joint le Peï-ho à Pé-king.

Nous résolûmes de négliger Tung-Tchou, où il n'y avait plus un seul soldat, pour nous porter sur ce pont, que nous savions occupé, en avant et en arrière, par les camps du sen-wang. L'armée française devait marcher directement au pont, tandis que l'armée anglaise, déployée à sa gauche, chercherait un point de passage plus près de Pé-king.

Le 21, à cinq heures et demie du matin, je passai en avant de l'armée anglaise, où mon tour de marche m'appelait, et je laissai mes bagages, sous la protection de deux compagnies d'infanterie, dans un village situé à une lieue en avant de Chang-Kia-Wang. Je m'avançai ensuite jusqu'à environ 3 kilomètres de Pa-li-kiao, et nous rencontrâmes en ce point les premières vedettes tartares. Je pris alors les dispositions suivantes :

Une petite colonne d'avant-garde, composée d'une compagnie du génie, de deux compagnies de chasseurs à pied, d'un détachement de pontonniers, d'une batterie de quatre et de deux pelotons d'artillerie à cheval, reçut l'ordre de se porter en avant sous le commandement du général Collineau. Le général Jamin, avec le reste du bataillon de chasseurs à pied, des fuséens, la batterie de douze et le 101e de ligne, suivit le mouvement. L'avant-garde se trouva bientôt arrêtée devant de fortes masses de cavalerie qui débordaient sa gauche, à la hauteur de laquelle l'armée anglaise n'était pas encore arrivée. Le général Collineau s'arrêta et mit ses pièces en batterie. Je m'apprêtais à le soutenir avec le reste de mes troupes, lorsqu'un feu d'artillerie assez nourri s'ouvrit tout à coup sur ma droite.

Mon chef d'état-major général, le colonel Schmitz, se porta de lui-même en avant, dans la direction du canon de l'ennemi, et vint me rendre compte que le point d'où partait la canonnade semblait être le centre de sa première ligne de défense. Cet officier supérieur n'hésita pas à désigner ce point comme indiquant la véritable position du pont qui devait nous être caché longtemps encore par des groupes de maisons entourées d'arbres et par les masses profondes qui entouraient ses abords. J'ordonnai au général Jamin de faire déployer à droite, face au canon, le bataillon de chasseurs, les fuséens, la batterie de douze, et de faire avancer le plus promptement possible, pour former notre droite, les bataillons du 101ᵉ.

Ce mouvement laissait entre le petit corps du général Collineau et moi un intervalle qu'il était urgent de remplir. J'envoyai le chef d'escadron Campenon, de l'état-major général, porter l'ordre à ces troupes de se rabattre sur nous ; mais cet ordre ne put s'exécuter avant l'entrée en ligne de l'armée anglaise ; car, en ce moment, la cavalerie ennemie débordait nos deux ailes.

Le sen-wang profita habilement de ces circonstances pour charger en masse, en nous enveloppant de toutes parts. Au centre, la charge répétée plusieurs fois avec des cris sauvages, fut repoussée par les fuséens, la batterie de douze et les chasseurs à pied. A la gauche, elle vint se briser contre la petite poignée d'hommes du général Collineau, devant la précision du tir de la batterie Jamont, et devant la cavalerie anglaise qui débouchait sur le champ de bataille. Les cavaliers tartares échouèrent également à notre droite, où ils furent reçus par le 101ᵉ de ligne, disposé avec habileté et sang-froid par son chef, le colonel Pouget.

Comme le 18, nos troupes étaient sorties victorieuses de ce cercle de cavaliers. Ces charges repoussées, la position de ma gauche, où l'armée anglaise venait de se déployer, ne me laissait plus d'inquiétude. Je pouvais rapprocher de moi le petit corps du général Collineau, et je lui ordonnai, par un mouvement de conversion à droite, de tourner le village de Pa-li-kiao, en gagnant le bord du canal, tandis que le général Jamin attaquerait de front en marchant droit au pont; le village, abordé avec la plus grande vigueur, fut défendu pied à pied par l'infanterie chinoise. On ne peut réellement expliquer que par l'infériorité de son armement les pertes peu considérables qu'un ennemi aussi nombreux et aussi tenace nous a fait subir. Mais la prise du village ne devait pas terminer la lutte. Pendant que le général Collineau, arrivé sur le bord du canal, apercevait le pont de Pa-li-kiao et le prenait d'écharpe avec son artillerie, j'ordonnai au colonel de Bentzmann de faire avancer les fuséens et la batterie de douze pour battre le pont d'enfilade et pour tirer sur les pièces qui le défendaient. Notre infanterie, marchant de maison en maison, était parvenue à s'emparer de celles qui sont sur les bords du canal, et couvrait de son feu tous les abords.

En ce moment, le pont de Pa-li-kiao offrit un spectacle qui, certainement, est un des épisodes les plus remarquables de la journée.

Tous les cavaliers, si ardents le matin, avaient disparu. Sur la chaussée du pont, monument grandiose d'une civilisation vieillie, des fantassins richement vêtus agitaient des étendards et répondaient à découvert, par un feu heureusement impuissant, à celui de nos pièces et à notre mousqueterie. C'était l'élite de l'armée qui se dévouait pour couvrir une retraite précipitée.

Au bout d'une demi-heure, le feu concentré de nos batteries fit taire le canon de l'ennemi. Le général Collineau, joignant à son avant-garde la compagnie du 101e du capitaine de Moncets, passa le pont. Il s'engagea sur la droite de la route de Pé-king, dans la direction prise par la masse des fuyards, et je le suivis avec le reste de mes troupes. Il était midi, et depuis sept heures du matin nous n'avions pas cessé de combattre; l'ennemi avait disparu dans un état de désorganisation complète, couvrant de ses morts le champ de bataille. J'ordonnai de faire halte, et, après deux heures de repos, mes troupes étaient établies dans les camps et sous les tentes des soldats du sen-wang, à 12 kilomètres de Pé-king.

Les journées du 18 et du 21 ont valu aux armées alliées cent pièces de canon.

En terminant ce rapport, je sens bien, monsieur le maréchal, que la plume est impuissante à donner une idée vraie de ce qui se passe autour de nous.

L'ennemi nous entourait à perte de vue, les rapports des prisonniers et des espions, reçus après ma première dépêche, pour ne pas parler des plus exagérés, varient, dans l'évaluation des forces chinoises, de 40 à 60 000 hommes.

Tout cela est si étrange que, pour se rendre compte de nos succès, il faut remonter bien haut dans le passé, et se rappeler les victoires constantes de quelques poignées de soldats romains sur les hordes barbares.

Je ne peux pas décerner de nouveaux éloges aux troupes que je commande. Je prie Votre Excellence d'appeler sur tous la bienveillance de l'Empereur et l'intérêt du pays. Ci-joint l'ordre général n° 95 et l'état des tués et blessés.

Agréez, monsieur le maréchal, etc.

Le général commandant en chef l'expédition de Chine,

DE MONTAUBAN.

VIII

Rapport du général de Montauban au Ministre de la guerre.

Quartier général sous Pé-king, le 8 octobre 1860.

Monsieur le maréchal,

Nous étions convenus, le général Grant et moi, de nous rendre à Yuen-Nincg-Yuen, maison d'été que l'empereur occupe presque toujours, à quatre lieues au nord de Péking.

Ce pays est tellement coupé de routes, de bois, etc., que le général Grant s'est égaré avec son armée, et que je suis arrivé seul, le soir, devant le palais, gardé par une garde tartare.

Malgré une marche longue et pénible, j'ai fait occuper le palais à sept heures du soir, et, en y entrant de vive force, j'ai eu deux officiers et quelques soldats blessés. Les Tartares ont évacué le palais confié à leur garde et ont perdu quelques hommes, dont un petit mandarin tué dans la cour même. J'ai fait occuper le palais, et, le lendemain au jour, je m'y suis rendu. Il m'est impossible, monsieur le maréchal, de vous dire ici toutes les merveilles de cette habitation impériale; rien dans notre Europe ne peut donner l'idée d'un luxe pareil; je n'essayerai pas d'en décrire les splendeurs dans ces lignes si rapides. J'aurai l'honneur d'écrire longuement à Votre Excellence, par le prochain courrier, pour vous faire une description complète.

J'ai fait garder par des postes assez forts les diverses

issues du palais, afin que rien ne fût dérangé avant l'arrivée de nos alliés, que j'ai fait prévenir de suite. Quelques heures après, ils sont arrivés, et comme une partie de leur cavalerie avait rallié ma colonne, j'ai fait désigner deux officiers anglais et deux officiers français pour que rien ne fût touché et que les deux armées exerçassent conjointement une surveillance sévère.

Le général Grant et lord Elgin étant arrivés, nous avons nommé trois commissaires de chaque nation pour procéder au partage des objets les plus précieux. Dans ce partage, j'ai recommandé à nos commissaires de ne s'attacher qu'aux objets ayant de la valeur au point de vue de l'art ou par leur antiquité; j'espère envoyer à Votre Excellence, pour S. M. l'Empereur et pour les grandes collections du gouvernement, ou pour le Musée d'artillerie, des curiosités assez rares en France.

En ce moment j'attends l'arrivée du baron Gros, qui doit me rejoindre ici, où se trouve aussi lord Elgin. Une sorte de convention a eu lieu entre le prince Kong, régent de l'empire, et le général anglais, au nom des deux généraux en chef. J'avais consenti à un armistice, afin que le prince vînt à Pé-king pour traiter. Il s'est retiré à huit lieues, et l'empereur est en Tartarie.

Veuillez excuser, monsieur le maréchal, l'incorrection de cette lettre que je vous écris à la hâte; je resterai ici demain et même jusqu'à ce que Pé-king soit occupé de gré ou par la force, et j'aurai l'honneur de vous rendre officiellement un compte détaillé.

Recevez, monsieur le maréchal, etc.

Le général commandant en chef l'expédition de Chine,

C. DE MONTAUBAN.

IX

Rapport du général de Montauban au Ministre de la guerre.

Quartier général devant Pé-king, 12 octobre 1860.

Monsieur le maréchal,

J'ai l'honneur de vous adresser aujourd'hui, à tête reposée et d'une manière plus complète, le récit des derniers événements que je vous ai fait connaître très-succinctement par ma lettre du 8 octobre courant.

Ainsi que je l'annonçais à Votre Excellence par ma lettre (cabinet n° 119) datée du 3, de Pa-li-kiao, l'armée a quitté cette position le 5 pour se porter sur Pé-king. J'avais laissé à Pa-li-kiao, pour assurer mes communications avec le Peï-ho, trois compagnies dans une bonne position de défense, avec l'ambulance et une partie de l'administration, et je m'étais mis en route avec le surplus de l'expédition et une ambulance légère, et cinq jours de vivres.

Je suis allé asseoir mon camp, le même jour, dans un grand village, à trois lieues en avant de Pa-li-kiao, direction de Pé-king, dont je n'étais plus qu'à 6000 mètres environ ; de mon camp, on découvrait parfaitement la ville, ainsi que je l'avais déjà su par une grande reconnaissance que j'avais fait faire la veille. Quelques cavaliers tartares étaient en vue de mes avant-postes, mais ils n'approchèrent pas.

Le 6 au matin, nous reprîmes, le général anglais et moi, notre marche sur Pé-king, après nous être formés sur deux colonnes chacun, car le pays est très-couvert et traversé dans tous les sens par des routes dont quelques-unes sont carrossables et d'autres aboutissent à des impasses ; je n'ai jamais vu de pays plus difficile pour des colonnes marchant avec de grosse artillerie.

Après deux heures d'une marche assez pénible, nous arrivâmes à 2000 mètres de l'angle nord-est de Pé-king ; nous fîmes la grande halte et nous lançâmes des reconnaissances dans plusieurs directions autour de la ville.

Des Chinois interrogés nous dirent qu'il existait vers la direction ouest de la ville, qui a un mur de 7000 mètres de ce côté, un grand camp tartare de 10 000 hommes.

Nous nous mîmes en marche immédiatement sur ce camp dont nous apercevions le parapet en terre ; nous marchions à la même hauteur avec le général anglais ; il devait attaquer la droite et moi la gauche. La colonne Collineau devait tourner la gauche du camp, les Anglais tourner la droite, et le général Jamin attaquer le front ; le camp a été évacué dans la nuit.

Le général Grant me fit alors prévenir que ses espions l'informaient que l'armée tartare s'était retirée à Yuen-Ming-Yuen, magnifique résidence impériale, à un mille et demi du point où nous étions, et il me proposait de marcher contre elle : l'heure était peu avancée, les troupes n'étaient pas fatiguées, elles étaient pleines d'ardeur ; un mille et demi dans ces conditions devait être promptement franchi.

Après une marche assez longue et difficile, nous arrivâmes à sept heures au village de Yuen-Ming-Yuen ; nous suivions une route en dalles de granit et nous traversâmes un pont magnifique qui conduit au château impérial, situé à 200 mètres du pont et dont l'entrée est en face ; la route, entre le pont et le palais, est bordée à gauche, d'arbres épais et d'une belle venue ; à droite, une grande place à laquelle s'appuie une rangée de belles maisons, habitations des principaux mandarins.

Avant de m'établir au bivac, je voulus faire fouiller

l'entrée du palais, qui était fermée par une petite porte très-solide et par des barrières à droite et à gauche; on prétendait que les Tartares étaient dans les cours et dans les jardins derrière ces portes.

J'envoyai de suite deux compagnies d'infanterie de marine pour fouiller l'entrée du palais et le bois en arrière, ainsi que mon officier d'ordonnance, le lieutenant de vaisseau de Pina.

Cet officier, entendant du bruit dans l'intérieur, fit sommer d'ouvrir les portes, et voyant que personne ne répondait, il fit apporter une échelle et escalada le mur, suivi par M. Vivenon, enseigne de vaisseau. A peine étaient-ils sur la crête qu'ils reconnurent les Tartares armés de piques, de flèches et de fusils, qui paraissaient vouloir défendre la porte.

A l'aspect des officiers, ces hommes se retirèrent, et M. de Pina franchit le mur afin d'ouvrir la porte à la troupe.

En ce moment les Tartares revinrent sur M. de Pina, et une lutte s'engagea entre lui et les hommes qui accouraient. Il soutint bravement cette attaque, tira quelques coups de revolver, et fut blessé à la main gauche et au poignet droit. Les soldats d'infanterie de marine vinrent à son secours et à celui de leur officier, M. Vivenon, qui avait reçu une balle dans le côté, et les Tartares, après une résistance inutile, prirent la fuite en désordre, laissant derrière eux trois des leurs tués, et emmenant plusieurs blessés.

Le bruit de la fusillade m'ayant attiré, je fis venir le général Collineau avec sa brigade, et je fis occuper fortement la première cour du palais, ne voulant pas pénétrer plus avant pendant la nuit dans un lieu inconnu; 7 ou 800 Tartares qui se trouvaient derrière les palais successifs aboutissant aux bois auraient pu tenter d'inquiéter nos hommes. La nuit se passa sans événements, et le lendemain, de grand matin, je me rendis au palais, accompagné des généraux Jamin et Collineau, de mon chef d'état-major et du brigadier anglais Fatlle, avec lequel était le major

Sley des dragons de la reine et le colonel Fowley; une compagnie d'infanterie nous précédait pour assurer notre marche; mais les palais étaient complétement évacués par les Tartares.

Je tenais à ce que nos alliés fussent représentés dans cette première visite au palais, que je soupçonnais devoir renfermer de grandes richesses. Après avoir visité des appartements dont la splendeur est indescriptible, je fis placer partout des sentinelles et je désignai deux officiers d'artillerie pour veiller à ce que personne ne pût pénétrer dans le palais, et pour que tout fût conservé intact jusqu'à l'arrivée du général Grant, que le brigadier Fattle fit prévenir de suite.

Les chefs anglais arrivés, nous nous concertâmes sur ce qu'il convenait de faire de tant de richesses, et nous désignâmes pour chaque nation trois commissaires chargés de faire mettre à part les objets les plus précieux comme curiosités, afin qu'un partage égal en fût fait; il eût été impossible de songer à emporter la totalité de ce qui existait, nos moyens de transport étant très-bornés.

Un peu plus tard, de nouvelles fouilles amenèrent la découverte d'une somme d'environ 800 000 francs en petits lingots d'or et d'argent; la même commission procéda également au partage égal entre les deux armées, ce qui constitua une part de prise d'environ 80 francs pour chacun de nos soldats; la répartition en a été faite par une commission composée de tous les chefs de corps et de service présidée par M. le général Jamin; la même commission, réunie et consultée au nom de l'armée, déclara que celle-ci désirait faire un cadeau à titre de souvenir à S. M. l'Empereur de la totalité des objets curieux enlevés dans le palais, ainsi qu'à S. M. l'Impératrice et au Prince impérial.

L'armée a été unanime pour cette offrande au chef de l'État, qui la considérera comme un souvenir de reconnaissance de ses soldats pour l'expédition la plus lointaine qui ait jamais été entreprise.

Au moment du partage entre les deux armées, j'ai tenu,

au nom de l'Empereur, à ce que lord Elgin fît le premier choix pour S. M. la reine d'Angleterre.

Lord Elgin a choisi un bâton de commandement de l'empereur de Chine, en jade vert du plus grand prix et monté en or. Un second bâton, semblable en tout à celui-ci, ayant été trouvé, lord Elgin, à son tour, a voulu qu'il fût pour S. M. l'Empereur. Il y a donc eu parité parfaite dans ce premier choix.

Il me serait impossible, monsieur le maréchal, de vous dire la magnificence des constructions nombreuses qui se succèdent sur une étendue de quatre lieues et que l'on appelle le palais d'été de l'empereur : succession de pagodes renfermant toutes des dieux d'or et d'argent ou de bronze d'une dimension gigantesque. Ainsi un seul dieu en bronze, un Bouddha, a une hauteur d'environ 70 pieds, et tout le reste est à l'avenant : jardins, lacs et objets curieux entassés depuis des siècles dans des bâtiments en marbre blanc, couverts de tuiles éblouissantes, vernies et de toutes couleurs ; ajoutez à cela des points de vue d'une campagne admirable, et Votre Excellence n'aura qu'une faible idée de ce que nous avons vu.

Dans chacune de ces pagodes il existe, non pas des objets, mais des magasins d'objets de toute espèce. Pour ne vous parler que d'un seul fait, il existe tant de soieries du tissu le plus fin, que nous avons fait emballer avec des pièces de soie tous les objets que je fais expédier à Sa Majesté.

Ce qui attriste au milieu de toutes ces splendeurs du passé, c'est l'incurie et l'abandon du gouvernement actuel et des deux ou trois gouvernements qui l'ont précédé ; rien n'est entretenu, et les plus belles choses, à l'exception de celles qui garnissent le palais que l'empereur habite, sont dans un état déplorable de dégradation.

Dans l'une des pagodes, celle des voitures, à une demi-lieue du palais habité, nous avons trouvé deux voitures magnifiques anglaises, présent de l'ambassade de lord Macartney ; elles étaient, ainsi que leurs harnais dorés, dans la même place où elles avaient dû être mises, il y a quarante-quatre ans, sans qu'un grain de la poussière qui les couvre ait jamais été enlevé.

Il faudrait un volume pour dépeindre tout ce que j'ai vu; mon plus grand regret, c'est de n'avoir pas, dans l'expédition, un photographe pour reproduire aux yeux de l'Empereur ce que la parole est impuissante à exprimer.

Après quarante-huit heures de séjour à Yuen-Ming-Yuen, je songeai à rejoindre l'armée anglaise devant Péking; mais, avant de quitter le palais impérial, je constatai que les effets de plusieurs de nos malheureux prisonniers, par suite de la trahison du 18 septembre, étaient placés dans une chambre de l'une des maisons qui avoisinent l'habitation de l'empereur.

Parmi ces effets figuraient ceux du colonel Foullon-Grandchamp, de l'artillerie, un carnet et des effets de sellerie à M. Ader, comptable des hôpitaux, et enfin quinze selles complètes de sikhs, et diverses autres choses ayant été reconnues par des officiers anglais comme appartenant à ceux des leurs pris le même jour 18 septembre.

Je suis donc revenu le 9 devant Pé-king, espérant recevoir des nouvelles de nos malheureux nationaux, car j'avais appris déjà que M. d'Escayrac de Lauture et quatre soldats avaient été renvoyés pendant ma séparation du camp anglais au général en chef.

Mais les prisonniers ayant été séparés les uns des autres, ceux-ci ne purent nous donner aucun renseignement; seulement, je pus préjuger, par les traitements horribles infligés par un ennemi barbare, quel devait être le sort de ceux restés entre les mains du gouvernement tartare.

Aujourd'hui 15 octobre, que je continue cette lettre commencée le 12, il ne m'est plus permis d'avoir des doutes : MM. le colonel Foullon-Grandchamp; Dubut, sous-intendant militaire; Ader, comptable, ainsi que quatre de nos soldats, sont morts : trop heureux s'ils ont été tués de suite, car il est impossible de se faire une idée des tortures barbares que quelques prisonniers ont subies avant de mourir.

Tout cela se passait pendant que je faisais recueillir et soigner dans nos ambulances les prisonniers tartares aussi bien que nos blessés.

Devant Pé-king, 17 octobre 1860.

Après avoir campé à 4 kilomètres environ de Pé-king, j'ai adressé, de concert avec le général anglais, au prince Kong, une note concluant à l'occupation d'une des portes de la ville par nos troupes. Nous avions fait établir des batteries de siége à 60 mètres des murailles; le prince a immédiatement donné l'ordre d'ouvrir la porte vis-à-vis le camp français. Cette porte a été occupée par un bataillon de chacune des deux armées.

Je me suis rendu sur le rempart, qui a une largeur de 17 mètres; il était armé de pièces d'un très-fort calibre et d'un très-beau bronze; toutes les mesures de précaution ont été prises pour assurer notre position; mais la population paraît beaucoup plus curieuse qu'hostile.

J'ai fait rapprocher mon camp et placé des hommes dans les casernes abandonnées par les Tartares. Les montagnes qui nous avoisinent sont couvertes de neige et le vent du nord souffle avec une grande violence; ces signes précurseurs du plus mauvais temps m'ont fait prendre la ferme résolution de ne pas prolonger mon séjour ici au delà des premiers jours de novembre.

18 octobre 1860.

Au moment où j'allais reprendre ce rapide récit, bien souvent interrompu, j'ai reçu trois nouveaux cercueils contenant les corps de M. l'intendant Dubut et de deux de nos soldats; il ne reste plus que l'abbé Duluc, mais il ne m'est plus possible de douter de sa mort.

En résumé, sur 26 prisonniers anglais, 13 sont morts et 13 sont rentrés; sur 13 prisonniers français, 7 sont morts et 6 nous sont rendus.

Hier 17 octobre a eu lieu dans le cimetière russe l'inhumation des Anglais victimes du guet-apens du 18 septembre; nous avons assisté à cette triste cérémonie. Aujourd'hui, j'ai profité de l'occasion de l'enterrement de nos compatriotes pour faire venir de Pé-king chez moi deux mandarins d'un grade élevé, pour leur dire que je savais leur respect pour les morts, et que je désirais faire enterrer les restes de nos prisonniers dans l'ancien cimetière français que l'empereur Kang-Hi avait autrefois accordé aux missionnaires catholiques; ils m'ont affirmé que rien n'était plus convenable, et qu'ils allaient immédiatement prendre des dispositions en conséquence.

Recevez, etc.

Le général commandant en chef l'expédition de Chine,

C. DE MONTAUBAN.

X

Proclamation du général de Montauban.

18 octobre 1860.

Le général de Montauban, commandant en chef de l'armée française en Chine, adresse la proclamation suivante aux habitants de la capitale et des campagnes environnantes.

Le général en chef fait savoir aux populations paisibles de la capitale et des campagnes environnantes que plusieurs officiers appartenant aux armées de la France et de l'Angleterre, qui, avec le caractère sacré de parlementaires, que les nations civilisées respectent comme inviolable, et du consentement des commissaires impériaux Tsaï et Mouh, avaient été envoyés à Tong-tcheou afin d'y préparer les arrangements que les ambassadeurs avaient à prendre pour conclure la paix, dont les clauses avaient été déjà convenues entre eux et les commissaires impériaux, ont été arrêtés, le 18 septembre dernier, par San-ko-li-tsin et d'autres chefs qui, ayant voulu aussi attaquer les alliés le même jour, ont été mis dans la déroute la plus complète.

Les troupes françaises et anglaises se trouvent aujourd'hui devant Pé-king, leur drapeau flotte sur les murs de la ville; elle est en leur pouvoir, et c'est par bienveillance pour les habitants inoffensifs qu'elle renferme que les alliés n'ont pas voulu en occuper l'intérieur.

Depuis cette époque, les ambassadeurs et les commandants alliés ont appris avec une douloureuse indignation que les personnes ainsi arrêtées contre toutes les lois de l'honneur avaient été traitées avec une barbarie sans exemple dans l'histoire et que la moitié d'entre elles avait succombé dans les tortures.

Un tel acte de perfidie et de cruauté doit être expié par le gouvernement chinois, responsable du crime commis par ses agents; et il faut qu'en flétrissant comme elle le mérite la conduite de ceux d'entre eux qui se sont rendus coupables d'un tel forfait, il donne une indemnité convenable aux malheureuses victimes de leur cruauté et à la famille de celles dont ils ont causé la mort.

De nouvelles conditions de paix sont offertes par les ambassadeurs de France et d'Angleterre au prince Kong. Si elles sont acceptées dans le délai fixé, les autorités et les habitants de la ville seront respectés dans leur personne et dans leurs propriétés, dans le cas, bien entendu, où elles ne commettraient aucun acte d'hostilité contre les alliés; mais si le gouvernement impérial rejetait ces propositions ou s'il les laissait sans réponse, le commandant en chef ne serait pas responsable des malheurs que les autorités chinoises auraient attirés sur la ville.

Cette proclamation est adressée aux habitants de Péking et des campagnes environnantes par bienveillance pour eux.

Fait au quartier général français, sur les remparts de la ville, à la porte Nganting.

Le 18 octobre 1860.

XI

Convention de paix additionnelle au traité entre la France et la Chine, du 27 juin 1858, conclue à Pé-king le 25 octobre 1860.

S. M. l'empereur des Français et S. M. l'empereur de la Chine, voulant mettre un terme au différend qui s'est élevé entre les deux empires et rétablir et assurer à jamais les relations de paix et d'amitié qui existaient entre eux et que de regrettables événements ont interrompues, ont nommé pour leurs plénipotentiaires respectifs, savoir :

S. M. l'empereur des Français, le sieur Jean-Baptiste-Louis baron Gros, sénateur de l'Empire, ambassadeur et haut commissaire de France en Chine, grand officier de l'ordre impérial de la Légion d'honneur, chevalier grand-croix de plusieurs ordres, etc., etc., etc.;

Et S. M. l'empereur de la Chine, le prince Kong, membre de la famille impériale et haut commissaire;

Lesquels, après avoir échangé leurs pleins pouvoirs, trouvés en bonne et due forme, sont convenus des articles suivants :

Art. 1er. S. M. l'empereur de la Chine a vu avec peine la conduite que les autorités militaires chinoises ont tenue à l'embouchure de la rivière de Tien-tsin, dans le mois de juin de l'année dernière, au moment où les ministres plénipotentiaires de France et d'Angleterre s'y présentaient pour se rendre à Pé-king, afin d'y procéder à l'échange des ratifications des traités de Tien-tsin.

Art. 2. Lorsque l'ambassadeur, haut commissaire de S. M. l'empereur des Français se trouvera dans Pé-king pour y procéder à l'échange des ratifications des traités de Tien-tsin, il sera traité pendant son séjour dans la capitale avec les honneurs dus à son rang, et toutes les facilités possibles lui seront données par les autorités chinoises pour qu'il puisse remplir sans obstacle la haute mission qui lui est confiée.

Art. 3. Le traité signé à Tien-tsin le 27 juin 1858 sera fidèlement mis à exécution dans toutes ses clauses immédiatement après l'échange des ratifications dont il est parlé dans l'article précédent, sauf, bien entendu, les modifications que peut y apporter la présente convention.

Art. 4. L'article 4 du traité de Tien-tsin, par lequel S. M. l'empereur de la Chine s'engage à faire payer au gouvernement français une indemnité de 2 millions de taëls, est annulé et remplacé par le présent article, qui élève à la somme de 8 millions de taëls le montant de cette indemnité.

Il est convenu que les sommes déjà payées par la douane de Canton à compte sur la somme de 2 millions de taëls stipulée par le traité de Tien-tsin, seront considérées comme ayant été payées d'avance et à compte sur les 8 millions de taëls dont il est question dans cet article.

Les dispositions prises dans l'article 4 du traité de Tien-tsin sur le mode de payement établi au sujet des 2 millions de taëls sont annulées. Le montant de la somme qui reste à payer par le gouvernement chinois sur les 8 millions de taëls stipulés par la présente convention le sera en y affectant le cinquième des revenus bruts des douanes des ports ouverts au commerce étranger, et de trois mois en trois mois, le premier terme commençant au 1er octobre de cette année et finissant au 31 décembre suivant. Cette somme, spécialement réservée pour le payement de l'indemnité due à la France, sera comptée en piastres mexicaines ou en argent au cours du jour du payement, entre les mains du ministre de France ou de ses délégués.

Une somme de 500 000 taëls sera payée cependant à compte, d'avance, en une seule fois, et à Tien-tsin, le 20 novembre prochain, ou plus tôt si le gouvernement chinois le juge convenable.

Une commission mixte, nommée par le ministre de France et par les autorités chinoises, déterminera les règles à suivre pour effectuer les payements de toute l'indemnité, en vérifier le montant, en donner quittance, et remplir enfin toutes les formalités que la comptabilité exige en pareil cas.

Art. 5. La somme de 8 millions de taëls est allouée au gouvernement français pour l'indemniser des dépenses que ses armements contre la Chine l'ont obligé de faire, comme aussi pour dédommager les Français et les protégés de la France qui ont été spoliés lors de l'incendie des factoreries de Canton, et indemniser aussi les missionnaires catholiques qui ont souffert dans leurs personnes ou leurs propriétés. Le gouvernement français répartira cette somme entre les parties intéressées dont les droits ont été légalement établis devant lui, et en raison de ces mêmes droits; il est convenu entre les parties contractantes que 1 million de taëls sera destiné à indemniser les sujets français ou protégés par la France, des pertes qu'ils ont éprouvées ou des traitements qu'ils ont subis, et que les 7 millions de taëls restants seront affectés aux dépenses occasionnées par la guerre.

Art. 6. Conformément à l'édit impérial rendu le 20 mars 1846, par l'auguste empereur Fao-Kouang, les établissements religieux et de bienfaisance qui ont été confisqués aux chrétiens, pendant les persécutions dont ils ont été les victimes, seront rendus à leurs propriétaires par l'entremise de S. E. le ministre de France en Chine, auquel le gouvernement impérial les fera délivrer avec les cimetières et les autres édifices qui en dépendaient.

Art. 7. La ville et le port de Tien-tsin, dans la province du Petchel, seront ouverts au commerce étranger, aux mêmes conditions que le sont les autres villes et ports de l'empire où ce commerce est déjà permis, et cela, à dater du jour de la signature de la présente convention qui sera obligatoire pour les deux nations, sans qu'il soit nécessaire d'en échanger les ratifications, et qui aura la même force et valeur que si elle était insérée mot à mot dans le traité de Tien-tsin.

Les troupes françaises qui occupent cette ville pourront, après le payement des 500 000 taëls dont il est question dans l'article 4 de la présente convention, l'évacuer pour aller s'établir à Takou et sur la côte nord du Changton, d'où elles se retireront ensuite dans les mêmes conditions qui présideront à l'évacuation des autres points qu'elles occupent sur le littoral de l'empire. Les commandants en chef des forces françaises auront cependant le droit de faire hiverner leurs troupes de toutes armes à Tien-tsin, s'ils le jugent convenable, et de ne les en retirer qu'au moment où les indemnités dues par le gouvernement chinois auraient été entièrement payées, à moins cependant qu'il ne convienne aux commandants en chef de les en faire partir avant cette époque.

Art. 8. Il est également convenu que, dès que la présente convention aura été signée et que les ratifications du traité de Tien-tsin auront été échangées, les troupes françaises qui occupent Chusan évacueront cette île, et que celles qui se trouvent devant Pé-king se retireront à Tien-tsin, à Takou sur la côte nord de Changton, ou dans la ville de Canton, et que, dans tous ces lieux, ou dans chacun d'eux, le gouvernement français pourra, s'il le juge convenable, y laisser des troupes jusqu'au moment où la somme totale de 8 millions de taëls sera payée en entier.

Art. 9. Il est convenu entre les hautes parties contractantes que, dès que les ratifications du traité de Tien-tsin auront été échangées, un édit impérial ordonnera aux autorités supérieures de toutes les provinces de l'empire de permettre à tout Chinois qui voudrait aller dans les pays situés au delà des mers pour s'y établir ou y chercher fortune, de s'embarquer, lui et sa famille, s'il le veut, sur les bâtiments français qui se trouveront dans les ports de l'empire ouverts au commerce étranger.

Il est convenu aussi que, dans l'intérêt de ces émigrés, pour assurer leur entière liberté d'action et sauvegarder leurs intérêts, les autorités chinoises compétentes s'entendront avec le ministre de France en Chine pour faire les règlements qui devront assurer à ces engagements, toujours volontaires, les garanties de moralité et de sûreté qui doivent y présider.

Art. 10 et dernier. Il est bien entendu entre les parties contractantes que le droit de tonnage qui, par erreur, a été fixé, dans le traité français de Tien-tsin, à 5 maces par tonneau sur les bâtiments qui jaugent 150 tonneaux et au-dessus, et qui, dans les traités signés avec l'Angleterre et les États-Unis en 1858, n'est porté qu'à la somme de 4 maces, ne s'élèvera qu'à cette somme de 4 maces, sans avoir à invoquer le dernier paragraphe de l'article 27 du traité de Tien-tsin, qui donne à la France le droit formel de réclamer le traitement de la nation la plus favorisée.

La présente convention de paix a été faite à Pé-king, en quatre expéditions, le 25 octobre 1860, et y a été signée par les plénipotentiaires respectifs qui y ont apposé le sceau de leurs armes.

(L. S.) *Signé :* Baron Gros.

(S. S.) *Signé :* Prince DE Kong.

XII

Convention supplémentaire au traité du 26 juin 1858, entre la Chine et la Grande-Bretagne, signée à Pé-king le 24 octobre 1860.

S. M. la reine de la Grande-Bretagne et d'Irlande et S. M. I. l'empereur de la Chine, désirant mettre fin à la mésintelligence actuellement existante entre leurs gouvernements respectifs et garantir leurs relations contre des interruptions futures : c'est-à-dire pour S. M. la reine de la Grande-Bretagne et d'Irlande, le comte d'Elgin et de Kincardine, et pour S. M. l'empereur de Chine, S. A. I. le prince de Kong, s'étant réunis et s'étant communiqué leurs pleins pouvoirs, après les avoir trouvés en bonne forme, sont tombés d'accord sur la convention suivante en neuf articles.

Art. 1ᵉʳ. Une rupture des relations amicales ayant été occasionnée par le fait de la garnison de Taku, qui mit obstacle à la marche du représentant de S. M. britannique se rendant à Pé-king pour échanger les ratifications du traité de paix conclu à Tient-tsin au mois de juin 1858, S. M. l'empereur de Chine exprime son profond regret de la mésintelligence qui a été ainsi occasionnée.

Art. 2. Il est de plus expressément déclaré que l'arrangement convenu à Shang-haï, au mois d'octobre 1858, entre l'ambassadeur de S. M. britannique, le comte d'Elgin et de Kincardine, et les commissaires de S. M. I. Kouëï-Liying et Hoâ-Shâ-Nâ, relativement à la résidence du représentant de S. M. britannique en Chine, est par les présentes annulé, et que, conformément à l'article 3 du traité de 1858, le représentant de S. M. britannique résidera désormais d'une manière permanente ou par intervalles à Pé-king, ainsi qu'il plaira à S. M. britannique de le décider.

Art. 3. Il est convenu que l'article séparé du traité de 1858 est par les présentes annulé, et qu'au lieu de l'indemnité qui y est spécifiée, S. M. I. l'empereur de la Chine payera la somme de 8 millions de taëls aux échéances et aux lieux ci-après, savoir : à Tien-tsin, le 30 novembre ou avant, la somme de 500 000 taëls ; à Canton, le 1er décembre 1860 ou avant, la somme de 333 333 taëls, moins la somme qui aura été avancée par les autorités de Canton pour l'achèvement de la factorerie anglaise située à Shameen ; et le surplus, dans les ports ouverts au commerce étranger, en payements trimestriels qui consisteront en un cinquième du revenu brut des douanes perçu dans ces ports : le premier desdits payements étant dû le 1er décembre 1860 pour le trimestre qui se termine ce jour-là.

Il est, en outre, convenu que ces sommes seront payées entre les mains d'un officier que le représentant de S. M. britannique désignera spécialement pour les recevoir, et que l'exactitude des versements sera, avant payement, dûment vérifiée par les officiers anglais et chinois nommés à cet effet.

Afin de prévenir toute discussion à venir, il est de plus déclaré que des 8 millions de taëls ici garantis, 2 millions seront consacrés à indemniser les commerçants anglais à Canton des pertes qu'ils ont éprouvées, et que les 6 millions restant serviront à la liquidation des frais de guerre.

Art. 4. Il est convenu que le jour où cette convention sera signée, S. M. I. l'empereur de la Chine ouvrira le port de Tien-tsin au commerce, et qu'il sera désormais permis aux sujets britanniques d'y résider et d'y faire le commerce, aux mêmes conditions que dans tout autre port de Chine ouvert au commerce.

Art. 5. Aussitôt que les ratifications du traité de 1858 auront été échangées, S. M. I. l'empereur de la Chine devra, par décret, ordonner aux autorités supérieures de chaque province de proclamer dans sa juridiction que les Chinois qui voudront prendre du service dans les colonies anglaises ou autres pays au delà des mers ont une entière liberté de prendre des engagements à cet effet, avec des sujets britanniques, et de s'embarquer, eux et leurs familles, à bord des bâtiments anglais dans tous les ports ouverts de la Chine; de plus, les autorités supérieures susdites devront, de concert avec le représentant de S. M. britannique en Chine, faire des règlements pour protéger les émigrants chinois, suivant que, dans les différents ports ouverts, les circonstances l'exigeront.

Art. 6. Dans le but de maintenir l'ordre et la loi dans le port et les environs de Hong-kong, S. M. I. l'empereur de la Chine consent à céder à S. M. la reine de la Grande-Bretagne et d'Irlande, et à ses héritiers et successeurs, le droit d'avoir et de conserver, comme une dépendance de la colonie de S. M. britannique à Hong-kong, cette partie du territoire de Cowloon, dans la province de Kwang-tung, qui avait été donnée à bail à perpétuité à Harry-Smith Parkes, esq., chevalier du Bain, membre de la commission des alliés à Canton, en faveur du gouvernement de S. M. britannique, par Lan-Isung-Kwang, gouverneur général des deux Kwangs.

Il est de plus déclaré que le bail en question est par les présentes annulé; que les prétentions de tout Chinois à un droit de propriété dans le territoire de Cowloon seront dûment vérifiées par une commission mixte d'officiers anglais et chinois, et qu'une indemnité sera payée par le gouvernement anglais à tout Chinois dont le droit aura été reconnu par ladite commission, dans le cas où le gouvernement anglais jugerait nécessaire de l'exproprier.

Art. 7. Il est convenu que les dispositions du traité de 1858, excepté en tant qu'elles sont modifiées par la présente convention, seront sans délai mises à exécution aussitôt que les ratifications du traité susdit auront été échangées.

Il est encore convenu qu'une ratification séparée de la présente convention ne sera pas nécessaire, mais que cette convention aura effet de la date de sa signature, et sera obligatoire, ainsi que le traité mentionné, pour les hautes parties contractantes.

Art. 8. Il est convenu qu'aussitôt que la ratification du traité de 1858 aura été échangée, S. M. l'empereur de la Chine devra, par décret, ordonner aux autorités supérieures de la capitale et des provinces d'imprimer et de publier le traité susdit et la présente convention, pour les porter à la connaissance du public.

Art. 9. Il est convenu qu'aussitôt que la convention aura été signée, et que les ratifications du traité de l'année 1858 auront été échangées et qu'un décret impérial relatif à la publication de ladite convention et du traité aura été promulgué conformément à l'article 8 de cette convention, Chusan sera évacué par les troupes de S. M. britannique qui y sont stationnées, et que les forces de S. M. britannique maintenant devant Pé-king commenceront à se diriger vers la ville de Tien-tsin, les forts de Taku, la côte nord de Shang-tung et la ville de Canton; que S. M. la reine de la Grande-Bretagne pourra conserver dans un ou dans tous les points ci-dessus mentionnés des forces jusqu'à ce que l'indemnité de 8 millions de taëls stipulée par l'article 3 ait été payée.

Fait à Pé-king, à la cour du conseil des cérémonies, 24 octobre, en l'année de Notre-Seigneur 1860.

Signé : ELGIN et DE KINCARDINE.

(*Signatures des plénipotentiaires chinois.*)

TABLE DES MATIÈRES

DE LA DEUXIÈME PARTIE.

LIVRE PREMIER.

CHAPITRE PREMIER.

Déclaration du gouvernement français à l'ouverture de la session législative de 1861. — Notre influence ébranlée en Chine peut compromettre le succès de notre expédition en Cochinchine. — Une nouvelle expédition en Chine est décidée par la France d'accord avec l'Angleterre. — Détails rétrospectifs sur les événements du Peï-ho. — Les ratifications du dernier traité avec la Chine doivent selon les conventions être signées à Pé-king. — Les envoyés chinois assurent que les clauses du traité seront exécutées. — Le capitaine de frégate *Tricault* amène à Shang-haï le ministre de France. — *M. Bruce*, ministre plénipotentiaire anglais, quitte Woo-sung le 16 juin 1859 pour aller dans le Nord. — Il arrive aux îles de Sha-luy-teen, le 20 juin, où l'amiral *Hope* était déjà arrivé le 16. — L'amiral *Hope* a quitté, le 16 juin, les mêmes îles pour annoncer aux autorités chinoises l'arrivée des deux ministres français et anglais. — Le capitaine *Commerell*, après avoir passé la barre du Peï-ho, demande une entrevue avec les autorités. — Il n'obtient que des réponses évasives. — L'amiral *Hope* enjoint au capitaine *Commerell* de sommer les autorités chinoises d'ouvrir un passage, dans les trois jours, pour permettre aux représentants alliés de remonter la rivière jusqu'à Tien-tsin. — On répond au capitaine que le passage sera ouvert dans le délai fixé. — L'amiral *Hope* retourne à Sha-luy-teen. — L'escadre part le 18 juin pour le Peï-ho. — Le 20, l'amiral *Hope* remet une lettre pour l'intendant de Tien-tsin. — La populace s'oppose au débarquement des troupes envoyées à terre. — Les obstacles qui interceptaient le passage du Peï-ho ont été augmentés. — Arrivée du *Duchayla* à l'embouchure du fleuve. — Les autorités chinoises font savoir aux ministres alliés qu'ils doivent quitter le Peï-ho pour se rendre à Peh-tang. — Les ministres notifient à l'amiral *Hope* qu'il ait à ouvrir les portes du Peï-ho, même par la force, pour les mettre à même de se rendre à Pé-king. — Il est décidé en conséquence que l'entrée du fleuve sera forcée. — Composition de la flotte alliée. — Le 21 juin l'amiral *Hope*, accompagné du commandant *Tricault*, va reconnaître les abords du fleuve. — Les défenses à l'entrée du Peï-ho ont été augmentées. — Le 23 juin, deux canonnières anglaises et *le Norzagaray* franchissent la barre. — Le 24 juin est consacré aux dernières dispositions de détail. — Tentative dans la nuit de frayer le passage aux bâtiments qui doivent le lendemain entrer en action. — Le 25 juin au matin, les canonnières prennent leur position. — Le commandant *Tricault* est sur *le Plover* avec l'amiral *Hope*. — La ligne d'embossage est formée. — L'amiral anglais veut frayer lui-même le chemin. — La première estacade est forcée par *le Plover* et *l'Opossum* qui arrivent devant la deuxième estacade sans être inquiétés par l'ennemi. — L'amiral ne doute plus du succès. — Mais tout à coup les forts chinois ouvrent un feu terrible sur les deux canonnières. — L'amiral *Hope* reste impassible sur l'endroit le plus élevé du *Plover*. — Le commandant *Tricault* est à ses côtés. — L'amiral est blessé. — Le combat n'est pas possible, la lutte étant trop inégale. — L'amiral *Hope* reste impassible. — Le commandant du *Plover* est tué. — L'amiral anglais passe, avec le commandant *Tricault*, du *Plover* sur *l'Opossum*. — L'amiral est de nouveau blessé, mais il repousse tous les soins et reste sur le pont. — L'amiral *Hope* parcourt la ligne des bâtiments sur *le Norzagaray*. — Il hisse son pavillon sur *le Cormoran*, où il consent enfin à laisser panser ses blessures. — Un assaut est décidé. — Le commodore américain *Tattnall* vient offrir le concours de ses soldats de marine. — L'amiral *Hope* refuse cette offre tardive de coopération. — Le commandant *Tricault* quitte l'amiral *Hope* pour la première fois de la journée et passe sur *le Duchayla*. — Tout est prêt pour le débarquement. — Il est sept heures et demie. — Les chefs donnent l'exemple et s'élancent les premiers. — Les forts lancent des volées de mitraille qui jalonnent la route de morts et de blessés. — Le commandant *Tricault*, avec soixante-quatre hommes, fait d'héroïques efforts pour traverser la nappe fangeuse qui se dérobe sous les pieds. — La mitraille tombe sans cesse du haut des remparts. — On arrive auprès du premier fossé qui est tout aussitôt franchi. — Enfin, après avoir traversé un deuxième fossé plus large, quelques hommes arrivent au pied des remparts. — Le commandant *Tricault* cherche à rallier autour de lui ses marins. — Il est rejoint par le lieutenant *Claverie* avec quelques marins du *Duchayla*. — Une cinquantaine d'hommes composent la force totale des alliés réunis au pied des remparts. — A chaque instant la position devient plus critique. — L'aspirant *Bary* est tué. — En vain les commandants *Tricault* et *Heath* veulent conserver la position; ils sont obligés d'ordonner la retraite. — Le commandant *Tricault* est blessé. — Le rembarquement dure une partie de la nuit, au milieu des plus sérieuses difficultés. — *Le Plover, le Lee* et *le Cormoran* périssent. — La journée du 25 juin est un désastre, mais l'honneur des armées est sauf. — Le nouvel acte d'hostilité du gouvernement chinois remet tout en question. — Les ministres de France et d'Angleterre, en présence de l'insuffisance des forces à leur disposition, renoncent à forcer l'entrée de la rivière, et se retirent à Shang-haï... Pages 3 à 35.

CHAPITRE II.

Une seconde campagne est résolue par la France de concert avec l'Angleterre. — Le général *Cousin de Montauban* est nommé commandant en chef de l'expédition. — Composition du cadre d'état-major du corps expéditionnaire. — Le contre-amiral *Page* a remplacé le vice-amiral *Rigault de Genouilly* dans le commandement des mers de Chine. — Le général *de Montauban* charge l'amiral *Page* d'étudier le point le plus favorable pour l'installation des troupes. — Ordre du jour du général *de Montauban* à l'armée. — Départ du général *de Montauban*, le 12 janvier 1860. — Le commandant en chef arrive à Hong-Kong le 26 février. — Entrevue du général *de Montauban* avec l'amiral *Page*, qui arrive de la Cochinchine où il a eu de sérieux engagements avec les Annamites. — L'amiral *Page* annonce au général que l'occupation de Chusan a été décidée de concert avec l'amiral *Hope*. — Le général *de Montauban* ajourne cette occupation. — Le général quitte Macao et se dirige vers la rivière de Canton. — Retour du général à Hong-Kong, le 3 mars. — Conférence avec les amiraux *Hope* et *Grant*. — Départ du général *de Montauban* pour Shang-haï. — Achat de cinq cents chevaux au Japon. — Dernier ultimatum des puissances alliées. — Progrès des rebelles chinois. — Ils s'emparent de Hang-tcheou. — Épouvante des habitants de Shang-haï. — Reconnaissance de l'île de Chusan par l'amiral *Protet*. — Lettre du général *de Montauban* à l'amiral *Protet*, lui donnant ordre d'explorer le golfe de Pe-tchi-li et la côte de Chang-toung. — Le contre-amiral *Page* est chargé d'occuper Chusan. — Prévision d'une forte résistance des Chinois à Ta-kou. — Réponse du cabinet de Pé-king à l'ultimatum des puissances alliées. — Mémorandum des ministres français et anglais. — Lettre de *M. de Bourboulon* au gouverneur général des Deux-Kiang. — Il ne reste plus qu'à faire appel à l'action militaire. — Entente sur les instructions données aux commandants supérieurs des forces britanniques et à *M. Bruce*. — Dépêche du ministre des affaires étrangères de France définissant les intentions du gouvernement français en cas de guerre. — Un vice-amiral est désigné au commandement en chef des forces navales françaises dans les mers de Chine. — Le général *de Montauban* prend le titre de commandant en chef de l'expédition de Chine. — Le 10 avril, arrivée du vice-amiral *Charner* à Shang-haï.

— Arrivage des troupes françaises. — Occupation de l'île de Chusan. — Retour de l'amiral *Protet* de sa reconnaissance dans le nord de la Chine. — Arrivée du général *Jamin*. — Le général *de Montauban* songe à occuper Tché-fou. — Entrevues avec l'amiral *Hope* et le général *Grant* relativement à cette occupation. — Le transport *l'Isère* échoue dans le port d'Amoy. — Le baron *Gros* est envoyé en Chine comme ministre plénipotentiaire. — Dépêche de *M. Thouvenel* au baron *Gros*.. Pages 35 à 76.

CHAPITRE III.

Le général *Jamin* est installé à Tché-fou. — Les autorités chinoises demandent secours aux alliés pour les protéger contre les rebelles. — Démarches du tao-taï de Shang-haï auprès du général *de Montauban*. — Lettre du général sur la position des choses. — Pillage de Sou-tcheou par les rebelles. — Six cents hommes de troupes alliées occupent le village de Shan-hoo. — Le vice-roi vient chercher refuge à Shang-haï. — Le général *de Montauban* lui refuse une entrevue. — Les préparatifs de l'expédition dans le Nord se continuent avec activité. — *La Reine des Clippers* échoue aux abords de Macao. — Le 14 juin, le général *de Montauban* expédie cent quatorze chevaux à Tché-fou. — 16 juin, conférence entre le général *de Montauban*, les amiraux *Charner* et *Hope* et le général *Grant*. — Le 18, conseil de guerre chez le général *de Montauban*. — Décision arrêtée. — Le 2 juillet, le général *de Montauban* part pour Tché-fou. — Visite du général *Grant* au quartier général français. — Dernière reconnaissance pour déterminer le point de débarquement au sud des forts de Ta-kou. — 19 juillet, nouvelle conférence entre les généraux en chef et les amiraux. — Arrivée de lord *Elgin* et du baron *Gros*. — Ils déclarent que c'est à Tien-tsin seul qu'ils consentiront à traiter avec le gouvernement chinois. — Ravages de la rébellion dans l'intérieur de l'empire. — Placet du vice-roi à l'empereur de Chine. — 25 juillet, départ de l'expédition. — Le général *de Montauban* monte à bord du *Corbin*. — Reconnaissance dans la rivière de Peh-tang par le colonel *Dupin*, le lieutenant *de Lamarck* et le capitaine *Forster*. — Les canonnières anglaises rejoignent l'escadre le 29 au soir. — Dernier entretien entre les généraux et les amiraux. — Le général *de Montauban* procède au débarquement à Peh-tang. — Le colonel *Dupin* fait une reconnaissance de l'autre côté de Peh-tang. — Il trouve les traces récentes d'un campement abandonné. — Le général *de Montauban*, soupçonnant une embûche, envoie le commandant du génie *Dupouët*, qui découvre que le fort est miné. — Les troupes prennent possession du fort. — La flotte reste à l'ancre. — Reconnaissances faites par les deux corps expéditionnaires. — Un camp est signalé. — Le général *Collineau* va le reconnaître. — Départ de l'armée alliée le 12 août. — Engagement de Sin-ko. — Les troupes chinoises se réfugient dans le village fortifié de Tang-kou. — Reconnaissance des forts par le général *de Montauban*. — L'attaque est décidée pour le lendemain. — L'assaut est donné. — Les portes sont brisées à coups de hache, et les remparts sont bientôt couronnés de nos troupes. — — Le colonel *Schmitz* plante le premier sur le sommet des remparts le drapeau de la France...................... Pages 76 à 134.

CHAPITRE IV.

Les troupes alliées s'établissent dans la position conquise. — Le général *de Montauban* propose, au général *Grant,* qui l'accepte, de négliger les défenses de la rive gauche pour attaquer celles de la rive droite. — Construction d'un pont sur le Peï-ho. — Approvisionnement du camp de Sin-ko. — Envoi d'un parlementaire chinois, le 14 août. — Les ambassadeurs refusent toute proposition de paix avant la prise des forts du Peï-ho. — Mise à prix par le gouvernement chinois des plénipotentiaires et des chefs des armées alliées. — Reconnaissance du colonel *de Livet* sur la rive droite. — Engagement avec l'ennemi. — Le commandant *de la Poterie* apporte des renforts au colonel *de Livet.* — Prise du village de Sia-o-léantz. — L'ennemi évacue ses positions après avoir brûlé ses approvisionnements et fait sauter ses poudrières. — Le 19 août, le général *Jamin* traverse le Peï-ho avec sa brigade et campe dans Sia-o-léantz. — Le général *Grant* demande la continuation de l'attaque des forts de la rive gauche. — Deux plans en présence. — L'attaque, sur la rive gauche appuyée par lord *Elgin*, l'amiral *Hope* et le général *Grant*, est adoptée en conseil. — Le 20 août, reconnaissance du général *Jamin.* — Il rencontre des ouvrages fortement occupés. — L'attaque du fort le plus rapproché de Tang-ko, sur la rive gauche, est décidée pour le 21. — Le général *Collineau* et le général *Napier* sont désignés pour cette opération. — L'amiral *Charner* reçoit à l'entrée du Pe-tchi-li la nouvelle de l'attaque résolue. — Le général *Collineau* bivaque au camp de Tang-ko. — Il est convenu que les Français prendront la droite et les Anglais la gauche de l'attaque. — Le général *Collineau* attaque la droite du fort le 21 août. — De nombreux obstacles défendent les approches de l'ouvrage ennemi. — Résistance des Chinois. — Lutte corps à corps. — Le drapeau de la France flotte au sommet des murailles. — Attaque des Anglais qui plantent leur drapeau sur les créneaux conquis. — Les assiégés cherchent leur salut dans la fuite. — L'attaque du second fort est décidée pour le lendemain. — Reconnaissance du colonel *Dupin.* — Les Chinois arborent un drapeau blanc. — Refus des propositions chinoises. — Sommation de rendre les forts dans deux heures. — Le général *de Montauban* fait venir le restant de son artillerie. — Les forts n'étant pas rendus au bout de deux heures, les alliés se remettent en marche. — Les forts restent silencieux. — Crainte d'une nouvelle trahison. — Les troupes s'emparent des forts qui ont été abandonnés par l'ennemi. — Quatre officiers, dont deux français et deux anglais, vont demander au vice-roi la remise des défenses du sud. — *M. Parker* les accompagne. — Le vice-roi consent à la reddition des forts. — Découragement des troupes chinoises. — Rôle joué par la marine. — Les alliés s'emparent d'un formidable matériel d'artillerie. — Pertes des armées alliées. — L'embouchure du Peï-ho offre un libre passage aux flottes alliées. — Dépêche de l'amiral *Charner* décrivant les obstacles accumulés par les Chinois. — L'amiral *Hope* remonte la rivière sans prévenir les commandants en chef alliés. — L'amiral *Charner*, instruit de ce départ, remonte rapidement le Peï-ho. — Le 25 août, départ de deux mille hommes s'embarquant sur le Peï-ho pour gagner Tien-tsin. — Les deux généraux en chef les accompagnent. — Arrivée à Tien-tsin le 26. — Les troupes campent à l'intérieur de la ville. — Fin de la première période des opérations militaires... Pages 134 à 166.

LIVRE II.

CHAPITRE PREMIER.

Le général *de Montauban* retourne au camp de Sin-ko. — Il revient avec le restant de ses troupes à Tien-tsin par terre. — Discipline sévère maintenue parmi les troupes. — Description du pays. — — Arrivée du général *de Montauban* à Tien-tsin. — Le général *de Montauban* envoie des renforts aux troupes qui gardent Shang-haï. — Description de Tien-tsin. — Arrivée de deux hauts commissaires impériaux chinois. — Communication écrite des commissaires aux plénipotentiaires alliés. — Pourparlers. — Fourberie des commissaires chinois qui n'ont aucun plein pouvoir pour conclure. — Les plénipotentiaires français retirent les propositions qu'ils ont faites. — La véritable campagne commence. — L'hésitation n'est plus permise. — Le 9 septembre, la première colonne se met en marche. — Arrivée à Pou-kao. — Violent orage. — Les conducteurs chinois prennent la fuite. — Le général *de Montauban* charge les approvisionnements sur cent jonques chinoises. — Le 12 septembre, l'armée alliée se met en marche sur Yang-hun. — Nouvelle communication du gouvernement chinois, qui cherche à renouer le fil des négociations. — Marche en avant. — Le 13 septembre, arrivée des troupes à Khoseyou. — Nouvelle démarche des commissaires chinois. — Note du prince *Tsai* et de *Muh*. — Perfidie du gouvernement chinois pour gagner du temps. — Manifeste de l'empereur de Chine à propos de la journée du 25 juin 1859. — Le général *Collineau* rejoint le général *de Montauban*. — Les populations abandonnent leurs villages devant les armées alliées. — L'armée continue sa marche sur Tung-chao.

— Des parlementaires sont envoyés auprès des commissaires chinois pour fixer les bivacs des deux armées.......... Pages 169 à 192.

CHAPITRE II.

Le colonel *Foullon-Grandchamp*, le capitaine d'état-major *Chanoine*, le caïd *Osman*, MM. *Dubut*, *Ader* et *Gagey*, et l'abbé *Duluc*, du côté des Français, partent le 17 septembre, accompagnés de MM. *de Bastard*, *de Méritens* et *d'Escayrac de Lauture*. — Du côté des Anglais, les parlementaires sont : le colonel *Walker*, le lieutenant *Anderson*, M. *Bowlby*, M. *de Normann*, M. *Loch* et M. *Parker*. — Le 17, le général *de Montauban* lève le camp et se dirige sur Matao. — Les plénipotentiaires arrivés à l'entrée de Tung-chao sont accueillis avec empressement par des mandarins. — Entrevue de M. *de Bastard* avec le prince *Tsai*. — Le projet de convention apporté par M. *de Bastard* est accepté par le prince *Tsai*. — Le 18, M. *de Bastard* quitte la ville avec M. *de Méritens*, le caïd *Osman* et le capitaine *Chanoine*. — Leur escorte se compose de deux spahis. — Le colonel *de Grandchamp*, l'abbé *Duluc*, MM. *Dubut*, *Ader*, *Gagey* et *d'Escayrac de Lauture* restent, du côté des Français, seuls dans la ville. — Les deux armées ont dû quitter, le 18, leur campement de Matao pour se rendre au bivac arrêté par les conventions. — Le capitaine *Chanoine* prend les devants pour aller rejoindre le général *de Montauban* et lui donner les indications nécessaires. — M. *Parker* se rend également auprès du général *Grant*, accompagné de M. *Loch* et du colonel *Walker*. — MM. *de Normann*, *Bowlby* et le lieutenant *Anderson* restent à Tung-chao, où M. *Parker* doit venir les rejoindre après avoir terminé sa mission auprès du général *Grant*. — L'aspect du pays est changé. — Une armée chinoise tout entière occupe la campagne dans un but évidemment hostile. — M. *Parker* voyant l'indice d'une trahison retourne vers Tung-chao pour protéger ceux de ses compatriotes qu'il a laissés dans cette ville. — M. *Loch* continue sa route vers le général *Grant*. — Le colonel *Walker*, avec six hommes d'escorte, s'arrête pour attendre le retour de M. *Parker*. — Le matin, les troupes alliées ont quitté leur camp. — Après deux heures de marche, les généraux s'arrêtent en voyant les positions occupées par l'armée tartare. — Le mandarin *Hang-ki* vient demander à parler aux ambassadeurs, sous le prétexte de s'entendre avec eux sur leur réception à Pé-king. — Il déclare que la présence des troupes tartares est le résultat d'un malentendu. — Les généraux alliés prennent des dispositions pour parer à tout événement. — Les Tartares continuent leur mouvement. — Disposition du terrain. — Position des armées alliées. — Arrivée du capitaine *Chanoine* au camp. — Il a traversé toute l'armée tartare qui est fortement établie. — Arrivée de M. *de Bastard* et de M. *de Méritens*. — L'officier d'administration *Gagey* vient bientôt après confirmer leur rapport. — Inquiétudes sur les parlementaires. — Le général *de Montauban* propose pour les sauver de fondre tout à coup sur les Tartares. — Le général anglais veut attendre le retour de *M. Parker*. — Arrivée au camp du colonel *Walker* au milieu d'une décharge de mousqueterie. — Sa lutte contre les soldats qui veulent empêcher son retour au camp. — Le général *de Montauban* se met à la tête de ses troupes et marche sur Leost. — Prise de Leost et de Khouat-tsun. — Combat de Tchang-kia-ouang. — L'armée chinoise est mise en pleine déroute — Part prise par l'armée anglaise. — Ordre général sur la journée du 18 septembre. — Les parlementaires envoyés à Tung-chao ne sont pas revenus au camp. — Inquiétudes sur leur sort. — Un prisonnier annonce la nouvelle qu'ils ont été emmenés à Pé-king. — Il ne reste plus qu'à marcher résolûment en avant. — Un nombre considérable de Tartares est réuni au-dessus de Tung-chao. — C'est à cet endroit que le général *Sang-ko-lin-tsin* a réuni toutes ses forces. — Une grande bataille est imminente. — Arrivée du général *Collineau* avec toutes ses forces disponibles. — Les dispositions du combat sont arrêtées d'un commun accord avec le général *Grant*. — La journée du 21 septembre doit être décisive.............. Pages 193 à 221.

CHAPITRE III.

Le 21 septembre, au matin, l'armée se met en marche. — A trois kilomètres de Pa-li-kiao, elle aperçoit les premières vedettes tartares. — Les forces ennemies, au nombre de vingt à vingt-cinq mille hommes, sont en ligne. — Elles ont pour centre le village de Oua-koua-yé. — Le général *de Montauban* prend les premières dispositions du combat. — Le général *Collineau* se porte en avant sur la gauche. — Le général *de Montauban* suit le mouvement sur la droite avec le général *Jamin*. — La cavalerie tartare s'avance résolûment, malgré des pertes considérables, et cherche à écraser le petit corps du général *Collineau*. — La situation est grave. — Le canon gronde. — Les Tartares tentent de tourner la gauche du général *Collineau* vers le vide qui existe entre son corps et les Anglais. — Le général menace d'être écrasé. — Le feu s'ouvre sur notre droite où se trouve le général *de Montauban*. — Il lance en avant le général *Jamin*. — Position de plus en plus critique du général *Collineau*. — Irruption de la cavalerie tartare sur toute la ligne. — Le général, à la tête de sa poignée d'hommes, arrête l'ennemi par un feu meurtrier. — L'arrivée des Anglais dégage la position. — Le général *de Montauban*, rassuré sur sa gauche, continue son mouvement sur le pont de Pa-li-kiao. — Nos troupes électrisées se lancent au pas de course et enlèvent le village de Oua-koua-yé. — Le général *Collineau* appuie le mouvement de conversion. — Les deux brigades marchent à la même hauteur et arrivent devant le pont de Pa-li-kiao. — Des tirailleurs armés sont embusqués tout le long du canal. — L'ennemi s'apprête à disputer résolûment le passage. — Feu terrible des Chinois. — Nos obus abattent des rangs entiers. — La mort n'épouvante pas l'ennemi. — Presque tous ses canonniers sont tués sur leurs pièces. — Son feu s'affaiblit. — Le général *Collineau* forme une colonne d'attaque. — Le capitaine *du Moncets*, du 101ᵉ, se joint avec sa compagnie à cette colonne. — Le pont est envahi. — L'ennemi, privé de ses chefs, se retire en désordre vers Pé-king. — Il est midi. — Le combat a duré cinq heures. — Les troupes françaises s'établissent sous les tentes des Tartares. — Marche suivie par les Anglais depuis le matin. — Après une marche d'un mille, le général *Grant* se trouve en présence d'une masse considérable de cavalerie qui menace la gauche de la ligne alliée. — Préoccupation du général anglais. — Retard dans sa marche. — Concours utile qu'il apporte au petit corps du général *Collineau*. — La cavalerie anglaise se porte sur la cavalerie tartare qui est bientôt mise en déroute. — Le corps expéditionnaire anglais prend ses bivacs. — Aspect du pont de Pa-li-kiao le lendemain de la bataille. — Dépêche du prince *Kong* au baron *Gros*, 21 septembre. — Le prince *Kong* est chargé des négociations. — Le baron *Gros* et lord *Elgin* se refusent à entamer les negociations avant le retour des prisonniers. — Note du baron *Gros* au prince *Kong*, 25 septembre 1860. — Réponse du prince *Kong*, 27 septembre. — Résumé de la politique chinoise depuis 1859. — Le prince *Kong* ne rend pas les prisonniers. — Échange successif de dépêches entre le prince *Kong* et les plénipotentiaires alliés. — Réponse définitive du prince *Kong*, 30 septembre. — Les espérances de paix sont déçues. — Les opérations militaires vont recommencer.. Pages 221 à 257.

LIVRE III.

CHAPITRE PREMIER.

Reconnaissances du 24 et du 26 septembre. — Le 5 octobre, l'armée alliée se met en marche. — Arrivée devant Pé-king. — 6 octobre, continuation de la marche de l'armée. — Reconnaissance autour de Pé-king. — Marche du général *de Montauban* sur la résidence impériale de Yuen-mun-yuen. — Deux régiments de cavalerie anglaise s'étant égarés se joignent à la colonne française. — Arrivée devant le palais de Yuen-mun-yuen. — Reconnaissance du commandant *Campenon*. — L'aspirant *Butte* escalade une muraille. — Lutte du lieutenant *de Pina* avec les Chinois. — Le général *de Montauban* fait occuper la première cour du palais par la brigade *Collineau*. — Les Anglais partis en même temps que les Français s'étaient égarés en route. — Après quelques escarmouches, ils arrivent sur les routes qui tendent à la porte d'Am-ting, et passent la nuit dans cet endroit. — Au lever du jour une salve de vingt et un coups de canon fait connaître au général *de Montauban* la position de l'armée anglaise. — Le brigadier *Pattle* commandait les deux régiments anglais qui s'étaient réunis. — La colonne française envoie prévenir le général *Grant* que les Français sont maîtres du Palais d'Été de l'empereur et attendent son arrivée pour procéder au partage. — Première visite du général *de Montauban* au Palais d'Été. — Splendeurs et richesses de la résidence impériale. — Rapport du général *de Montauban*, 12 octobre. — Des sentinelles sont placées pour fermer l'entrée du palais jusqu'à l'arrivée du général *Grant*. — Arrivée du général *Grant* avec lord *Elgin*. — Une commission est nommée pour procéder au partage. — Huit cent mille francs sont partagés entre les soldats des deux armées. — Dans une maison qui avoisine le palais, on retrouve les vêtements ensanglantés de plusieurs des prisonniers alliés. — Le général *de Montauban* va rejoindre l'armée anglaise campée devant Pé-king, 9 octobre. — Retour de M. *d'Escayrac de Lauture* au camp avec MM. *Parker*, *Loch* et quatre soldats français. — Souffrances des prisonniers. — Barbares traitements qu'ils ont subis. — M. *de Normann*, premier attaché de l'ambassade de lord *Elgin*, M. *Bowlby*, correspondant du *Times*, le lieutenant *Anderson* ont succombé. — Le 7, les commandants des armées alliées font savoir aux autorités chinoises qu'ils comptent occuper une des portes de Pé-king. — Position difficile en présence de l'arrivée de l'hiver. — Il est important d'arriver promptement à une solution définitive. — Lettre du général *de Montauban* au prince *Kong*, 10 octobre. — Le prince *Kong* consent à l'occupation d'une des portes de Pé-king, par l'armée alliée. — Visite du général *de Montauban* sur les remparts de la capitale. — Le prince *Kong* exprime au baron *Gros* sa satisfaction de l'attitude prise par les troupes françaises. — L'armée française campe dans le faubourg qui précède la porte Am-ting. — Les signes précurseurs de l'hiver se font sentir. — Le général *de Montauban* est résolu à partir le 1ᵉʳ novembre pour Tien-tsin. — Lettre du baron *Gros* à lord *Elgin*. — Correspondance du baron *Gros* avec le prince *Kong*. — Le dernier délai est fixé pour le 23 à midi. Pages 259 à 294.

CHAPITRE II.

Des événements nouveaux viennent compliquer la situation. — Les cadavres mutilés des prisonniers sont rapportés au camp. — Exaspération des Anglais. — Lord *Elgin* veut que des officiers chinois accompagnent, de Pé-king à Tien-tsin, les restes des victimes d'une odieuse trahison, et qu'un monument expiatoire soit élevé dans cette ville aux frais du gouvernement chinois. — Lord *Elgin* veut aussi qu'on s'empare du palais impérial de Pé-king, et qu'on détruise de fond en comble le palais de Yuen-mun-yuen. — Objection du baron *Gros*. — Lord *Elgin* ne veut pas renoncer à son projet. — Sa réponse au baron *Gros*. — Le baron *Gros* persiste dans ses objections, tout en observant qu'il laisse le général *de Montauban* libre

TABLE DES MATIÈRES. 411

d'agir à cet égard à sa guise. — Le général *de Montauban* refuse formellement de s'associer aux projets de lord *Elgin* contre Yuen-mun-yuen. — Raisons qu'il donne de son refus. — Correspondance entre le général *Grant* et le général *de Montauban*. — Différence des politiques française et anglaise. — Le 18, les Anglais incendient le Palais d'Été, dont il ne reste bientôt plus que des bois fumants. — Douloureuse impression du général *de Montauban*. — Sa lettre au général *Grant*. — Les chefs anglais rêvent une attaque contre Pé-king. — Leur but politique est le renversement de la dynastie régnante. — But opposé de la politique française. — Dépêche du baron *Gros* au prince *Kong*, 25 septembre. — Il n'est plus possible au gouvernement français de se refuser plus longtemps aux conditions de paix proposées. — La paix est évidente aujourd'hui. — Le 19, le général *Grant* propose au général *de Montauban* d'attaquer Pé-king avant le délai fixé par le baron *Gros*. — Le général français s'y refuse en déclarant qu'il s'oppose à toute attaque. — Le 20, le prince *Kong* annonce que l'indemnité réclamée pour les victimes sera payée le 22. — Le 22, M. *de Bastard*, premier secrétaire de l'ambassade française, et M. *de Kéroulée*, attaché, se rend à Pé-king pour régler tous les détails relatifs à la signature du traité. — Inquiétudes du prince *Kong* sur sa propre sûreté. — Le 24, le baron *Gros* fait son entrée dans Pé-king. — Description du cortége. — Le 24, lord *Elgin* signe le traité de la Grande-Bretagne avec la Chine. — Difficultés d'étiquette. — Dureté du diplomate anglais. — Entrevue du baron *Gros* et du prince *Kong*. — Différence d'attitude. — Le traité avec la France est signé... Pages 294 à 319.

CHAPITRE III.

Appréciation de cette expédition. — Sa différence avec les campagnes de Crimée et d'Italie. — Ses résultats. — Les barrières de la Chine sont brisées, la croix du Christ reparaît sur les églises relevées. — Les victimes du 18 septembre reçoivent les derniers devoirs. — Le 29, ouverture de l'église catholique et cérémonies de sa nouvelle consécration. — L'hiver approchant, le général *de Montauban* quitte le quartier général de Pé-king avec ses troupes et se dirige vers Tien-tsin, où il arrive après cinq jours de marche. — Lord *Elgin* a voulu prolonger son séjour à Pé-king jusqu'à la promulgation du traité par l'empereur. — Le baron *Gros* se décide à rester également dans la capitale jusqu'au départ de son collègue. — Trois délégués de l'armée partent pour la France pour porter à l'Empereur les objets trouvés dans le Palais d'Été. — Le lieutenant *de Pina* part en même temps porteur d'une cassette également trouvée dans le Palais d'Été et contenant les divers traités conclus par la Chine. — Le 22 novembre, le général *de Montauban* remet le commandement au général *Collineau* et quitte Tien-tsin. — Le général se rend à Tché-fou. — De là il va visiter Nanko-saki, port japonais. — Le 16, retour du général *de Montauban* à Shang-haï. Pages 319 à 332.

LIVRE IV.

COCHINCHINE.

Les tentatives de conciliation sont restées infructueuses du côté du royaume annamite. — Le général *de Montauban* reçoit une lettre du ministre de la marine qui l'engage à s'entendre avec l'amiral *Charner* au sujet des projets d'expédition qu'il pourrait méditer contre les Cochinchinois. — Renforts donnés par le général à l'amiral. — Le général *de Montauban* organise ses quartiers d'hiver à Shang-haï. — L'hiver s'écoule tranquillement. — Situation du petit corps expéditionnaire en Cochinchine. — Le climat fatal fait de nombreuses victimes. — Mort du général *Collineau*. — Le général *Jamin* reçoit le commandement des troupes. — Le général *de Montauban* s'embarque pour la France. — Le contre-amiral *Bonnard* a pris le commandement de l'expédition de Cochinchine. — Les opérations exécutées dans cette dernière campagne méritent autre chose qu'un résumé rapide. — Elles feront l'objet d'une histoire séparée.

Pages 335 à 339.

PIÈCES JUSTIFICATIVES.

I.   Composition du corps expéditionnaire français en Chine.... 343

II. Rapport du général de Montauban au ministre de la guerre, 18 août 1860... 354

III. Rapport de l'amiral Charner au ministre de la marine, 23 août 1860... 358

IV. Rapport du général de Montauban au ministre de la guerre, 24 août 1860... 361

V.   Rapport de l'amiral Charner au ministre de la marine, 25 août 1860... 369

VI. Rapport du général de Montauban au ministre de la guerre, 19 septembre 1860... 370

VII. Rapport du général de Montauban au ministre de la guerre, 24 septembre 1860... 376

VIII.	Rapport du général de Montauban au ministre de la guerre, 8 octobre 1860	381
IX.	Rapport du général de Montauban au ministre de la guerre, 12, 17, 18 octobre 1860	383
X.	Proclamation du général de Montauban, 18 octobre 1860	390
XI.	Traité de paix additionnel au traité entre la France et la Chine, du 27 juin 1858, conclu à Pé-king le 25 octobre 1860	392
XII.	Traité de paix additionnel au traité du 26 juin 1858, entre la Grande-Bretagne et la Chine, conclu à Pé-king le 24 octobre 1860	397

FIN DE LA TABLE

DE LA DEUXIÈME ET DERNIÈRE PARTIE.

www.ingramcontent.com/pod-product-compliance
Lightning Source LLC
Chambersburg PA
CBHW070925230426
43666CB00011B/2314